中高生のための 社会の謎を知る本

ヤングアダルト BOOKS3

はじめに

　本書は、中学・高校生向けに、社会の仕組みや政治、経済、身近な問題、歴史など、現代社会に関わる多様なテーマを取り上げ、それぞれの分野について詳しく学べる書籍を紹介しています。

　中高生の皆さんは、日々の学びや体験を通じて多くの可能性に出会い、その中で自分自身の未来を形づくる準備をしています。本書では、政治や経済、福祉・ボランティア、身近な問題、社会の歴史など、多彩な分野に焦点を当て、それぞれの分野について深く学べる本を紹介しています。「著作権の初歩的なことがわからない」「環境問題はどのように解決できるの？」といった疑問を持つこともあるでしょう。

　この索引は、そうした疑問や知的好奇心に応えられるよう、政治、経済、身近な問題に関するキーワードをもとに、それについて書かれた本が簡単に見つけられるように作られています。皆さんの興味を持ったテーマやキーワードから、気になる本をぜひ見つけてみてください。

　新しい視点を得ることは、自分自身を知る第一歩です。本書を通じて、皆さんの興味や関心を広げ、学びや挑戦の一助となることを願っています。新たな発見を楽しみ、未来へ踏み出すきっかけとなる一冊となれば幸いです。

2025年3月

ＤＢジャパン編集部

本書の使い方

1. 本書の内容

　本書は、中・高校生を中心とするヤングアダルト世代向けの、社会の仕組みや政治、経済、身近な問題などに関する本を探せるように企画した索引です。「社会を知る」「政治や経済を知る」「身近な問題を知る」「社会の歴史を知る」に分類して、さらに細かく分けています。

2. 採録の対象

　2010年（平成22年）～2023年（令和5年）の14年間に国内で刊行されたヤングアダルト向けの社会や政治・経済、身近な問題に関連する作品1,703冊を収録しています。

3. 記載している項目

本の書名 / 作者名;訳者名/ 出版者（叢書名）/ 刊行年月

【例】
身近な問題を知る＞人口減少
「だれが墓を守るのか：多死・人口減少社会のなかで」小谷みどり著 岩波書店（岩波ブックレット）2015年9月
「近代日本一五〇年：科学技術総力戦体制の破綻」山本義隆著 岩波書店（岩波新書 新赤版）2018年1月
「人口激減：移民は日本に必要である」毛受敏浩著 新潮社（新潮新書）2011年9月

1）差別用語という見解がある分類も存在しますが、原則、検索性を重視した表現としています
2）作品のタイトルやシリーズ名等に環境依存文字が使用されている場合、
　環境依存文字を使わずに表現していることもあります。

4. 排列について

1) テーマ・ジャンル別大分類見出しの下は中・小・細分類見出しの五十音順。
2) テーマ・ジャンル別中・小・細分類見出しの下は本の書名の英数字・記号→ひらかな・カタカナの五十音順→漢字順。

5. 収録作品名一覧

巻末に索引の対象とした作品名一覧を掲載。
（並び順は作者の字順→出版社の字順排列としています。）

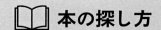

テーマ・ジャンル別分類見出し目次

【社会を知る】

学問＞社会、社会学	1
学問＞社会科学	5
憲法、法律	5
権利、人権	11
権利、人権＞集団的自衛権	11
権利、人権＞選挙権	12
権利、人権＞著作権	12
多様性	13
地方創生、地域活性、地域社会	15
地方創生、地域活性、地域社会＞地域活動＞山村留学	17
地方創生、地域活性、地域社会＞地場産業	17
地方創生、地域活性、地域社会＞地域活動	17
福祉、介護、ボランティア	17
福祉、介護、ボランティア＞介護サービス	19
福祉、介護、ボランティア＞ケースワーク	19
福祉、介護、ボランティア＞高齢者福祉	19
福祉、介護、ボランティア＞児童福祉	20
福祉、介護、ボランティア＞社会福祉	21
福祉、介護、ボランティア＞障害者福祉	21
福祉、介護、ボランティア＞ソーシャルワーク	22
福祉、介護、ボランティア＞動物愛護	22
福祉、介護、ボランティア＞フードバンク	22
ルール、マナー、モラル	22
ルール、マナー、モラル＞ビジネスマナー	24
ルール、マナー、モラル＞礼儀、礼儀作法	24

【政治や経済を知る】

お金	26
お金＞キャッシュレス	32
お金＞クレジットカード	32
お金＞収入、賃金	32
お金＞投資	33
お金＞年金	33
経済、金融	34
税金	40
税金＞高額納税者公示制度	41
税金＞消費税	41
税金＞税制	42
税金＞相続税	42
政治	42
政策	46
選挙	48

【身近な問題を知る】

いじめ	50
動物保護	54
地球温暖化	58
虐待	63
虐待＞性的虐待	64
虐待＞動物虐待	64
経済問題	64
災害＞地震	64
災害＞地震＞東日本大震災	65
災害＞水害	71
災害＞台風	71
災害＞土砂災害	72
飼育放棄	72
社会格差	72
少子高齢化、高齢化	73
消費者問題	73
食品ロス	74
人口減少	74
青少年問題	74
性暴力	74
第二次世界大戦	75
ドメスティック・バイオレンス（DV）	75
パワーハラスメント、セクシャルハラスメント	75

貧困	75
ヤングケアラー	78
労働問題	78
労働問題＞ブラックバイト、ブラック企業	79

【社会の歴史を知る】

遊びの歴史	80
お金の歴史	80
音楽史	80
科学史、化学技術史	81
起源	83
経済学史	84
国家誕生、独立、建国	84
言葉の歴史	85
宗教の歴史	85
食事の歴史	85
食品の歴史	86
スポーツの歴史	88
生命の歴史	88
西洋史	89
地域史、地方史	90
地球の歴史	93
地図の歴史	95
道具の歴史	95
美術史	96
文学史	98

【社会を知る】

学問＞社会、社会学

「「しがらみ」を科学する：高校生からの社会心理学入門」山岸俊男著 筑摩書房(ちくまプリマー新書) 2011年11月

「「今、ここ」から考える社会学」好井裕明著 筑摩書房(ちくまプリマー新書) 2017年1月

「10代のうちに考えておきたいジェンダーの話」堀内かおる著 岩波書店(岩波ジュニア新書) 2023年12月

「14歳からの社会学：これからの社会を生きる君に」宮台真司著 筑摩書房(ちくま文庫) 2013年1月

「18歳から「大人」？：成人にできること、できないこと 1」『18歳から「大人」?』編集委員会編著 汐文社 2022年12月

「90枚のイラストで世界がわかるはじめての地政学」いつかやる社長著;ikaイラスト 飛鳥新社 2022年11月

「アドバンス中学公民資料 [2020]」帝国書院編集部編 帝国書院 2020年2月

「あなたのキャリアのつくり方：NPOを手がかりに」浦坂純子著 筑摩書房(ちくまプリマー新書) 2017年2月

「ケアしケアされ、生きていく」竹端寛著 筑摩書房(ちくまプリマー新書) 2023年10月

「ケミ太郎とベジ子の食から学ぶ理科・社会：台所サイエンス&食の社会科見学」渋川祥子;朝日小学生新聞編集部著 朝日学生新聞社 2011年7月

「これならわかる!SDGsのターゲット169徹底解説」稲葉茂勝著;渡邉優著 ポプラ社 2022年4月

「ニホンという滅び行く国に生まれた若い君たちへ：15歳から始める生き残るための社会学」響堂雪乃著 白馬社 2017年3月

「ニホンという滅び行く国に生まれた若い君たちへOUTBREAK：17歳から始める反抗するための社会学」秋嶋亮著 白馬社 2021年7月

「ニュースタンダード資料現代社会 2012」近津経史ほか著 実教出版 2012年1月

「ニュース年鑑 2020」池上彰監修;こどもくらぶ編 ポプラ社 2020年2月

「はじめてのフェミニズム」デボラ・キャメロン著;向井和美訳 筑摩書房(ちくまプリマー新書) 2023年9月

「はじめての沖縄—よりみちパン!セ」岸政彦著 新曜社 2018年5月

「はじめての憲法」篠田英朗著 筑摩書房(ちくまプリマー新書) 2019年12月

「ヒトは7年で脱皮する：近未来を予測する脳科学」黒川伊保子著 朝日新聞出版(朝日新書) 2018年12月

社会を知る

「ホントに食べる?世界をすくう虫のすべて」内山昭一監修 文研出版 2020年4月

「もしもトイレがなかったら」加藤篤著 少年写真新聞社(ちしきのもり) 2020年11月

「モラルの起源：実験社会科学からの問い」亀田達也著 岩波書店(岩波新書 新赤版) 2017年3月

「ライブ！：世の中の動きに強くなる 2022」池上彰監修 帝国書院 2022年2月

「ライブ!現代社会：世の中の動きに強くなる 2021」池上彰監修 帝国書院 2021年2月

「リスク心理学：危機対応から心の本質を理解する」中谷内一也著 筑摩書房(ちくまプリマー新書) 2021年7月

「異文化コミュニケーション学」鳥飼玖美子著 岩波書店(岩波新書 新赤版) 2021年7月

「遺伝か、能力か、環境か、努力か、運なのか：人生は何で決まるのか」橘木俊詔著 平凡社(平凡社新書) 2017年12月

「一日おもしろ学校ごっこ」おもしろ学校職員室編 ゆいぽおと 2012年12月

「学校の役割ってなんだろう」中澤渉著 筑摩書房(ちくまプリマー新書) 2021年9月

「学校はなぜ退屈でなぜ大切なのか」広田照幸著 筑摩書房(ちくまプリマー新書) 2022年5月

「学術研究者になるには：人文・社会科学系 改訂版―なるにはbooks」小川秀樹編著 ぺりかん社 2010年1月

「学術研究者になるには：人文・社会科学系 改訂版―なるにはbooks；27」小川秀樹編著 ぺりかん社 2010年1月

「希望のつくり方」玄田有史著 岩波書店(岩波新書 新赤版) 2010年10月

「気づくことで未来がかわる新しい人権学習. 1」稲葉茂勝著;こどもくらぶ編 岩崎書店 2023年11月

「偽善のすすめ：10代からの倫理学講座―14歳の世渡り術」パオロ・マッツァリーノ著 河出書房新社 2014年2月

「教育幻想：クールティーチャー宣言」菅野仁著 筑摩書房(ちくまプリマー新書) 2010年3月

「現代社会ライブラリーへようこそ! 2017」現代社会ライブラリーへようこそ!編集委員著 清水書院 2016年9月

「現代社会ライブラリーへようこそ! 2018」現代社会ライブラリーへようこそ!編集委員著 清水書院 2017年7月

「現代社会ライブラリーへようこそ! 2018-19」現代社会ライブラリーへようこそ!編集委員会著 清水書院 2018年4月

「現代社会ライブラリーへようこそ! 2019-20」現代社会ライブラリーへようこそ！編集委員会著 清水書院 2019年8月

社会を知る

「現代社会ライブラリーへようこそ! 2020-21」現代社会ライブラリーへようこそ！編集委員会編集 清水書院 2020年8月

「現代社会ライブラリーへようこそ! 2021-22」現代社会ライブラリーへようこそ!編集委員会著・編集 清水書院 2021年8月

「現代社会ライブラリーへようこそ! 2022-23」現代社会ライブラリーへようこそ！編集委員会編集 清水書院 2022年8月

「現代用語の基礎知識：学習版 2018」現代用語検定協会監修 自由国民社 2017年5月

「現代用語の基礎知識：学習版 2019-2020」現代用語検定協会監修 自由国民社 2019年7月

「現代用語の基礎知識：学習版. 2023-2024」現代用語検定協会監修 自由国民社 2023年7月

「現代用語の基礎知識学習版：子どもはもちろん大人にも。2014→2015」現代用語検定協会監修 自由国民社 2014年2月

「現代用語の基礎知識学習版：大人はもちろん子どもにも。2013→2014」現代用語検定協会監修 自由国民社 2013年2月

「現代用語の基礎知識学習版 2010→2011」現代用語検定協会監修 自由国民社 2010年2月

「現代用語の基礎知識学習版 2011→2012」現代用語検定協会監修 自由国民社 2011年3月

「現代用語の基礎知識学習版 2012→2013」現代用語検定協会監修 自由国民社 2012年2月

「高校生からわかる社会科学の基礎知識」酒井峻一著 ベレ出版 2016年11月

「高校生と考える日本の論点2020-2030」桐光学園中学校・高等学校編 左右社（桐光学園大学訪問授業）2020年4月

「高校生のための「いのち」の授業：書下ろし」古田晴彦著 祥伝社（祥伝社黄金文庫）2013年3月

「高校入試合格でる順5教科」旺文社編 旺文社 2011年12月

「国連で働く：世界を支える仕事」植木安弘編著 岩波書店（岩波ジュニア新書）2023年10月

「産業社会と人間：よりよき高校生活のために 3訂版」服部次郎編著 学事出版 2014年2月

「子ども大学：シリーズ見てみよう・考えよう! 1」子ども大学かわごえ監修;こどもくらぶ編 フレーベル館 2018年10月

「思考理科：なぜ?からはじめようSDGs. 1」田中幸著;結城千代子著;藤嶋昭監修 東京書籍 2023年9月

「自分で見つける!社会の課題 1」NHK「ドスルコスル」制作班編;田村学監修 NHK出版（NHK for Schoolドスルコスル）2021年11月

「自分で見つける!社会の課題 2」NHK「ドスルコスル」制作班編;田村学監修 NHK出版（NHK for Schoolドスルコスル）2021年11月

社会を知る

「社会を知るためには」筒井淳也著 筑摩書房(ちくまプリマー新書) 2020年9月

「授業が楽しくなる教科別マジック 1」土門トキオ編著 汐文社 2016年11月

「授業が楽しくなる教科別マジック 2」土門トキオ編著 汐文社 2016年12月

「授業が楽しくなる教科別マジック 3」土門トキオ編著 汐文社 2017年2月

「情報を活かして発展する産業 : 社会を変えるプログラミング [2]」澤井陽介監修 汐文社 2020年2月

「情報を活かして発展する産業 : 社会を変えるプログラミング [3]」澤井陽介監修 汐文社 2020年3月

「新しいみんなの公民 : こんな教科書で学びたい」川上和久ほか著 育鵬社 2011年5月

「新しい公民教科書 : 中学社会 : 市販本」杉原誠四郎ほか著 自由社 2011年5月

「身近な地名で知る日本 6 (総索引)」黒田祐一著 小峰書店 2011年4月

「人権と自然をまもる法ときまり 3」笹本潤法律監修;藤田千枝編 大月書店 2020年11月

「人口減少で日本はどうなる? : 未来の社会について考えよう!」河合雅司著 PHP研究所(楽しい調べ学習シリーズ) 2020年12月

「世論調査とは何だろうか」岩本裕著 岩波書店(岩波新書 新赤版) 2015年5月

「生きづらい明治社会 : 不安と競争の時代」松沢裕作著 岩波書店(岩波ジュニア新書) 2018年9月

「他者を感じる社会学 : 差別から考える」好井裕明著 筑摩書房(ちくまプリマー新書) 2020年11月

「対話する社会へ」暉峻淑子著 岩波書店(岩波新書 新赤版) 2017年1月

「地域学をはじめよう」山下祐介著 岩波書店(岩波ジュニア新書) 2020年12月

「地歴高等地図 : 現代世界とその歴史的背景 [2021]」帝国書院編集部編 帝国書院 2021年10月

「中学校社会科地図 [2021]」帝国書院編集部編 帝国書院 2021年10月

「通勤の社会史 : 毎日5億人が通勤する理由」イアン・ゲートリー著;黒川由美訳 太田出版(ヒストリカル・スタディーズ) 2016年4月

「哲学するタネ : 高校倫理が教える70章 西洋思想編1」石浦昌之著 明月堂書店 2020年10月

「哲学するタネ : 高校倫理が教える70章 西洋思想編2」石浦昌之著 明月堂書店 2020年10月

「東大生100人が教える成績をグングン伸ばす中学生の勉強法」東京大学「学習効率研究会」編 二見書房 2014年3月

「日本のすがた : 日本をもっと知るための社会科資料集 2016」矢野恒太記念会編集 矢野恒太記念会 2016年3月

社会を知る

「日本のすがた：日本をもっと知るための社会科資料集 2017」矢野恒太記念会編集 矢野恒太記念会 2017年3月

「日本のすがた：日本をもっと知るための社会科資料集 2018」矢野恒太記念会編集 矢野恒太記念会 2018年3月

「日本のすがた：日本をもっと知るための社会科資料集 2019」矢野恒太記念会編集 矢野恒太記念会 2019年3月

「日本のすがた：日本をもっと知るための社会科資料集 2021」矢野恒太記念会編集 矢野恒太記念会 2021年3月

「日本のすがた：表とグラフでみる：日本をもっと知るための社会科資料集 2010」矢野恒太記念会編 矢野恒太記念会 2010年3月

「農はいのちをつなぐ」宇根豊著 岩波書店(岩波ジュニア新書) 2023年11月

「標準高等地図：地図でよむ現代社会 [2021]」帝国書院編集部編 帝国書院 2021年10月

「歩く、見る、聞く人びとの自然再生」宮内泰介著 岩波書店(岩波新書 新赤版) 2017年2月

「未来をつくるあなたへ」中満泉著 岩波書店(岩波ジュニアスタートブックス) 2021年3月

「夢をそだてる科学の伝記120人：決定版」小山慶太監修 講談社 2022年11月

「明解世界史図説エスカリエ 9訂版」帝国書院編集部編 帝国書院 2017年2月

「友だちは永遠じゃない：社会学でつながりを考える」森真一著 筑摩書房(ちくまプリマー新書) 2014年11月

「羅針盤なき航海」張競著 論創社 2023年3月

学問＞社会科学

「客観性の落とし穴」村上靖彦著 筑摩書房(ちくまプリマー新書) 2023年6月

「高校生からのゲーム理論」松井彰彦著 筑摩書房(ちくまプリマー新書) 2010年4月

「社会を究めるースタディサプリ三賢人の学問探究ノート：今を生きる学問の最前線読本；2」若新雄純著;水無田気流著;小川仁志著 ポプラ社 2020年3月

「世の中を知る、考える、変えていく：高校生からの社会科学講義」飯田高編;近藤絢子編;砂原庸介編;丸山里美編 有斐閣 2023年7月

「生命デザイン学入門」小川(西秋)葉子編著;太田邦史編著 岩波書店(岩波ジュニア新書) 2016年3月

「日本語の宿命：なぜ日本人は社会科学を理解できないのか」薬師院仁志著 光文社(光文社新書) 2012年12月

憲法、法律

「「マイナンバー法」を問う」清水勉著;桐山桂一著 岩波書店(岩波ブックレット) 2012年8月

社会を知る

「10代の憲法な毎日」伊藤真著 岩波書店（岩波ジュニア新書）2014年11月

「10代の悩みに効くマンガ、あります!」トミヤマユキコ著 岩波書店（岩波ジュニア新書）2023年3月

「12歳までに身につけたい社会と法の超きほん―未来のキミのためシリーズ」遠藤研一郎監修 朝日新聞出版 2022年8月

「13歳からの天皇制：憲法の仕組みに照らして考えよう」堀新著 かもがわ出版 2020年2月

「13歳からの法学部入門」荘司雅彦著 幻冬舎（幻冬舎新書）2010年5月

「14歳からわかる生命倫理―14歳の世渡り術」雨宮処凛著 河出書房新社 2014年5月

「18歳からの投票心得10カ条」石田尊昭著 世論時報社 2016年6月

「18歳までに知っておきたい法のはなし」神坪浩喜著 みらいパブリッシング 2020年1月

「18歳選挙権の担い手として：高校生は憲法・沖縄・核被災を学ぶ」東京高校生平和ゼミナール連絡会編 平和文化 2015年7月

「AIの時代と法」小塚荘一郎著 岩波書店（岩波新書 新赤版）2019年11月

「いじめられっ子だった弁護士が教える自分の身のまもり方」菅野朋子著 草思社 2023年9月

「いのちの学校」柳沢智子著 夏葉社 2015年12月

「いま、憲法の魂を選びとる」大江健三郎著;奥平康弘著;澤地久枝著;三木睦子著;小森陽一著 岩波書店（岩波ブックレット）2013年4月

「うさぎのヤスヒコ、憲法と出会う：サル山共和国が守るみんなの権利―「なるほどパワー」の法律講座」西原博史;山中正大絵 太郎次郎社エディタス 2014年4月

「ウソみたいだけど実在する!世界のめっちゃスゴい国」海外情報事業部著 JTBパブリッシング 2020年11月

「エネルギーあなたはどれを選ぶ? 2（太陽、風力、地熱エネルギー）」岡田久典監修 さ・え・ら書房 2012年6月

「おさるのトーマス、刑法を知る：サル山共和国の事件簿―「なるほどパワー」の法律講座」仲道祐樹著;山中正大絵 太郎次郎社エディタス 2014年4月

「きみが選んだ死刑のスイッチ 増補―よりみちパン!セ；P021」森達也著 イースト・プレス 2011年11月

「こども六法練習帳」山崎聡一郎著;真下麻里子著 永岡書店 2022年1月

「したがう?したがわない?どうやって判断するの?―10代の哲学さんぽ；6」ヴァレリー・ジェラール文;クレマン・ポール絵;伏見操訳 岩崎書店 2016年4月

「どうなってるんだろう?子どもの法律：一人で悩まないで!」山下敏雅編著;渡辺雅之編著 高文研 2017年4月

社会を知る

「どうなってるんだろう?子どもの法律:一人で悩まないで! 新版」山下敏雅編著;渡辺雅之編著 高文研 2022年9月

「どう考える?憲法改正 中学生からの「知憲」1」谷口真由美監修 文溪堂 2017年3月

「どう考える?憲法改正 中学生からの「知憲」2」谷口真由美監修 文溪堂 2017年3月

「どう考える?憲法改正 中学生からの「知憲」3」谷口真由美監修 文溪堂 2017年3月

「どう考える?憲法改正 中学生からの「知憲」4」谷口真由美監修 文溪堂 2017年3月

「トラブル回避!中・高生のための法律ガイドブック」喜成清重著 日本加除出版 2010年11月

「はじめての昭和史」井上寿一著 筑摩書房(ちくまプリマー新書) 2020年8月

「はじめて学ぶ憲法教室 第1巻 (憲法はだれに向けて書かれているの?)」菅間正道著 新日本出版社 2014年6月

「はじめて学ぶ憲法教室 第2巻 (人の心に国は立ち入れない)」菅間正道著 新日本出版社 2014年11月

「はじめて学ぶ憲法教室 第3巻 (人間らしく生きるために)」菅間正道著 新日本出版社 2015年2月

「はじめて学ぶ憲法教室 第4巻 (憲法9条と沖縄)」菅間正道著 新日本出版社 2015年2月

「ふたりのママから、きみたちへ―よりみちパン!セ ; P061」東小雪著;増原裕子著 イースト・プレス 2013年12月

「ぼくらの裁判をはじめよう―14歳の世渡り術 = WORLDLY WISDOM FOR 14 YEARS OLD」郷田マモラ著 河出書房新社 2011年11月

「ぼくらの時代の罪と罰 : きみが選んだ死刑のスイッチ 増補新版」森達也 ミツイパブリッシング 2021年12月

「ホワット・イズ・ディス? : むずかしいことをシンプルに言ってみた」ランドール・マンロー著;吉田三知世訳 早川書房 2016年11月

「マンガde理解ココが変わった!!18歳成人. 法律編」池田純子文;南部義典監修;井出エミマンガ・イラスト 理論社 2023年2月

「まんがと図解でわかる裁判の本 : こんなとき、どうする?どうなる? 1 (くらしのなかの大事件)」山田勝彦監修 岩崎書店 2014年2月

「まんがと図解でわかる裁判の本 : こんなとき、どうする?どうなる? 3 (家族や親せきのもめごと)」山田勝彦監修 岩崎書店 2014年2月

「まんがと図解でわかる裁判の本 : こんなとき、どうする?どうなる? 6 (環境・いのち・権利を守る)」山田勝彦監修 岩崎書店 2014年3月

「もしも高校生のわたしに「法律用語」が使えたら? : 読むだけで法律に強くなる12の物語」木山泰嗣著 日本実業出版社 2023年8月

「ものすごくわかりやすい民法の授業 第3版」尾崎哲夫著 自由国民社 2016年2月

社会を知る

「やってはいけない「長男」の相続：日本一相続を見てきてわかった円満解決の秘訣」レガシィ著 青春出版社（青春新書INTELLIGENCE）2018年8月

「よくわかる改憲問題：高校生と語りあう日本の未来：かわはら先生の憲法出前授業」川原茂雄著 明石書店 2016年9月

「リサとなかまたち、民法に挑む：サル山共和国で考えるルールの作り方―「なるほどパワー」の法律講座」大村敦志著;山中正大絵 太郎次郎社エディタス 2015年8月

「井上ひさしの言葉を継ぐために」井上ひさし著;井上ユリ著;梅原猛著;大江健三郎著;奥平康弘著;澤地久枝著;鶴見俊輔著 岩波書店（岩波ブックレット）2010年12月

「改憲問題Q&A」自由人権協会編 岩波書店（岩波ブックレット）2014年2月

「学校で知っておきたい著作権 1 改訂新版」小寺信良著;上沼紫野監修;インターネットユーザー協会監修 汐文社 2021年12月

「議会制民主主義の活かし方：未来を選ぶために」糠塚康江著 岩波書店（岩波ジュニア新書）2020年5月

「君たちが働き始める前に知っておいてほしいこと 改訂」大内伸哉著 労働調査会出版局 2011年8月

「君たちの日本国憲法」池上彰著 集英社（集英社文庫）2022年1月

「刑務所しか居場所がない人たち：学校では教えてくれない、障害と犯罪の話」畠山重篤著;スギヤマカナヨ絵 大月書店 2018年5月

「憲法くん」松元ヒロ作;武田美穂絵 講談社 2016年12月

「憲法と君たち 復刻新装版」佐藤功著 時事通信出版局 2016年10月

「憲法に緊急事態条項は必要か」永井幸寿著 岩波書店（岩波ブックレット）2016年3月

「憲法九条は私たちの安全保障です。」梅原猛著;大江健三郎著;奥平康弘著;澤地久枝著;鶴見俊輔著;池田香代子著;金泳鎬著;阪田雅裕著 岩波書店（岩波ブックレット）2015年1月

「憲法読本 第4版」杉原泰雄著 岩波書店（岩波ジュニア新書）2014年3月

「高校生からわかる社会科学の基礎知識」酒井峻一著 ベレ出版 2016年11月

「高校生のための憲法入門 = An Introduction to Constitutional Law for High School Students」斎藤一久編著 三省堂 2017年5月

「高校生のための法学入門：法学とはどんな学問なのか―民法研究レクチャーシリーズ」内田貴著 信山社 2022年6月

「国家を考えてみよう」橋本治著 筑摩書房（ちくまプリマー新書）2016年6月

「今、世界はあぶないのか？ルールと責任」ルイーズ・スピルズベリー文;ハナネ・カイ絵;大山泉訳 評論社（評論社の児童図書館・絵本の部屋）2020年12月

「今こそ知りたい！三権分立 3」こどもくらぶ編 あすなろ書房 2017年3月

社会を知る

「裁判の中の在日コリアン：日本社会の人種主義・ヘイトを超えて 増補改訂版」在日コリアン弁護士協会編著 現代人文社 2022年3月

「裁判所ってどんなところ?：司法の仕組みがわかる本」森炎著 筑摩書房(ちくまプリマー新書) 2016年11月

「司法の現場で働きたい!：弁護士・裁判官・検察官」打越さく良編;佐藤倫子編 岩波書店(岩波ジュニア新書) 2018年3月

「子どもと話すマッチョってなに?」クレマンティーヌ・オータン著;山本規雄訳 現代企画室 2014年6月

「私たちがつくる社会：おとなになるための法教育」高作正博編 法律文化社 2012年3月

「治安・法律・経済のしごと：人気の職業早わかり!」PHP研究所編 PHP研究所 2011年9月

「十代のきみたちへ：ぜひ読んでほしい憲法の本」日野原重明著 冨山房インターナショナル 2014年5月

「女子高生が憲法学者小林節に聞いてみた。「憲法ってナニ!?」―ベストセレクト」畠山重篤著;スギヤマカナヨ絵 ベストブック 2018年5月

「障害者ってだれのこと?：「わからない」からはじめよう―中学生の質問箱」荒井裕樹著 平凡社 2022年7月

「人が人を罰するということ：自由と責任の哲学入門」山口尚著 筑摩書房(ちくま新書) 2023年12月

「人権と自然をまもる法ときまり 1」笹本潤法律監修;藤田千枝編 大月書店 2020年6月

「人権と自然をまもる法ときまり 2」笹本潤法律監修;藤田千枝編 大月書店 2020年9月

「人権と自然をまもる法ときまり 3」笹本潤法律監修;藤田千枝編 大月書店 2020年11月

「人権と自然をまもる法ときまり 4」笹本潤法律監修;藤田千枝編 大月書店 2021年3月

「世界の片隅で日本国憲法をたぐりよせる」大門正克著 岩波書店(岩波ブックレット) 2023年3月

「政治のしくみを知るための日本の府省しごと事典 2」森田朗監修;こどもくらぶ編 岩崎書店 2018年3月

「代理母問題を考える―〈知の航海〉シリーズ」辻村みよ子著 岩波書店(岩波ジュニア新書) 2012年9月

「大人になるってどういうこと?：みんなで考えよう18歳成人」神内聡著 くもん出版 2022年1月

「誰のために法は生まれた」木庭顕著 朝日出版社 2018年7月

「中高生からの平和憲法Q&A」高田健;舘正彦著 晶文社 2011年8月

「中高生からの法と学校・社会：法の視点で学校生活・社会生活をみる：中学社会・高校公民・総合」小貫篤著;加納隆徳著;江口勇治著;齋藤宙治著 清水書院 2023年9月

社会を知る

「著作権って何？：現代人なら知っておきたい最低限の著作権ルール」稲葉茂勝著;渡邉優著;
こどもくらぶ編 あすなろ書房 2023年1月

「超リテラシー大全 = LITERACY ENCYCLOPEDIA」サンクチュアリ出版編 サンクチュアリ出版
(sanctuary books) 2021年7月

「天皇制ってなんだろう？：あなたと考えたい民主主義からみた天皇制―中学生の質問箱」宇
都宮健児著 平凡社 2018年12月

「転換期を生きるきみたちへ：中高生に伝えておきたいたいせつなこと―犀の教室Liberal
Arts Lab」内田樹編 晶文社 2016年7月

「福祉がわかるシリーズ 1」稲葉茂勝著;池上彰監修 ミネルヴァ書房 2020年2月

「法は君のためにある：みんなとうまく生きるには？」小貫篤著 筑摩書房（ちくまQブックス）
2021年10月

「法むるーむ：高校生からの法律相談」法むるーむネット編集・執筆 清水書院 2016年3月

「法むるーむ：社会と法がわかる15のストーリー：おとなになるあなたへ」法むるーむネット編
集・執筆 清水書院 2022年7月

「法的思考の基礎：新・百万人の民法学 発展編下」大村敦志編著 商事法務 2022年7月

「法的思考の基礎：新・百万人の民法学 発展編上」大村敦志編著 商事法務 2022年7月

「暴力はいけないことだと誰もがいうけれど―14歳の世渡り術」萱野稔人著 河出書房新社
2010年2月

「未成年のための法律入門」愛甲栄治著 毎日コミュニケーションズ（マイコミ新書）2011年8月

「民主主義をあきらめない」浜矩子著;柳澤協二著;内橋克人著 岩波書店（岩波ブックレット）
2015年10月

「名作裁判あの犯人をどう裁く？―未来へのトビラ；File No.009」森炎著 ポプラ社（ポプラ選書）
2019年4月

「明治天皇：近代日本の基を定められて―まほろばシリーズ；8」勝岡寛次著 明成社 2014年
1月

「迷走する教員の働き方改革：変形労働時間制を考える」内田良著;広田照幸著;髙橋哲著;
嶋﨑量著;斉藤ひでみ著 岩波書店（岩波ブックレット）2020年3月

「目で見る政治：国家のしくみと私たちの選択」アンドルー・マー著;大塚道子訳 さ・え・ら書房
2010年12月

「理系のための法律入門：デキる社会人に不可欠な知識と倫理 第2版」井野邊陽著 講談社
（ブルーバックス）2016年2月

「歴史の読みかた」野家啓一著;長谷部恭男著;金子勝著;白井聡著;田中優子著;福井憲彦著;
福嶋亮大著;柄谷行人著 筑摩書房（ちくまプリマー新書．中学生からの大学講義 ）2018年9月

社会を知る

「歴史を知ろう明治から平成 4 (昭和 2)」「歴史を知ろう明治から平成」編集委員会編 岩崎書店 2012年3月

権利、人権

「〈働く〉ときの完全装備：15歳から学ぶ労働者の権利」橋口昌治;肥下彰男;伊田広行著 解放出版社 2010年9月

「〈働く〉ときの完全装備：15歳から学ぶ労働者の権利 新版」橋口昌治著;肥下彰男著;伊田広行著 解放出版社 2016年11月

「13歳からの日本国憲法」上田勝美監修 かもがわ出版 2017年3月

「13歳から考える住まいの権利：多様な生き方を実現する「家」のはなし」葛西リサ著 かもがわ出版 2022年12月

「18歳から「大人」?：成人にできること、できないこと 2」『18歳から「大人」?』編集委員会編著 汐文社 2023年1月

「マイクロアグレッションを吹っ飛ばせ：やさしく学ぶ人権の話」渡辺雅之著 高文研 2021年11月

「ものすごくわかりやすい民法の授業 第2版」尾崎哲夫著 自由国民社 2012年2月

「考える障害者」ホーキング青山著 新潮社(新潮新書) 2017年12月

「高校生からの「憲法改正問題」入門」平和・国際教育研究会編;沖村民雄執筆;黒田千代執筆;佐貫浩執筆;澤野重男執筆;福岡公俊執筆;宮下与兵衛執筆 平和文化 2013年11月

「思春期のしんどさってなんだろう?：あなたと考えたいあなたを苦しめる社会の問題―中学生の質問箱」鴻巣麻里香著 平凡社 2023年6月

「生きのびるための犯罪(みち)―よりみちパン!セ；P052」上岡陽江;ダルク女性ハウス著 イースト・プレス 2012年10月

「知っておきたい!働く時のルールと権利―なるにはbooks；別巻」簸智優子著 ぺりかん社 2010年4月

「中絶がわかる本―Ajuma books」ロビン・スティーブンソン訳;塚原久美訳;福田和子解説;北原みのり監修 アジュマ 2022年1月

権利、人権＞集団的自衛権

「14歳からの戦争のリアル―14歳の世渡り術」雨宮処凛著 河出書房新社 2015年7月

「集団的自衛権と安全保障」豊下楢彦著;古関彰一著 岩波書店(岩波新書 新赤版) 2014年7月

「集団的自衛権の深層」松竹伸幸著 平凡社(平凡社新書) 2013年9月

「日本人が知らない集団的自衛権」小川和久著 文藝春秋(文春新書) 2014年12月

「日本人のための「集団的自衛権」入門」石破茂著 新潮社(新潮新書) 2014年2月

社会を知る

「日本人の歴史観：黒船来航から集団的自衛権まで」岡崎久彦著;北岡伸一著;坂本多加雄著 文藝春秋（文春新書）2015年9月

権利、人権＞選挙権

「「18歳選挙権」で社会はどう変わるか」林大介著 集英社（集英社新書）2016年6月

「セルマの行進：リンダ十四歳投票権を求めた戦い」リンダ・ブラックモン・ロワリー原作;エルズペス・リーコック原作;スーザン・バックリー原作;PJローラン絵;渋谷弘子訳 汐文社 2015年7月

「教えて南部先生!18歳成人Q&A」南部義典著 シーアンドアール研究所 2022年10月

権利、人権＞著作権

「13歳からの「ネットのルール」：誰も傷つけないためのスマホリテラシーを身につける本―コツがわかる本. ジュニアシリーズ」小木曽健監修 メイツユニバーサルコンテンツ 2020年11月

「13歳からの著作権：正しく使う・作る・発信するための「権利」とのつきあい方がわかる本―コツがわかる本. ジュニアシリーズ」久保田裕監修 メイツユニバーサルコンテンツ 2022年5月

「18歳の著作権入門」福井健策著 筑摩書房（ちくまプリマー新書）2015年1月

「AI vs法：世界で進むAI規制と遅れる日本」佐藤洸一著 マイナビ出版（マイナビ新書）2023年8月

「アニメーション学入門 新版」津堅信之著 平凡社（平凡社新書）2017年2月

「ひと目でわかる最新情報モラル：高校版：ネット社会を賢く生きる実践スタディ」大橋真也;森夏節;立田ルミ;小杉直美;橘孝博;早坂成人;曽我聰起;高瀬敏樹;石坂徹;辰島裕美;山田祐仁著 日経BP社 2010年1月

「ポイント整理情報モラル 第8版」数研出版編集部編 数研出版 2016年10月

「まんがと図解でわかる裁判の本：こんなとき、どうする?どうなる? 5（危険がいっぱい!インターネット）」山田勝彦監修 岩崎書店 2014年3月

「学校で知っておきたい著作権 2 改訂新版」小寺信良著;上沼紫野監修;インターネットユーザー協会監修 汐文社 2022年1月

「学校で知っておきたい著作権 3 改訂新版」小寺信良著;上沼紫野監修;インターネットユーザー協会監修 汐文社 2022年1月

「気をつけよう!ネット動画 3」小寺信良監修 汐文社 2020年3月

「気をつけよう!情報モラル 3（著作権・肖像権編）」永坂武城監修;秋山浩子文;平田美咲イラスト 汐文社 2013年3月

「見てわかる情報モラル：ディジタル世代のための情報社会の歩き方22 Lesson」辰己丈夫監修;能城茂雄他編著 日本文教出版 2012年3月

「考えよう!話しあおう!これからの情報モラル：GIGAスクール時代に 2」藤川大祐監修 偕成社 2022年4月

社会を知る

「実技で学ぶ情報モラル」日本情報処理検定協会編集 日本情報処理検定協会 2022年4月

「情報活用調べて、考えて、発信する：光村の国語2 (社会や暮らしやってみよう!6テーマ)」髙木まさき監修;森山卓郎監修;青山由紀編集;成田真紀編集 光村教育図書 2016年2月

「新・どの本よもうかな?中学生版 日本編」日本子どもの本研究会編 金の星社 2014年3月

「著作権って何?：現代人なら知っておきたい最低限の著作権ルール」稲葉茂勝著;渡邉優著;こどもくらぶ編 あすなろ書房 2023年1月

「著作権とは何か：文化と創造のゆくえ 改訂版」福井健策著 集英社(集英社新書) 2020年3月

多様性

「「多様性」ってどんなこと? 1」こどもくらぶ編 岩崎書店 2022年12月

「NHKダーウィンが来た!：生きもの新伝説 [10]―発見!マンガ図鑑」講談社編纂;NHK「ダーウィンが来た!」原作;戸井原和巳漫画 講談社 2016年3月

「からだノート：中学生の相談箱」徳永桂子著 大月書店 2013年6月

「げっけいのはなしいのちのはなし―おでかけBOOK」おおいしまなさく;ふかいあずさえ みらいパブリッシング 2021年5月

「スカートはかなきゃダメですか?：ジャージで学校―世界をカエル10代からの羅針盤」名取寛人著 理論社 2017年8月

「できちゃいました!フツーの学校」富士晴英とゆかいな仲間たち著 岩波書店(岩波ジュニア新書) 2020年7月

「ナージャの5つのがっこう」キリーロバ・ナージャぶん;市原淳え 大日本図書 2018年9月

「なぜ世界を知るべきなのか」池上彰著 小学館(小学館YouthBooks) 2021年7月

「なりたい自分との出会い方：世界に飛び出したボクが伝えたいこと」岡本啓史著 岩波書店(岩波ジュニアスタートブックス) 2022年8月

「はじめて学ぶ環境倫理：未来のために「しくみ」を問う」吉永明弘著 筑摩書房(ちくまプリマー新書) 2021年12月

「はずれ者が進化をつくる：生き物をめぐる個性の秘密」稲垣栄洋著 筑摩書房(ちくまプリマー新書) 2020年6月

「ヒトと生き物の話：エコのとびらBIO」SAPIX環境教育センター企画・編集 代々木ライブラリー 2022年7月

「みんなでかんがえよう!生物多様性と地球環境 2 (日本の多様な生きものと環境)」京極徹編 岩崎書店 2010年10月

「みんなでかんがえよう!生物多様性と地球環境 3 (世界の多様な生きものと環境)」コンサベーション・インターナショナル編;田多浩美文 岩崎書店 2010年10月

社会を知る

「みんなで知りたいダイバーシティ. 1」電通ダイバーシティ・ラボ企画・原案 文研出版 2023年5月

「みんなで知りたいダイバーシティ. 2」電通ダイバーシティ・ラボ企画・原案 文研出版 2023年6月

「みんなで知りたいダイバーシティ. 3」電通ダイバーシティ・ラボ企画・原案 文研出版 2023年7月

「みんなで知りたいダイバーシティ. 4」電通ダイバーシティ・ラボ企画・原案 文研出版 2023年8月

「みんなで知りたいダイバーシティ. 5」電通ダイバーシティ・ラボ企画・原案 文研出版 2023年9月

「もっと知りたい!話したい!セクシュアルマイノリティありのままのきみがいい 3」日高庸晴著;サカイノビーイラスト 汐文社 2016年3月

「レイチェル・カーソンはこう考えた」多田満著 筑摩書房(ちくまプリマー新書) 2015年9月

「花と昆虫の大研究:生きるための知恵くらべ:進化と多様性のひみつをさぐる!」松田喬著;鷲谷いづみ監修 PHP研究所 2013年6月

「外来生物はなぜこわい? 2」阿部浩志著;丸山貴史著;小宮輝之監修;向田智也イラスト ミネルヴァ書房 2018年1月

「学校の役割ってなんだろう」中澤渉著 筑摩書房(ちくまプリマー新書) 2021年9月

「感染症医が教える性の話」岩田健太郎著 筑摩書房(ちくまプリマー新書) 2016年12月

「環境負債:次世代にこれ以上ツケを回さないために」井田徹治著 筑摩書房(ちくまプリマー新書) 2012年5月

「熊本市域地下水位変動:多様性と地域の発見:高校生読本」福田光治 熊日出版 2021年8月

「君らしく働くミライへ――QuizKnockの課外授業シリーズ;03」QuizKnock著 朝日新聞出版 2022年4月

「今、世界はあぶないのか?文化と多様性」マリー・マーレイ文;ハナネ・カイ絵;大山泉訳 評論社(評論社の児童図書館・絵本の部屋) 2020年10月

「在来植物の多様性がカギになる:日本らしい自然を守りたい」根本正之著 岩波書店(岩波ジュニア新書) 2023年6月

「桜がなくなる日:生物の絶滅と多様性を考える」岩槻邦男著 平凡社(平凡社新書) 2013年6月

「自閉症の世界:多様性に満ちた内面の真実」スティーブ・シルバーマン著;正高信男訳;入口真夕子訳 講談社(ブルーバックス) 2017年5月

「女子サッカー選手です。そして、彼女がいます――みんなの研究」下山田志帆著 偕成社 2022年7月

社会を知る

「女性活躍後進国ニッポン」山田昌弘著 岩波書店 (岩波ブックレット) 2015年9月

「身体が語る人間の歴史：人類学の冒険」片山一道著 筑摩書房 (ちくまプリマー新書) 2016年10月

「人生を豊かにしたい人のための世界遺産」宮澤光著 マイナビ出版 (マイナビ新書) 2022年3月

「図解でわかる14歳から知る生物多様性」インフォビジュアル研究所著 太田出版 2022年11月

「性について語ろう：子どもと一緒に考える」池上千寿子著 岩波書店 (岩波ブックレット) 2013年6月

「性の多様性ってなんだろう?―中学生の質問箱」渡辺大輔著 平凡社 2018年6月

「生き延びるための作文教室―14歳の世渡り術」石原千秋著 河出書房新社 2015年7月

「生態系は誰のため?」花里孝幸著 筑摩書房 (ちくまプリマー新書) 2011年3月

「生物多様性と私たち：COP10から未来へ」香坂玲著 岩波書店 (岩波ジュニア新書) 2011年5月

「生物多様性の大研究：なぜいろいろな生き物がいるの?：地球でともにくらす知恵をさぐろう!」小泉武栄監修 PHP研究所 2011年6月

「大人になる前に知る命のこと：心と体の変化・思春期・自分らしく生きる―なるにはBOOKS」加納尚美編著 ぺりかん社 2019年5月

「地球の仲間たち：スリランカ/ニジェール」開発教育を考える会編 ひだまり舎 2019年8月

「池上彰のニュースに登場する世界の環境問題 6 (動物の多様性)」稲葉茂勝訳・文;アンジェラ・ロイストン原著;池上彰監修 さ・え・ら書房 2010年12月

「日本らしい自然と多様性：身近な環境から考える」根本正之著 岩波書店 (岩波ジュニア新書) 2010年5月

「未来につなごう身近ないのち：あなたに考えてほしいこと―よくわかる生物多様性；1」中山れいこ著;中井克樹監修 くろしお出版 2010年10月

「路地の教室：部落差別を考える」上原善広著 筑摩書房 (ちくまプリマー新書) 2014年1月

地方創生、地域活性、地域社会

「13歳から考えるまちづくり」岡田知弘監修 かもがわ出版 2023年10月

「21歳男子、過疎の山村に住むことにしました」水柿大地著 岩波書店 (岩波ジュニア新書) 2014年5月

「47都道府県の底力がわかる事典」葉上太郎著 文藝春秋 (文春新書) 2021年2月

「47都道府県別日本の地方財閥」菊地浩之著 平凡社 (平凡社新書) 2014年2月

「きみのまちに未来はあるか?：「根っこ」から地域をつくる」除本理史著;佐無田光著 岩波書店 (岩波ジュニア新書) 2020年3月

社会を知る

「ご当地電力はじめました!」高橋真樹著 岩波書店(岩波ジュニア新書) 2015年1月

「さんりく海の勉強室 = Marine science and culture of Sanriku」青山潤編;玄田有史編 岩手日報社 2021年4月

「じぶんプレゼン!:「キャリア・パスポート」で「これまで」を「これから」にいかせ!:キャリア教育に役立つ! 2」長田徹監修 フレーベル館 2020年11月

「スポーツビジネス15兆円時代の到来」森貴信著 平凡社(平凡社新書) 2019年6月

「はじめよう!ボランティア 1」長沼豊監修 廣済堂あかつき 2018年2月

「ふるさとを元気にする仕事」山崎亮著 筑摩書房(ちくまプリマー新書) 2015年11月

「まんがスポーツで創る地域の未来 西日本編」スポーツ庁企画・監修 大日本印刷 2017年6月

「まんがスポーツで創る地域の未来 東日本編」スポーツ庁企画・監修 大日本印刷 2017年6月

「やらなきゃゼロ!:財政破綻した夕張を元気にする全国最年少市長の挑戦」鈴木直道著 岩波書店(岩波ジュニア新書) 2012年12月

「学校で育てる緑のカーテン大百科 2 (はじめての栽培と観察)」菊本るり子監修 学研教育出版 2013年2月

「故郷の風景:もの神・たま神と三つの時空」佐藤正英著 筑摩書房(ちくまプリマー新書) 2010年9月

「好循環のまちづくり!」枝廣淳子著 岩波書店(岩波新書 新赤版) 2021年4月

「自治体の平和力」池尾靖志著 岩波書店(岩波ブックレット) 2012年8月

「自分で見つける!社会の課題 2」NHK「ドスルコスル」制作班編;田村学監修 NHK出版(NHK for Schoolドスルコスル) 2021年11月

「総合リース会社図鑑──未来をつくる仕事がここにある」三井住友ファイナンス&リース監修;青山邦彦絵;日経BPコンサルティング編集 日経BP社 2017年10月

「探検!発見!わたしたちの地域デザイン:探し出して発表するまで」町田怜子編著;地主恵亮編著;矢野加奈子編著;竹内将俊編著;茂木もも子編著;鈴木康平編著 東京農業大学出版会 2023年7月

「地域の力で自然エネルギー!」鳥越皓之著;小林久著;海江田秀志著;泊みゆき著;山崎淑行著;古谷桂信著 岩波書店(岩波ブックレット) 2010年7月

「地域を豊かにする働き方:被災地復興から見えてきたこと」関満博著 筑摩書房(ちくまプリマー新書) 2012年8月

「地域再生:逆境から生まれる新たな試み」香坂玲著 岩波書店(岩波ブックレット) 2012年10月

「地方を生きる」小松理虔著 筑摩書房(ちくまプリマー新書) 2021年1月

「超高齢社会と認知症について知る本. 2」長田乾監修;かわいちひろ表紙イラスト;日生マユ巻頭マンガ;矢部太郎クイズマンガ・キャラクター Gakken 2023年2月

社会を知る

「通じない日本語：世代差・地域差からみる言葉の不思議」窪薗晴夫著 平凡社（平凡社新書）
2017年12月

「日本の農林水産業 農林水産業の未来」小泉光久編;白石正彦監修 鈴木出版 2011年3月

「日本の歴史を旅する」五味文彦著 岩波書店（岩波新書 新赤版）2017年9月

「農山村は消滅しない」小田切徳美著 岩波書店（岩波新書 新赤版）2014年12月

「買い物難民対策で田舎を残す」村上稔著 岩波書店（岩波ブックレット）2020年10月

「福祉がわかるシリーズ 3」稲葉茂勝著;池上彰監修 ミネルヴァ書房 2020年4月

「方言漢字事典」笹原宏之編著 研究社 2023年10月

地方創生、地域活性、地域社会＞地域活動＞山村留学

「スギナの島留学日記」渡邊杉菜著 岩波書店（岩波ジュニア新書）2014年12月

地方創生、地域活性、地域社会＞地場産業

「地域を豊かにする働き方：被災地復興から見えてきたこと」関満博著 筑摩書房（ちくまプリ
マー新書）2012年8月

地方創生、地域活性、地域社会＞地域活動

「今日からみんなで環境調査隊!：未来のために身近でなにができる? 3」畠佐代子監修 くもん
出版 2022年11月

福祉、介護、ボランティア

「〈刑務所〉で盲導犬を育てる」大塚敦子著 岩波書店（岩波ジュニア新書）2015年2月

「60の用語でわかる!福祉なるほど解説 下巻（生活と福祉・福祉の国際化・福祉にかかわる仕
事）」高橋利一監修・著 フレーベル館 2010年2月

「NHKプロフェッショナル仕事の流儀 5」NHK「プロフェッショナル」制作班編 ポプラ社 2018年4
月

「アクセス現代社会：世の中の動きに強くなる 2012」帝国書院編集部編 帝国書院 2012年2月

「イラスト版からだに障害のある人へのサポート：子どもとマスターする40のボランティア」横藤
雅人編;北海道生活科・総合的な学習教育連盟ネット研究会著 合同出版 2010年3月

「おばあちゃんが、ぼけた。—よりみちパン!セ；P 15」村瀬孝生著 イースト・プレス 2011年10月

「これがわたしの生きる道!伝記日本の女性たち. 2」青山由紀監修 汐文社 2023年2月

「ぶどう畑で見る夢は：こころみ学園の子どもたち」小手鞠るい著 原書房 2018年4月

「ボランティアたちの物語 = THE STORY OF VOLUNTEERS：東京2020オリンピック・パラリン
ピックの記録」日本財団ボランティアセンター監修 小峰書店 2022年3月

社会を知る

「ボランティアをやりたい!：高校生ボランティア・アワードに集まれ」さだまさし編;風に立つライオン基金編 岩波書店(岩波ジュニア新書) 2019年12月

「みんなで知りたいダイバーシティ.5」電通ダイバーシティ・ラボ企画・原案 文研出版 2023年9月

「ロボットとの付き合い方、おしえます。―14歳の世渡り術」瀬名秀明著 河出書房新社 2010年10月

「音のない世界と音のある世界をつなぐ：ユニバーサルデザインで世界をかえたい!」松森果林著 岩波書店(岩波ジュニア新書) 2014年6月

「介護施設で働く人たち：しごとの現場としくみがわかる!―しごと場見学!」松田尚之著 ぺりかん社 2011年2月

「刑務所しか居場所がない人たち：学校では教えてくれない、障害と犯罪の話」畠山重篤著;スギヤマカナヨ絵 大月書店 2018年5月

「幸せを届けるボランティア不幸を招くボランティア―14歳の世渡り術」田中優著 河出書房新社 2010年7月

「考えよう!女性活躍社会 1」孫奈美編 汐文社 2017年2月

「高校生も分かる障がい者の特性と障がい者への社会福祉援助―健康と生活シリーズ ; 19」増山道康著;青森県立保健大学地域連携・国際センター制作 パブリック・ブレイン 2014年2月

「産業とくらしを変える情報化 5 (教育・福祉を変える情報ネットワーク)」堀田龍也監修 学研教育出版 2012年2月

「産業社会と人間：よりよき高校生活のために 4訂版」服部次郎編著 学事出版 2020年2月

「私たちがつくる社会：おとなになるための法教育」高作正博編 法律文化社 2012年3月

「自分史のすすめ：未来を生きるための文章術」小池新著 平凡社(平凡社新書) 2018年5月

「社会でがんばるロボットたち 1」佐藤知正監修 鈴木出版 2017年10月

「社会を生きるための教科書」川井龍介著 岩波書店(岩波ジュニア新書) 2010年2月

「社会脳からみた認知症：徴候を見抜き、重症化をくい止める」伊古田俊夫著 講談社(ブルーバックス) 2014年11月

「車いすの図鑑：バリアフリーがよくわかる」髙橋儀平監修 金の星社 2018年9月

「心のおくりびと東日本大震災復元納棺師：思い出が動きだす日―ノンフィクション知られざる世界」今西乃子著;浜田一男写真 金の星社 2011年12月

「人を見捨てない国、スウェーデン」三瓶恵子著 岩波書店(岩波ジュニア新書) 2013年2月

「生活と福祉学習ノート」実教出版編修部編 実教出版 2023年12月

「走れ!移動図書館：本でよりそう復興支援」鎌倉幸子著 筑摩書房(ちくまプリマー新書) 2014年1月

社会を知る

「知ってる?認知症マンガニンチショウ大使れも参上!―スクールコミック」高橋由為子作・マンガ;菊地蔵乃介解説・監修 子どもの未来社 2017年12月

「知ろう!防ごう!自然災害 1（地震・津波・火山噴火）増補改訂版」佐藤隆雄監修 岩崎書店 2012年3月

「東日本大震災伝えなければならない100の物語 第4巻（助け合うこと）」学研教育出版著 学研教育出版 2013年2月

「特別授業"死"について話そう―14歳の世渡り術」伊沢正名著;遠藤秀紀著;角幡唯介著;川口有美子著;最果タヒ著;酒井順子著;佐々涼子著;佐治晴夫著;島田裕巳著;園子温著;徳永進著;中森明夫著;畑正憲著;本郷和人著;元村有希子著;森川すいめい著;湯山玲子著;和合亮一著 河出書房新社 2013年9月

「特別授業3.11君たちはどう生きるか―14歳の世渡り術 = WORLDLY WISDOM FOR 14 YEARS OLD」あさのあつこ著;池澤夏樹著;鎌田浩毅著;最相葉月著;斎藤環著;橘木俊詔著;田中優著;橋爪大三郎著;鷲田清一著 河出書房新社 2012年3月

「読書バリアフリー = Books for Everyone：見つけよう!自分にあった読書のカタチ」読書工房編著 国土社 2023年7月

「日本国憲法ってなに? 2」伊藤真著 新日本出版社 2017年4月

「日本手話へのパスポート：日本語を飛び出して日本手話の世界に行こう：アヤ・セナ・ユイと学ぼう」小野広祐著;岡典栄著;バイリンガル・バイカルチュラルろう教育センター編 小学館 2023年11月

「脳からみた認知症：不安を取り除き、介護の負担を軽くする」伊古田俊夫著 講談社（ブルーバックス）2012年10月

「未来をつくる!日本の産業 7」堀田和彦監修;産業学会監修 ポプラ社 2021年4月

福祉、介護、ボランティア＞介護サービス

「おばあちゃんが、ぼけた。増補新版―よりみちパン!セ」畠山重篤著;スギヤマカナヨ絵 新曜社 2018年5月

「ロボットが日本を救う」岸宣仁著 文藝春秋（文春新書）2011年8月

「介護のススメ!：希望と創造の老人ケア入門」三好春樹著 筑摩書房（ちくまプリマー新書）2016年12月

福祉、介護、ボランティア＞ケースワーク

「子どもの心の声を聴く：子どもアドボカシー入門」堀正嗣著 岩波書店（岩波ブックレット）2020年9月

福祉、介護、ボランティア＞高齢者福祉

「おばあちゃんが、ぼけた。増補新版―よりみちパン!セ」畠山重篤著;スギヤマカナヨ絵 新曜社 2018年5月

社会を知る

「介護のススメ！：希望と創造の老人ケア入門」三好春樹著 筑摩書房（ちくまプリマー新書）2016年12月

「介護職がいなくなる：ケアの現場で何が起きているのか」結城康博著 岩波書店（岩波ブックレット）2019年9月

「大人になる前に知る老いと死—なるにはBOOKS；別巻」前沢政次著 ぺりかん社 2022年6月

「超高齢社会と認知症について知る本. 1」長田乾監修；かわいちひろ表紙イラスト；日生マユ巻頭マンガ；矢部太郎クイズマンガ・キャラクター Gakken 2023年2月

「超高齢社会と認知症について知る本. 2」長田乾監修；かわいちひろ表紙イラスト；日生マユ巻頭マンガ；矢部太郎クイズマンガ・キャラクター Gakken 2023年2月

「超高齢社会と認知症について知る本. 3」長田乾監修；かわいちひろ表紙イラスト；日生マユ巻頭マンガ；矢部太郎クイズマンガ・キャラクター Gakken 2023年2月

福祉、介護、ボランティア＞児童福祉

「さよなら、子ども虐待」細川貂々著；今一生著 創元社 2023年7月

「シリーズ・貧困を考える 3」稲葉茂勝著；池上彰監修 ミネルヴァ書房 2017年3月

「遠くの人と手をつなぐ：SOSの届け方—世界をカエル10代からの羅針盤」千葉望著 理論社 2023年7月

「子どもの心の声を聴く：子どもアドボカシー入門」堀正嗣著 岩波書店（岩波ブックレット）2020年9月

「子どもの貧困 2（解決策を考える）」阿部彩著 岩波書店（岩波新書 新赤版）2014年1月

「子どもを守る仕事」佐藤優著；遠藤久江著；池上和子著 筑摩書房（ちくまプリマー新書）2020年10月

「支える、支えられる、支え合う」サヘル・ローズ編著 岩波書店（岩波ジュニアスタートブックス）2021年11月

「織物を未来の色に染めて：カンボジアの二人の少女」秋山浩子文 汐文社 2014年3月

「親を頼らないで生きるヒント：家族のことで悩んでいるあなたへ」コイケジュンコ著 岩波書店（岩波ジュニア新書）2021年11月

「徹底調査子供の貧困が日本を滅ぼす：社会的損失40兆円の衝撃」日本財団子どもの貧困対策チーム著 文藝春秋（文春新書）2016年9月

「保育園「改革」のゆくえ：「新たな保育の仕組み」を考える」近藤幹生著 岩波書店（岩波ブックレット）2010年1月

「保育園は誰のもの：子どもの権利から考える」普光院亜紀著 岩波書店（岩波ブックレット）2018年1月

社会を知る

福祉、介護、ボランティア＞社会福祉

「13歳から考える住まいの権利：多様な生き方を実現する「家」のはなし」葛西リサ著 かもがわ出版 2022年12月

「14歳からわかる生活保護―14歳の世渡り術」雨宮処凛著 河出書房新社 2012年10月

「ポスト資本主義：科学・人間・社会の未来」広井良典著 岩波書店（岩波新書 新赤版）2015年6月

「学校では教えてくれない生活保護―14歳の世渡り術」雨宮処凛著;ハラユキイラスト 河出書房新社 2023年1月

「幸せのための経済学：効率と衡平の考え方―〈知の航海〉シリーズ」蓼沼宏一著 岩波書店（岩波ジュニア新書）2011年6月

「地域を変えるソーシャルワーカー」朝比奈ミカ編;菊池馨実編 岩波書店（岩波ブックレット）2021年1月

福祉、介護、ボランティア＞障害者福祉

「「感動ポルノ」と向き合う：障害者像にひそむ差別と排除」好井裕明著 岩波書店（岩波ブックレット）2022年1月

「「障害」ある人の「きょうだい」としての私」藤木和子著 岩波書店（岩波ブックレット）2022年4月

「なぜ人と人は支え合うのか：「障害」から考える」渡辺一史著 筑摩書房（ちくまプリマー新書）2018年12月

「フツウと違う少数派のキミへ：ニューロダイバーシティのすすめ」鈴木慶太著 合同出版 2023年7月

「ユニバーサル・ミュージアムへのいざない：思考と実践のフィールドから」広瀬浩二郎著 三元社 2023年10月

「見えない壁をこえて：視覚障害者の自立を目ざした高橋豊治の物語」タケシタナカ文;タカハシコウコ絵;高橋知子取材・原案 桜雲会 2022年2月

「考える障害者」ホーキング青山著 新潮社（新潮新書）2017年12月

「指と耳で見る、目と手で聞く：視覚障害・聴覚障害のある人の暮らす世界―なるにはBOOKS;別巻」金治直美著 ぺりかん社 2023年1月

「車いすで国会へ：全身マヒのALS議員：命あるかぎり道はひらかれる」舩後靖彦文;加藤悦子文;堀切リエ文 子どもの未来社 2021年1月

「障害者ってだれのこと?：「わからない」からはじめよう―中学生の質問箱」荒井裕樹著 平凡社 2022年7月

社会を知る

福祉、介護、ボランティア＞ソーシャルワーク

「思春期のしんどさってなんだろう？：あなたと考えたいあなたを苦しめる社会の問題─中学生の質問箱」鴻巣麻里香著 平凡社 2023年6月

「地域を変えるソーシャルワーカー」朝比奈ミカ編;菊池馨実編 岩波書店（岩波ブックレット）2021年1月

福祉、介護、ボランティア＞動物愛護

「ボクたちに殺されるいのち─14歳の世渡り術」小林照幸著 河出書房新社 2010年11月

福祉、介護、ボランティア＞フードバンク

「食品ロスはなぜ減らないの？」小林富雄著 岩波書店（岩波ジュニアスタートブックス）2022年6月

ルール、マナー、モラル

「「家訓」から見えるこの国の姿」山本眞功著 平凡社（平凡社新書）2013年5月

「10代で知っておきたい「同意」の話：YES、NOを自分で決める12のヒント─14歳の世渡り術プラス」ジャスティン・ハンコック文;ヒューシャ・マクアリー絵;芹澤恵訳;高里ひろ訳 河出書房新社 2022年1月

「10代のためのソーシャルシンキング・ライフ：場に合った行動の選択とその考え方」パメラ・クルーク著;ミシェル・ガルシア・ウィナー著;黒田美保監訳;稲田尚子監訳;高岡佑壮訳 金子書房 2020年7月

「12歳からのマナー集：インターネット・ケータイ電車内マナーからなぜ、「いじめ」てはいけないのかまで」多湖輝著 新講社（WIDE SHINSHO）2012年10月

「12歳までに身につけたいルール・マナーの超きほん─未来のキミのためシリーズ」岩下宣子監修;梅澤真一監修 朝日新聞出版 2022年7月

「13歳からの研究倫理：知っておこう!科学の世界のルール」大橋淳史著 化学同人 2018年8月

「13歳から身につけたい「日本人の作法」：衣食住のルールから仏事のマナーまで：大人の常識」「大人のたしなみ」研究会編著 大和出版 2014年11月

「365DAYSかわいさアップ＆ハッピーイベントBOOK」朝日新聞出版編著 朝日新聞出版（C・SCHOOL）2018年11月

「いつも気分よく集中できる「必要なことだけ」勉強法」藤白りり著 KADOKAWA 2022年9月

「イラスト版10分で身につくネット・スマホの使い方：トラブルを回避する34のワーク」竹内和雄編著;ソーシャルメディア研究会著;吉川徹医学監修 合同出版 2022年8月

「くすりを使う時の12の約束」齋藤百枝美著;宮本法子著 政光プリプラン 2015年2月

社会を知る

「くらしに役立つ保健体育」石塚謙二監修;太田正己監修 東洋館出版社 2013年7月

「こういうときどうするんだっけ：自立のすすめ：マイルール」辰巳渚著;朝倉世界一まんが 毎日新聞社 2010年10月

「しらべよう!知っているようで知らない冬季オリンピック 3 (氷の競技・種目の技やみかた)」大熊廣明監修;稲葉茂勝文 ベースボール・マガジン社 2013年12月

「ソーシャルスキルとしてのあそび・ルール攻略ブック」大畑豊著 かもがわ出版 2015年5月

「だれか、ふつうを教えてくれ!—よりみちパン!セ；P044」倉本智明著 イースト・プレス 2012年5月

「デジタル世界の歩き方：デジタル機器を自分らしく、自信をもって使うためのガイド—いま・生きる・ちからシリーズ」狩野さやか著 ほるぷ出版 2023年12月

「ネットとSNSを安全に使いこなす方法」ルーイ・ストウェル著;小寺敦子訳 東京書籍(U18世の中ガイドブック) 2020年4月

「パワーブック：世界を変えてやるチカラ」ロクサーヌ・ゲイ著;クレア・サンダース著;ヘイゼル・ソングハースト著;ジョージア・アムソン=ブラッドショー著;ミナ・サラミ著;ミック・スカーレット著;ジョエル・アベリーノイラスト;デビッド・ブロードベントイラスト;水島ぱぎい訳 東京書籍 2020年8月

「まんがで学ぶオンラインゲーム—ルールを守って楽しもう!」日本オンラインゲーム協会カスタマーサポート・ワーキンググループ監修 保育社 2023年8月

「マンガ版自閉症日常生活おたすけじてん：すぐわかるこんなときどーする?」成沢真介著 合同出版 2016年5月

「ルールはそもそもなんのためにあるのか」住吉雅美著 筑摩書房(ちくまプリマー新書) 2023年11月

「レンアイ、基本のキ：好きになったらなんでもOK?」打越さく良著 岩波書店(岩波ジュニア新書) 2015年10月

「教えて南部先生!18歳成人Q&A」南部義典著 シーアンドアール研究所 2022年10月

「激変する世界で君だけの未来をつくる4つのルール」尾原和啓著 大和書房 2023年3月

「高校生からの法学入門 = Introduction to Law for Young Readers」中央大学法学部編 中央大学出版部 2016年7月

「今あるもので「あか抜けた」部屋になる。」荒井詩万著 サンクチュアリ出版(sanctuary books) 2019年2月

「子どもに必要なソーシャルスキルのルールBEST99」スーザン・ダイアモンド著;上田勢子訳 黎明書房 2012年8月

「子どもに必要なソーシャルスキルのルールBEST99 新装版」スーザン・ダイアモンド著;上田勢子訳 黎明書房 2021年3月

「私の心は私のもの 私のからだは私のもの 「同意」を考えよう. 1」孫奈美編;藤本たみこ絵 汐文社 2023年1月

社会を知る

「私の心は私のもの私のからだは私のもの「同意」を考えよう. 2」孫奈美編;藤本たみこ絵 汐文社 2023年2月

「私の心は私のもの私のからだは私のもの「同意」を考えよう. 3」孫奈美編;藤本たみこ絵 汐文社 2023年3月

「自転車まるごと大事典 : 楽しく安全に乗るために」「自転車まるごと大事典」編集室編 理論社 2013年2月

「新・点字であそぼう」こどもくらぶ編;桜雲会監修 同友館 2011年6月

「人権と自然をまもる法ときまり 2」笹本潤法律監修;藤田千枝編 大月書店 2020年9月

「人権と自然をまもる法ときまり 3」笹本潤法律監修;藤田千枝編 大月書店 2020年11月

「世界に通じるマナーとコミュニケーション : つながる心、英語は翼」横手尚子著;横山カズ著 岩波書店(岩波ジュニア新書) 2017年7月

「大人が読むこどもの碁」丹野憲一著 ホビージャパン 2021年9月

「大人になるっておもしろい?」清水真砂子著 岩波書店(岩波ジュニア新書) 2015年4月

「知らずにまちがえている敬語」井上明美著 祥伝社(祥伝社新書) 2013年8月

「中学生のための学校生活のマナー 改訂版」桐蔭学園中学校・中等教育学校編 開隆堂出版 2014年3月

「飛行機写真をはじめよう! : 撮影テクからスポット選びまで完全マスター—コツがわかる本. ジュニアシリーズ」中野耕志監修・写真 メイツユニバーサルコンテンツ 2022年6月

「法は君のためにある : みんなとうまく生きるには?」小貫篤著 筑摩書房(ちくまQブックス) 2021年10月

ルール、マナー、モラル＞ビジネスマナー

「イラストでわかる13歳から自立できるマナーの基本」岩下宣子監修 PHP研究所 2018年9月

「その日本語仕事で恥かいてます」福田健監修 青春出版社(青春新書INTELLIGENCE) 2014年4月

「ビジネスマナーワークブック—高校生のためのヒューマンスキル ; 1」藤原由美著;鈴木浩子著 西文社 2012年6月

「ひとりだちするためのビジネスマナー&コミュニケーション」子どもたちの自立を支援する会編 日本教育研究出版 2013年12月

ルール、マナー、モラル＞礼儀、礼儀作法

「「おじぎ」の日本文化」神崎宣武著 KADOKAWA(角川ソフィア文庫) 2016年3月

「『礼記』にまなぶ人間の礼—10代からよむ中国古典」井出元監修 ポプラ社 2010年1月

社会を知る

「13歳からの「差がつく!言葉えらび」レッスン : きちんと伝わる言い回し450—コツがわかる本. ジュニアシリーズ」覚来ゆか里著 メイツ出版 2019年5月

「13歳からのマナーのきほん50 : あたりまえだけど大切なこと」アントラム栢木利美著 赤ちゃんとママ社 2023年5月

「13歳からの日本人の「作法」と「しきたり」: 育ちのいい人は知っている」岩下宣子監修;「日本人の作法としきたり」研究会編著 PHP研究所 2022年10月

「これだけは知っておきたい教科書に出てくる日本の神社」これだけは知っておきたい教科書に出てくる日本の神社編集委員会編著 汐文社 2015年3月

「まんが護国神社へ行こう!」山中浩市原作;そやままい漫画 かざひの文庫 2021年11月

「行儀作法の教科書」横山験也著 岩波書店(岩波ジュニア新書) 2010年8月

「図書館図鑑」小田光宏監修 金の星社 2021年12月

「中学生のための礼儀・作法読本 : これだけは身につけたい : 大人への入り口」横浜市教育委員会事務局編 ぎょうせい 2010年9月

【政治や経済を知る】

お金

「10代からのマネー図鑑」マーカス・ウィークス著;デレク・ブラッドン監修;加藤洋子訳 三省堂 2017年8月

「12歳からはじめるOh!金の学校 :「100歳2億円」にふりまわされない!」あんびるえつこ監修 フレーベル館 2022年9月

「12歳までに身につけたいお金の超きほん―未来のキミのためシリーズ」泉美智子監修 朝日新聞出版 2021年1月

「13歳から鍛える具体と抽象」細谷功著 東洋経済新報社 2023年10月

「14歳の自分に伝えたい「お金の話」= Things I Wish I'd Known about Money When I was Fourteen」藤野英人著 マガジンハウス 2021年5月

「15歳から、社長になれる。:ぼくらの時代の起業入門―よりみちパン!セ ; P060」家入一真著 イースト・プレス 2013年11月

「15歳からの社会保障 :人生のピンチに備えて知っておこう!」横山北斗著 日本評論社 2022年11月

「15歳からはじめる成功哲学 :お金は知恵に群がる。―Nanaブックス ; 0115」千田琢哉著 ナナ・コーポレート・コミュニケーション 2012年6月

「16歳のお金の教科書 :『インベスターZ』公式副読本」お金の特別講義プロジェクト編著 ダイヤモンド社 2016年10月

「17歳からのドラッカー」中野明著 学研パブリッシング 2011年2月

「18歳成人になる前に学ぶ契約とお金の基本ルール :かしこい消費者になろう!」消費者教育支援センター監修;さかなこうじマンガ 旬報社 2022年6月

「94歳から10代のあなたへ伝えたい大切なこと」吉沢久子著 海竜社 2012年4月

「Webで学ぶ総合実践演習 改訂版」システム・フューチャー株式会社著 実教出版 2013年2月

「あたらしいお金の教科書 :ありがとうをはこぶお金、やさしさがめぐる社会」新井和宏著 山川出版社 2021年7月

「イチから学ぶビジネス :高校生・大学生の経営学入門」小野正人著 創成社 2016年5月

「いのちが危ない残業代ゼロ制度」森岡孝二著;今野晴貴著;佐々木亮著 岩波書店(岩波ブックレット) 2014年11月

「いま君に伝えたいお金の話」村上世彰著 幻冬舎(幻冬舎文庫) 2020年4月

「ウォーレン・バフェットお金の秘密を教えよう―偉人のことば」桑原晃弥著 PHP研究所 2013年12月

政治や経済を知る

「エコノミストの父が、子どもたちにこれだけは教えておきたい大切なお金の話」永濱利廣著 ワニ・プラス 2017年10月

「お金ってなんだろう?：あなたと考えたいこれからの経済—中学生の質問箱」長岡慎介著 平凡社 2017年5月

「お金でほんとうに幸せになれる?」古沢良太原作;NHKEテレ「Q〜こどものための哲学」制作班編 ほるぷ出版(Qこどものための哲学) 2020年2月

「お金でわかる!ザワつく!日本の歴史—1冊で流れがつかめる!好きになる!」本郷和人監修 学研プラス 2021年10月

「お金に強くなる生き方」佐藤優著 青春出版社(青春新書INTELLIGENCE) 2015年10月

「お金に頼らず生きたい君へ：廃村「自力」生活記—14歳の世渡り術」服部文祥著 河出書房新社 2022年10月

「お金のコンパス = The Money Navigator：学校でもおうちでも教えてくれない「お金のリアル」：人生を豊かにする大事なお金のはなし」伊藤みんご漫画;八木陽子監修 講談社 2023年12月

「お金のしくみを知りかしこく扱う方法」ジェーン・ビンハム著;ホリー・バシー著;小寺敦子訳 東京書籍(U18世の中ガイドブック) 2020年7月

「お金リテラシー超入門：だまされて大損しないために!15歳から知っておきたい」さんきゅう倉田著 主婦と生活社 2023年5月

「お金持ちで、幸せになる人の7つの秘密：ミッション、パッション、ハイテンション」齋藤孝著 PHP研究所(齋藤孝のガツンと一発文庫) 2010年2月

「お札で学ぶ 1」植村峻監修 くもん出版 2021年10月

「お札で学ぶ 2」植村峻監修 くもん出版 2021年10月

「お札で学ぶ 3」植村峻監修 くもん出版 2021年10月

「お札で学ぶ 4」中島真志著 くもん出版 2021年10月

「お札に描かれる偉人たち：渋沢栄一・津田梅子・北里柴三郎」楠木誠一郎著 講談社 2019年10月

「お仕事図鑑300 = ENCYCLOPEDIA OF JOBS：「好き」から未来を描く」16歳の仕事塾監修 新星出版社 2021年7月

「キミたちはどう生きるか?こどものための道徳：生き方編」齋藤孝著 ビジネス社 2018年3月

「きみのお金は誰のため：ボスが教えてくれた「お金の謎」と「社会のしくみ」」田内学著 東洋経済新報社 2023年10月

「きみの人生はきみのもの：子どもが知っておきたい「権利」の話」谷口真由美著;荻上チキ著 NHK出版 2023年1月

政治や経済を知る

「きみもなれる！家事の達人 4（かいもの）」阿部絢子監修；こどもくらぶ編 少年写真新聞社 2016年2月

「こども論語と算盤：お金と生き方の大切なことがわかる！」守屋淳監訳 祥伝社 2018年8月

「ことわざで！にゃんこ大戦争：一生に一コくらいは使えるにゃ。―BIG KOROTAN」ポノス株式会社監修 小学館 2021年4月

「この世でいちばん大事な「カネ」の話 新装版」西原理恵子著 ユーメイド 2011年5月

「この世でいちばん大事な「カネ」の話―よりみちパン！セ；P051」西原理恵子著・装画・挿画 イースト・プレス 2012年9月

「コミックマナベル：楽しく読んでタメになる！ エピソード1（新たなる冒険のはじまり!!）」きもとよしこキャラクターデザイン・マンガ；伴俊男ほかマンガ ファミマ・ドット・コム 2014年12月

「シアワセなお金の使い方：新しい家庭科勉強法 2」南野忠晴著 岩波書店（岩波ジュニア新書）2015年2月

「じぶんリセット：つまらない大人にならないために―14歳の世渡り術」小山薫堂著 河出書房新社 2014年6月

「スマートフォンその使い方では年5万円損してます」武井一巳著 青春出版社（青春新書INTELLIGENCE）2017年5月

「なぜ僕らは働くのか：君が幸せになるために考えてほしい大切なこと」池上彰監修 学研プラス 2020年3月

「なんでも日本一：あっぱれ！―しらべ図鑑マナペディア」グループ・コロンブス構成 講談社 2015年12月

「ビジュアル日本のお金の歴史 江戸時代」岩橋勝著 ゆまに書房 2015年10月

「ビジュアル日本のお金の歴史 飛鳥時代～戦国時代」井上正夫著 ゆまに書房 2015年11月

「ビジュアル日本のお金の歴史 明治時代～現代」草野正裕著 ゆまに書房 2016年1月

「ひとりだちするためのトラブル対策：予防・回避・対処が学べる 改訂版」子どもたちの自立を支援する会編 日本教育研究出版 2016年7月

「ファイナンシャル・ウェルビーイング：幸せになる人のお金の考え方」山崎俊輔著 青春出版社（青春新書INTELLIGENCE）2023年7月

「プログラマーの一日―暮らしを支える仕事見る知るシリーズ：10代の君の「知りたい」に答えます」WILLこども知育研究所編著 保育社 2021年1月

「プロ野球で1億円稼いだ男のお金の話―TOKYO NEWS BOOKS」元永知宏著 東京ニュース通信社 講談社 2023年10月

「マネーという名の犬：12歳からの「お金」入門」ボード・シェーファー著；田中順子訳；村上世彰監修 飛鳥新社 2017年11月

政治や経済を知る

「マンガde理解ココが変わった!!18歳成人. 法律編」池田純子文;南部義典監修;井出エミマンガ・イラスト 理論社 2023年2月

「マンガでわかる高校生からのお金の教科書」小柳順治原作;漫画工房樹本村塾画;十屋つぐみ画 河出書房新社 2021年3月

「マンガでわかる世の中の「ウソ」から身を守る：情報との正しい接し方」下村健一監修 学研プラス 2021年2月

「マンガで覚える図解おこづかいの基本」八木陽子監修 つちや書店 2020年11月

「マンガと図解でよくわかるお金の基本：高校生から理解できる資産形成&金融知識」酒井富士子著 インプレス 2023年1月

「まんがと図解でわかる裁判の本：こんなとき、どうする?どうなる? 4 (お金のことで困ったら)」山田勝彦監修 岩崎書店 2014年3月

「ミュージアムを知ろう：中高生からの美術館・博物館入門―なるにはBOOKS」横山佐紀著 ぺりかん社 2020年8月

「家族はチームだ!もっと会話しろ：日本のいいところを知っておこう」齋藤孝著 PHP研究所 (齋藤孝のガツンと一発文庫) 2010年1月

「花咲かじいさんが教える「人」と「お金」に愛される特別授業―心の友だち」竹田和平著 PHP研究所 2015年9月

「会社に頼らず生きるために知っておくべきお金のこと」泉正人著 サンクチュアリ出版 (sanctuary books) 2011年11月

「学校では教えてくれないお金の話―14歳の世渡り術」金子哲雄著 河出書房新社 2011年7月

「学校では教えない!お金を増やす授業：「金持ち生活」をつくる資産運用の勘どころ」佐々木裕平著 ぱる出版 2019年3月

「看護師という生き方」宮子あずさ著 筑摩書房 (ちくまプリマー新書) 2013年9月

「気をつけよう!SNS 2 (ソーシャルゲームってどんなもの?)」小寺信良著 汐文社 2013年12月

「気をつけよう!ブラックバイト・ブラック企業：いまから知っておきたい働く人のルール 1」ブラックバイトから子どもたちを守る会編 汐文社 2016年11月

「気をつけよう!ブラックバイト・ブラック企業：いまから知っておきたい働く人のルール 3」ブラックバイトから子どもたちを守る会編 汐文社 2017年2月

「気をつけよう!課金トラブル. 1」高橋暁子監修 汐文社 2023年10月

「教えて合田先生!18歳までに知っておきたいお金の授業」合田菜実子著 シーアンドアール研究所 2023年3月

「屈折万歳!」小島慶子著 岩波書店 (岩波ジュニア新書) 2015年9月

「経済ナゾ解き隊：お金のホントを知る―あさがく選書；2」岡野進著 朝日学生新聞社 2012年5月

政治や経済を知る

「月1000円!のスマホ活用術」武井一巳著 青春出版社(青春新書INTELLIGENCE) 2013年10月

「月900円!からのiPhone活用術」武井一巳著 青春出版社(青春新書INTELLIGENCE) 2014年12月

「高校生からの商学入門 = Introduction to Commerce for Young Readers」中央大学商学部編 中央大学出版部 2019年7月

「高校生と親の「お金の教科書」」飯島健二著 セルバ出版 2012年10月

「国際理解に役立つ世界のお金図鑑1(アジア・オセアニア)」平田美咲編 汐文社 2013年9月

「国際理解に役立つ世界のお金図鑑2(ヨーロッパ・中東)」平田美咲編 汐文社 2013年10月

「国際理解に役立つ世界のお金図鑑3(北米・中南米・アフリカ)」平田美咲編 汐文社 2013年10月

「施設から社会へ羽ばたくあなたへ:ひとり暮らしハンドブック:巣立ちのための60のヒント」林恵子編著 明石書店 2010年9月

「自分で考えて行動しよう!こども論語とそろばん」齋藤孝著 筑摩書房 2019年3月

「自分で考える力が身につく!13歳からのMBA」中川功一著 総合法令出版 2023年6月

「寿命のクイズ図鑑」小宮輝之監修 学研プラス(学研の図鑑LIVE) 2020年10月

「十四歳からのソコソコ武士道」柏耕一著 さくら舎 2021年9月

「渋沢栄一と一万円札物語」オフィス303編 ほるぷ出版(新紙幣ウラオモテ) 2020年12月

「将来お金で苦労しない7つの方法―マンガでわかる!10代からのビジネスブック」榊原正幸監修;古本ゆうやマンガ 河出書房新社 2020年4月

「職場体験完全ガイド18」ポプラ社 2010年3月

「職場体験完全ガイド70」ポプラ社 2020年4月

「新しい時代のお金の教科書」山口揚平著 筑摩書房(ちくまプリマー新書) 2017年12月

「森永先生、僕らが強く賢く生きるためのお金の知識を教えてください! = Money Literacy for Living Smart and Well」森永康平著 アルク 2023年4月

「人生の正解をつくるお金のセンス:17歳までに知っておきたい「使う」「貯める」「稼ぐ」「守る」「増やす」の考え方」午堂登紀雄著 技術評論社 2023年2月

「人生の頂点(ピーク)は定年後:サードエイジ=「人生最良の時間」をどう迎えるか」池口武志著 青春出版社(青春新書INTELLIGENCE) 2022年10月

「人類の歴史を変えた8つのできごと1(言語・宗教・農耕・お金編)」眞淳平著 岩波書店(岩波ジュニア新書) 2012年4月

「図解でわかる14歳からのお金の説明書」インフォビジュアル研究所著 太田出版 2017年10月

「図解でわかる14歳からの金融リテラシー」社会応援ネットワーク著 太田出版 2023年1月

政治や経済を知る

「図解はじめて学ぶみんなのお金」エディ・レイノルズ文;マシュー・オールダム文;ララ・ブライアン文;マルコ・ボナッチイラスト;浜崎絵梨訳;伊藤元重監修 晶文社 2022年1月

「数と図形について知っておきたいすべてのこと」デビッド・マコーレイ作;松野陽一郎監修 東京書籍 2023年3月

「生きるための「お金」のはなし」高取しづか著 サンマーク出版 2010年10月

「大学で大人気の先生が語る〈失敗〉〈挑戦〉〈成長〉の自立学」佐藤剛史著 岩波書店(岩波ジュニア新書) 2013年6月

「大人になったら何になりたい?日本の給料&職業図鑑：こども編」給料BANK著;スタディサプリ進路著 宝島社 2023年3月

「達人になろう!お金をかしこく使うワザ：お金のつくり方、貯め方、使い方、寄付のしかたについて」エリック・ブラウン著;サンディ・ドノバン著;上田勢子訳;まえだたつひこ絵 子どもの未来社 2020年1月

「地球で暮らすきみたちに知ってほしい50のこと」ラース・ヘンリク・オーゴード著;シモン・ヴェスイラストレーション;枇谷玲子訳 晶文社 2021年8月

「地球経済のまわり方」浜矩子著 筑摩書房(ちくまプリマー新書) 2014年4月

「池上彰のはじめてのお金の教科書」池上彰著;ふじわらかずえ絵 幻冬舎 2018年9月

「池上彰の世界の見方 = Akira Ikegami,How To See the World：15歳に語る現代世界の最前線」池上彰著 小学館 2015年11月

「池上彰の世界の見方 = Akira Ikegami,How To See the World ドイツとEU」池上彰著 小学館 2017年11月

「中学生にもわかる会社の創り方・拡げ方・売り方」宮嵜太郎著 クロスメディア・パブリッシング 2021年10月

「中高生からの親子で学ぶおかね入門：暮らしとおかね Vol.9」前野彩著 ビジネス教育出版社 2021年4月

「津田梅子と五千円札物語──新紙幣ウラオモテ」オフィス303編 ほるぷ出版 2021年2月

「通貨「円」の謎」竹森俊平著 文藝春秋(文春新書) 2013年5月

「都会を出て田舎で0円生活はじめました」田村余一著;田村ゆに著 サンクチュアリ出版(sanctuary books) 2022年8月

「答えのない道徳の問題どう解く?正解のない時代を生きるキミへ」やまざきひろしぶん;きむらようえ;にさわだいらはるひとえ ポプラ社 2021年11月

「働くってどんなこと?人はなぜ仕事をするの?─10代の哲学さんぽ ; 9」ギョーム・ル・ブラン文;ジョシェン・ギャルネール絵;伏見操訳 岩崎書店 2017年1月

「日々の教え・童蒙教え草：人としていかに生きるか：現代語抄訳」福澤諭吉著;金谷俊一郎訳 PHP研究所 2015年3月

政治や経済を知る

「日本の歴史の道具事典」児玉祥一監修 岩崎書店 2013年11月

「発見!会社員の仕事：キャリア教育に役立つ! 2」大野髙裕監修 フレーベル館 2017年12月

「父と母がわが子に贈るお金の話：人生でもっとも大切な貯める力、増やす力」ディリン・レドリング著;アリソン・トム著;小野寺貴子訳 SBクリエイティブ 2022年9月

「福祉がわかるシリーズ 3」稲葉茂勝著;池上彰監修 ミネルヴァ書房 2020年4月

「北欧式お金と経済がわかる本：12歳から考えたい9つのこと」グンヒル・J.エクルンド著;枇谷玲子訳;氏家祥美監修 翔泳社 2019年2月

「北里柴三郎と千円札物語―新紙幣ウラオモテ」オフィス303編 ほるぷ出版 2021年3月

「僕たちはなぜ働くのか：これからのキャリア、生き方を考える本 上」池上彰監修 学研プラス 2019年2月

「僕らの未来が変わるお金と生き方の教室：君が君らしく生きるために伝えておきたいこと―新時代の教養」池上彰監修 Gakken 2023年3月

「明日話したくなるお金の歴史」阿部泉執筆・監修 清水書院 2020年8月

「理容師・美容師の一日―暮らしを支える仕事見る知るシリーズ：10代の君の「知りたい」に答えます」WILLこども知育研究所編著 保育社 2021年6月

「劉備と諸葛亮：カネ勘定の『三国志』」柿沼陽平著 文藝春秋(文春新書) 2018年5月

「旅でみる世の中のしくみ大図解」リビー・ドイチュ作;バルプリ・ケルトゥラ絵;小川浩一翻訳協力;トランネット翻訳協力 ポプラ社 2020年2月

お金＞キャッシュレス

「キャッシュレスで得する!お金の新常識：電子マネー、スマホ決済…」岩田昭男著 青春出版社(青春新書INTELLIGENCE) 2018年7月

お金＞クレジットカード

「18歳から「大人」?：成人にできること、できないこと 1」『18歳から「大人」?』編集委員会編著 汐文社 2022年12月

「ゲームで学ぶ経済のしくみ 2(家計のしくみ)」篠原総一監修 学研教育出版 2010年2月

お金＞収入、賃金

「いのちが危ない残業代ゼロ制度」森岡孝二著;今野晴貴著;佐々木亮著 岩波書店(岩波ブックレット) 2014年11月

「えーっ!バイト高校生も有給休暇とれるんだって!―シリーズ|Law☆Do| ; 1」航薫平著 フォーラム・A 2012年9月

「これを知らずに働けますか?：学生と考える、労働問題ソボクな疑問30」竹信三恵子著 筑摩書房(ちくまプリマー新書) 2017年7月

政治や経済を知る

「気をつけよう!ブラックバイト・ブラック企業 : いまから知っておきたい働く人のルール 1」ブラックバイトから子どもたちを守る会編 汐文社 2016年11月

「将来が見えてくる!日本の給料&職業図鑑Special」給料BANK著;スタディサプリ進路著 宝島社 2021年5月

「大人になったら何になりたい?日本の給料&職業図鑑 : こども編」給料BANK著;スタディサプリ進路著 宝島社 2023年3月

お金＞投資

「10代のためのお金と投資 = The investment guide for teenagers : 今の君から将来の君自身へ : 世界を広げる知識を備える」大泉書店編集部編 大泉書店 2022年4月

「18歳からはじめる投資の学校 : 解きながら身につける!知っておきたい投資の基本&お金の常識」鈴木さや子著 翔泳社 2023年11月

「アメリカの中学生はみな学んでいる「おカネと投資」の教科書」ゲイル・カーリッツ著;秋山勝訳 朝日新聞出版 2012年10月

「しあわせ持ちになれる「お金,仕事,投資,生き方」の授業 : 実況!「ハッピー・マネー教室」」岡本和久著 創成社 2015年7月

「マンガでわかる金融と投資の基礎知識 : 読めば得する!お金のしくみと財テクの心得」田渕直也著 SBクリエイティブ(サイエンス・アイ新書) 2015年10月

「会社の数字を科学する : すっきりわかる財務・会計・投資」内山力著 PHP研究所(PHPサイエンス・ワールド新書) 2010年2月

「高校生が知っておきたい投資の教養」小島五郎著 幻冬舎メディアコンサルティング(幻冬舎ルネッサンス新書) 2015年7月

「村上世彰、高校生に投資を教える。= Murakami Yoshiaki teaches investment to high school students.」村上世彰著 KADOKAWA 2020年7月

「読んだら一生お金に困らないN/S高投資部の教科書」NS高投資部著;村上世彰監修 東洋経済新報社 2021年12月

お金＞年金

「10年後破綻する人、幸福な人」荻原博子著 新潮社(新潮新書) 2016年1月

「マンガde理解ココが変わった!!18歳成人. 法律編」池田純子文;南部義典監修;井出エミマンガ・イラスト 理論社 2023年2月

「社会を生きるための教科書」川井龍介著 岩波書店(岩波ジュニア新書) 2010年2月

「社会科見学!みんなの市役所 1階」オフィス303編 汐文社 2018年1月

「中学生でもわかる経済学」永濱利廣著 ベストセラーズ 2011年12月

「日本の年金」駒村康平著 岩波書店(岩波新書 新赤版) 2014年9月

政治や経済を知る

経済、金融

「「桶狭間」は経済戦争だった：戦国史の謎は「経済」で解ける」武田知弘著 青春出版社（青春新書INTELLIGENCE）2014年6月

「「共に生きる」ための経済学」浜矩子著 平凡社（平凡社新書）2020年9月

「「生き場」を探す日本人」下川裕治著 平凡社（平凡社新書）2011年6月

「「日本」ってどんな国？：国際比較データで社会が見えてくる」本田由紀著 筑摩書房（ちくまプリマー新書）2021年10月

「10代からのSDGs：輝く心と学ぶ喜びを」野田将晴著 高木書房 2022年4月

「13歳からの経済のしくみ・ことば図鑑」花岡幸子著;matsuイラスト WAVE出版 2018年2月

「13歳からの図解でなるほど地政学：世界の「これまで」と「これから」を読み解こう―コツがわかる本.ジュニアシリーズ」村山秀太郎監修 メイツユニバーサルコンテンツ 2022年12月

「14歳からのSDGs：あなたが創る未来の地球」水野谷優編著;國井修著;井本直歩子著;林佐和美著;加藤正寛著;高木超著 明石書店 2022年9月

「15歳からの経済入門」泉美智子著;河原和之著 日本経済新聞出版社（日経ビジネス人文庫）2012年9月

「15歳から身につける経済リテラシー」岡野進著 朝日学生新聞社 2017年4月

「16歳からのはじめてのゲーム理論："世の中の意思決定"を解き明かす6.5個の物語」鎌田雄一郎著 ダイヤモンド社 2020年7月

「20世紀をつくった経済学：シュンペーター、ハイエク、ケインズ」根井雅弘著 筑摩書房（ちくまプリマー新書）2011年12月

「アベノミクスと暮らしのゆくえ」山家悠紀夫著 岩波書店（岩波ブックレット）2014年10月

「いますぐ考えよう!未来につなぐ資源・環境・エネルギー 2（石油エネルギーを考える）」田中優著;山田玲司画 岩崎書店 2012年4月

「イングランド銀行公式経済がよくわかる10章」イングランド銀行著;ルパル・パテル著;ジャック・ミーニング著;村井章子訳 すばる舎 2023年8月

「お金の話を13歳でもわかるように一流のプロに聞いたら超カッキ的な経済本ができちゃいました！：これからの世界で生き残っていくためのリテラシー：子どもでもわかるお金の本」佐々木かをり編著 ダイヤモンド社 2013年3月

「お父さんが教える13歳からの金融入門」デヴィッド・ビアンキ著;関美和訳 日本経済新聞出版社 2016年7月

「キャッシュレスで得する!お金の新常識：電子マネー、スマホ決済…」岩田昭男著 青春出版社（青春新書INTELLIGENCE）2018年7月

「くらす、はたらく、経済のはなし 1」山田博文文;赤池佳江子絵 大月書店 2019年9月

政治や経済を知る

「くらす、はたらく、経済のはなし2」山田博文文;赤池佳江子絵 大月書店 2019年10月

「くらす、はたらく、経済のはなし3」山田博文文;赤池佳江子絵 大月書店 2019年11月

「くらす、はたらく、経済のはなし4」山田博文文;赤池佳江子絵 大月書店 2020年1月

「くらす、はたらく、経済のはなし5」山田博文文;赤池佳江子絵 大月書店 2020年2月

「グローバリズムが世界を滅ぼす」エマニュエル・トッド著;ハジュン・チャン著;柴山桂太著;中野剛志著;藤井聡著;堀茂樹著 文藝春秋(文春新書) 2014年6月

「グローバル資本主義と日本の選択:富と貧困の拡大のなかで」金子勝著;橘木俊詔著;武者陵司著 岩波書店(岩波ブックレット) 2010年3月

「ゲームで学ぶ経済のしくみ1(市場のしくみ)」篠原総一監修 学研教育出版 2010年2月

「ゲームで学ぶ経済のしくみ2(家計のしくみ)」篠原総一監修 学研教育出版 2010年2月

「ゲームで学ぶ経済のしくみ3(会社のしくみ)」篠原総一監修 学研教育出版 2010年2月

「ゲームで学ぶ経済のしくみ4(金融のしくみ)」篠原総一監修 学研教育出版 2010年2月

「ゲームで学ぶ経済のしくみ5(貿易と世界経済のしくみ)」篠原総一監修 学研教育出版 2010年2月

「ゲームで学ぶ経済のしくみ6(税金と財政のしくみ)」篠原総一監修 学研教育出版 2010年2月

「コーポレート・ガバナンス」花崎正晴著 岩波書店(岩波新書 新赤版) 2014年11月

「ここから始まるマネーの世界」楠山正典著 日本橋出版 2021年8月

「この人を見よ!歴史をつくった人びと伝25(渋沢栄一)」プロジェクト新・偉人伝著作・編集 ポプラ社 2010年1月

「これからの時代に生き残るための経済学」倉山満著 PHP研究所(PHP新書) 2023年3月

「コロナ後の日本経済」須田慎一郎著 エムディエヌコーポレーション(MdN新書) 2020年8月

「コロナ後を生きる逆転戦略:縮小ニッポンで勝つための30カ条」河合雅司著 文藝春秋(文春新書) 2021年6月

「コロナ敗戦後の世界」山田順著 エムディエヌコーポレーション(MdN新書) 2020年12月

「ズームアップ現代社会資料2013」実教出版編修部編 実教出版 2013年4月

「スカノミクスに蝕まれる日本経済」浜矩子著 青春出版社(青春新書INTELLIGENCE) 2021年4月

「スポーツでひろげる国際理解3」中西哲生監修 文溪堂 2018年2月

「スマホアプリはなぜ無料?:10代からのマーケティング入門―14歳の世渡り術」松本健太郎著 河出書房新社 2023年10月

政治や経済を知る

「チョコレートパイは、なぜ1個目がいちばんおいしいのか？：韓国最強の「実験経済部」の生徒が学ぶ中学生でもわかる経済のはなし」キムナヨン著；イインピョ監修；チョンジニョムイラスト；吉原育子訳 サンマーク出版 2023年4月

「どんとこい、貧困！―よりみちパン！セ；P007」湯浅誠著 イースト・プレス 2011年7月

「ニュースタンダード資料現代社会 2012」近津経史ほか著 実教出版 2012年1月

「バブル経済とは何か」藤田勉著 平凡社（平凡社新書）2018年9月

「プラスチック汚染とは何か」枝廣淳子著 岩波書店（岩波ブックレット）2019年6月

「ぼくらの戦略思考研究部：ストーリーで学ぶ15歳からの思考トレーニング」鈴木貴博著 朝日新聞出版 2015年9月

「ワールド・ウォッチ：地図と統計で見る世界」こどもくらぶ訳 丸善出版 2014年2月

「暗号が通貨(カネ)になる「ビットコイン」のからくり：「良貨」になりうる3つの理由」吉本佳生著；西田宗千佳著 講談社（ブルーバックス）2014年5月

「一億総下流社会」須田慎一郎著 エムディエヌコーポレーション（MdN新書）2022年8月

「沖縄を知る本：現地の記者が伝える」吉岡攻監修 WAVE出版 2014年3月

「科学技術は日本を救うのか：「第4の価値」を目指して―Dis+cover science；1」北澤宏一著 ディスカヴァー・トゥエンティワン 2010年4月

「確率・統計でわかる「金融リスク」のからくり：「想定外の損失」をどう避けるか」吉本佳生著 講談社（ブルーバックス）2012年8月

「企業買収の裏側：M&A入門」淵邊善彦著 新潮社（新潮新書）2010年9月

「起業家になりたい！：自分でつくる未来の仕事．[1]」熊野正樹監修 保育社 2023年11月

「起業家になりたい！：自分でつくる未来の仕事．[2]」熊野正樹監修 保育社 2023年11月

「起業家になりたい！：自分でつくる未来の仕事．[3]」熊野正樹監修 保育社 2023年10月

「強欲資本主義を超えて：17歳からのルネサンス」神谷秀樹著 ディスカヴァー・トゥエンティワン（ディスカヴァー携書）2010年5月

「教えて！池上さん：最新ニュース解説 2」池上彰著 毎日新聞社 2013年3月

「教えて合田先生！18歳までに知っておきたいお金の授業」合田菜実子著 シーアンドアール研究所 2023年3月

「教室でチャレンジ！SDGsワークショップ．5」稲葉茂勝著 ポプラ社 2023年4月

「教養としてのグローバル経済 = FRESH AND FRIENDLY GUIDANCE ON THE GLOBAL ECONOMY：新しい時代を生き抜く力を培うために」齊藤誠著 有斐閣 2021年5月

「金融がやっていること」永野良佑著 筑摩書房（ちくまプリマー新書）2012年6月

「金融サービスの未来：社会的責任を問う」新保恵志著 岩波書店（岩波新書 新赤版）2021年12月

政治や経済を知る

「金融政策入門」湯本雅士著 岩波書店（岩波新書 新赤版）2013年10月

「君たち中学生・高校生が学ぶ会計」土田義憲著 ロギカ書房 2023年3月

「経済で謎を解く関ケ原の戦い」武田知弘著 青春出版社（青春新書INTELLIGENCE）2018年2月

「経済ナゾ解き隊：お金のホントを知る─あさがく選書；2」岡野進著 朝日学生新聞社 2012年5月

「経済学からなにを学ぶか：その500年の歩み」伊藤誠著 平凡社（平凡社新書）2015年3月

「経済学の3つの基本：経済成長、バブル、競争」根井雅弘著 筑摩書房（ちくまプリマー新書）2013年10月

「経済学は死んだのか」奥村宏著 平凡社（平凡社新書）2010年4月

「現代社会用語集」現代社会教科書研究会編 山川出版社 2014年10月

「語り伝えるアジア・太平洋戦争：ビジュアルブック 第3巻 (戦時下、銃後の国民生活)」吉田裕文・監修 新日本出版社 2012年1月

「幸せのための経済学：効率と衡平の考え方─〈知の航海〉シリーズ」蓼沼宏一著 岩波書店（岩波ジュニア新書）2011年6月

「高校生からのマクロ・ミクロ経済学入門 2」菅原晃著 ブイツーソリューション 2010年6月

「高校生からの経済データ入門」吉本佳生著 筑摩書房（ちくま新書）2013年3月

「高校生からの経済入門 = Introduction to Economics for Young Readers」中央大学経済学部編 中央大学出版部 2017年8月

「高校生からわかるマクロ・ミクロ経済学」菅原晃著 河出書房新社 2013年9月

「高度成長 光と影─漫画家たちが描いた日本の歴史」中野晴行監修;秋本治著;西岸良平著;長谷川法世著;水木しげる著;つのだじろう著;ちばてつや著;手塚治虫著;尾瀬あきら著;萩尾望都著 金の星社 2014年3月

「国際情勢に強くなる英語キーワード」明石和康著 岩波書店（岩波ジュニア新書）2016年3月

「黒田日銀最後の賭け」小野展克著 文藝春秋（文春新書）2015年10月

「今、話したい「学校」のこと：15歳からの複眼思考」藤原和博著 ポプラ社 2013年3月

「財政から読みとく日本社会：君たちの未来のために」井手英策著 岩波書店（岩波ジュニア新書）2017年3月

「子ども大学：シリーズ見てみよう・考えよう! 2」子ども大学かわごえ監修;こどもくらぶ編 フレーベル館 2018年12月

「死に至る地球経済」浜矩子著 岩波書店（岩波ブックレット）2010年9月

「私たちがつくる社会：おとなになるための法教育」高作正博編 法律文化社 2012年3月

「自分で考える力が身につく!13歳からのMBA」中川功一著 総合法令出版 2023年6月

37

政治や経済を知る

「社会科学からみるSDGs = REACHING THE SUSTAINABLE DEVELOPMENT GOALS:PERSPECTIVES FROM THE SOCIAL SCIENCES」桜井愛子編著;平体由美編著 小鳥遊書房 2022年4月

「渋沢栄一:社会企業家の先駆者」島田昌和著 岩波書店(岩波新書 新赤版) 2011年7月

「渋沢栄一:道徳をもとに日本の近代化を進めた―まほろばシリーズ;11」石田學著 明成社 2023年4月

「女性を活用する国、しない国」竹信三恵子著 岩波書店(岩波ブックレット) 2010年9月

「証券・保険業界で働く―なるにはBOOKS」生島典子著 ぺりかん社 2019年6月

「証券会社図鑑:未来をつくる仕事がここにある」野村ホールディングス監修;青山邦彦絵;日経BPコンサルティング編集 日経BPコンサルティング 2015年2月

「食べものから学ぶ世界史:人も自然も壊さない経済とは?」平賀緑著 岩波書店(岩波ジュニア新書) 2021年7月

「新・世界経済入門」西川潤著 岩波書店(岩波新書 新赤版) 2014年4月

「人の心に働きかける経済政策」翁邦雄著 岩波書店(岩波新書 新赤版) 2022年1月

「人間の条件:そんなものない 増補新版―よりみちパン!セ」畠山重篤著;スギヤマカナヨ絵 新曜社 2018年5月

「図解はじめて学ぶみんなのビジネス」ララ・ブライアン文;ローズ・ホール文;ケラン・ストーバーイラスト;ウィルソン・ターキントンオリジナル監修;ブライオニー・ヘンリーオリジナル監修;浜崎絵梨訳;髙橋郁夫監修 晶文社 2021年1月

「図解池上彰の経済超入門」池上彰著 毎日新聞社 2014年5月

「水の未来:グローバルリスクと日本」沖大幹著 岩波書店(岩波新書 新赤版) 2016年3月

「数学で未来を予測する:ギャンブルから経済まで」野崎昭弘著 PHP研究所(PHPサイエンス・ワールド新書) 2011年10月

「世界がわかる図鑑:旅するように世界がわかる. 1」地球の歩き方監修 Gakken 2023年2月

「世界が注目!凄ワザ大国ニッポン 2(産業と経済)」中村智彦監修 日本図書センター 2011年2月

「世界の国1位と最下位:国際情勢の基礎を知ろう」眞淳平著 岩波書店(岩波ジュニア新書) 2010年9月

「世界の諸地域NOW:図説地理資料 2021」帝国書院編集部編集 帝国書院 2021年2月

「世界史を変えた詐欺師たち」東谷暁著 文藝春秋(文春新書) 2018年7月

「政治・経済用語集」政治・経済教育研究会編 山川出版社 2014年10月

「戦後日本の経済と社会:平和共生のアジアへ」石原享一著 岩波書店(岩波ジュニア新書) 2015年11月

政治や経済を知る

「大阪の逆襲：万博・IRで見えてくる5年後の日本」石川智久著;多賀谷克彦著;関西近未来研究会著 青春出版社(青春新書INTELLIGENCE) 2020年6月

「大都市はどうやってできるのか」山本和博著 筑摩書房(ちくまプリマー新書) 2022年9月

「値段がわかれば社会がわかる：はじめての経済学」徳田賢二著 筑摩書房(ちくまプリマー新書) 2021年2月

「知っておきたい電子マネーと仮想通貨」三菱総合研究所編 マイナビ出版(マイナビ新書) 2018年2月

「地球経済のまわり方」浜矩子著 筑摩書房(ちくまプリマー新書) 2014年4月

「池上彰の現代史授業：21世紀を生きる若い人たちへ 昭和編2(昭和三十年代もはや戦後ではない!)」池上彰監修・著 ミネルヴァ書房 2014年10月

「中学生から身につけておきたい賢く生きるための金融リテラシー」子どもの学び編集部著 ジャムハウス 2022年9月

「超リテラシー大全 = LITERACY ENCYCLOPEDIA」サンクチュアリ出版編 サンクチュアリ出版 (sanctuary books) 2021年7月

「低炭素経済への道」諸富徹著;浅岡美恵著 岩波書店(岩波新書 新赤版) 2010年4月

「東大生が日本を100人の島に例えたら面白いほど経済がわかった!」ムギタロー著;井上智洋監修;望月慎監修 サンクチュアリ出版(sanctuary books) 2022年8月

「南海トラフ地震」山岡耕春著 岩波書店(岩波新書 新赤版) 2016年1月

「日本(にっぽん)のもと 円」森永卓郎監修 講談社 2011年4月

「日本のエネルギー、これからどうすればいいの?─中学生の質問箱」小出裕章著 平凡社 (sanctuary books) 2012年5月

「日本のすがた：日本をもっと知るための社会科資料集 2015」矢野恒太記念会編集 矢野恒太記念会 2015年3月

「日本のすがた：日本をもっと知るための社会科資料集 2016」矢野恒太記念会編集 矢野恒太記念会 2016年3月

「日本のすがた：日本をもっと知るための社会科資料集 2017」矢野恒太記念会編集 矢野恒太記念会 2017年3月

「日本のすがた：日本をもっと知るための社会科資料集 2018」矢野恒太記念会編集 矢野恒太記念会 2018年3月

「日本のすがた：日本をもっと知るための社会科資料集 2020」矢野恒太記念会編集 矢野恒太記念会 2020年3月

「日本のすがた：日本をもっと知るための社会科資料集 2021」矢野恒太記念会編集 矢野恒太記念会 2021年3月

政治や経済を知る

「日本のすがた：表とグラフでみる：日本をもっと知るための社会科資料集 2010」矢野恒太記念会編 矢野恒太記念会 2010年3月

「日本のすがた：表とグラフでみる：日本をもっと知るための社会科資料集 2011」矢野恒太記念会編 矢野恒太記念会 2011年3月

「日本のすがた：表とグラフでみる：日本をもっと知るための社会科資料集 2012」矢野恒太記念会編 矢野恒太記念会 2012年3月

「日本のすがた：表とグラフでみる社会科資料集 2013」矢野恒太記念会編集 矢野恒太記念会 2013年3月

「日本のすがた：表とグラフでみる社会科資料集 2014」矢野恒太記念会編集 矢野恒太記念会 2014年3月

「日本経済はなぜ衰退したのか：再生への道を探る」伊藤誠著 平凡社（平凡社新書）2013年4月

「日本病：長期衰退のダイナミクス」金子勝著;児玉龍彦著 岩波書店（岩波新書 新赤版）2016年1月

「農山村は消滅しない」小田切徳美著 岩波書店（岩波新書 新赤版）2014年12月

「報道写真でわかる朝日新聞必読ニュース：時事学習に最適の教材 2012年版」朝日新聞社教育総合センター企画・編集 朝日新聞社 2012年11月

「北欧式お金と経済がわかる本：12歳から考えたい9つのこと」グンヒル・J.エクルンド著;枇谷玲子訳;氏家祥美監修 翔泳社 2019年2月

「僕らの未来が変わるお金と生き方の教室：君が君らしく生きるために伝えておきたいこと―新時代の教養」池上彰監修 Gakken 2023年3月

「娘と話す世界の貧困と格差ってなに?」勝俣誠著 現代企画室 2016年10月

「目で見る政治：国家のしくみと私たちの選択」アンドルー・マー著;大塚道子訳 さ・え・ら書房 2010年12月

「落語でわかる江戸のくらし 2（江戸の社会のしくみ）」竹内誠;市川寛明監修 学研教育出版 2010年2月

「恋ではなく愛で学ぶ政治と経済：すべての中学生・高校生・大学生に贈る：みんなが幸せになる」高橋勝也著 清水書院 2019年6月

税金

「10代のためのお金と投資 = The investment guide for teenagers：今の君から将来の君自身へ：世界を広げる知識を備える」大泉書店編集部編 大泉書店 2022年4月

「12歳までに身につけたいお金の超きほん―未来のキミのためシリーズ」泉美智子監修 朝日新聞出版 2021年1月

政治や経済を知る

「イチから学ぶビジネス：高校生・大学生の経営学入門 改訂版」畠山重篤著;スギヤマカナヨ絵 創成社 2018年5月

「イラストで学べる税金のしくみ 第3巻（くらしと税金）」大野一夫著 汐文社 2010年4月

「エコノミストの父が、子どもたちにこれだけは教えておきたい大切なお金の話」永濱利廣著 ワニ・プラス ワニブックス 2023年4月

「お金リテラシー超入門：だまされて大損しないために!15歳から知っておきたい」さんきゅう倉田著 主婦と生活社 2023年5月

「お父さんが教える13歳からの金融入門」デヴィッド・ビアンキ著;関美和訳 日本経済新聞出版社 2016年7月

「ゲームで学ぶ経済のしくみ 6（税金と財政のしくみ）」篠原総一監修 学研教育出版 2010年2月

「マンガでわかる高校生からのお金の教科書」小柳順治原作;漫画工房樹本村塾画;十屋つぐみ画 河出書房新社 2021年3月

「マンガと図解でよくわかるお金の基本：高校生から理解できる資産形成&金融知識」酒井富士子著 インプレス 2023年1月

「社会を生きるための教科書」川井龍介著 岩波書店（岩波ジュニア新書）2010年2月

「森永先生、僕らが強く賢く生きるためのお金の知識を教えてください! = Money Literacy for Living Smart and Well」森永康平著 アルク 2023年4月

「世界の国1位と最下位：国際情勢の基礎を知ろう」眞淳平著 岩波書店（岩波ジュニア新書）2010年9月

「政治のキホン100」吉田文和著 岩波書店（岩波ジュニア新書）2014年9月

「税金の大事典」神野直彦監修 くもん出版 2017年1月

「中高生からの親子で学ぶおかね入門：暮らしとおかね Vol.9」前野彩著 ビジネス教育出版社 2021年4月

税金＞高額納税者公示制度

「日本の長者番付：戦後億万長者の盛衰」菊地浩之著 平凡社（平凡社新書）2015年2月

税金＞消費税

「13歳からの税」三木義一監修 かもがわ出版 2020年1月

「イラストで学べる税金のしくみ 1 改訂新版」大野一夫著 汐文社 2016年10月

「イラストで学べる税金のしくみ 2 改訂新版」大野一夫著 汐文社 2016年10月

「イラストで学べる税金のしくみ 3 改訂新版」大野一夫著 汐文社 2016年10月

「イラストで学べる税金のしくみ 第1巻（税金とはなにか?）」大野一夫著 汐文社 2010年2月

政治や経済を知る

「ちゃんとわかる消費税—14歳の世渡り術」斎藤貴男著 河出書房新社 2014年3月

「高校生のための税金入門 = An Introduction to Tax for High School Students」小塚真啓編
著 三省堂 2020年6月

税金＞税制

「ちゃんとわかる消費税—14歳の世渡り術」斎藤貴男著 河出書房新社 2014年3月

税金＞相続税

「イラストで学べる税金のしくみ 2 改訂新版」大野一夫著 汐文社 2016年10月

「イラストで学べる税金のしくみ 第2巻（日本の税制度）」大野一夫著 汐文社 2010年3月

「やってはいけない「長男」の相続：日本一相続を見てきてわかった円満解決の秘訣」レガシィ
著 青春出版社（青春新書INTELLIGENCE）2018年8月

「高校生のための税金入門 = An Introduction to Tax for High School Students」小塚真啓編
著 三省堂 2020年6月

政治

「〈私〉時代のデモクラシー」宇野重規著 岩波書店（岩波新書 新赤版）2010年4月

「「主権者教育」を問う」新藤宗幸著 岩波書店（岩波ブックレット）2016年6月

「100分でわかる!ホントはこうだった日本現代史 3（中曽根政権から豊かな時代の崩壊）」田原
総一朗著 ポプラ社 2013年3月

「100分でわかる!ホントはこうだった日本現代史 3（中曽根政権から豊かな時代の崩壊）図書館
版」田原総一朗著 ポプラ社 2013年4月

「10代が考えるウクライナ戦争」岩波ジュニア新書編集部編 岩波書店（岩波ジュニア新書）
2023年2月

「10代のうちに知っておきたい政治のこと」越智敏夫監修;本作り空Sola編 あかね書房 2022年
10月

「12歳から大人まで政治の基礎の基礎がよくわかる本」瀧澤中著 大和書房 2010年7月

「13歳からの「くにまもり」」倉山満著 扶桑社（扶桑社新書）2019年10月

「13歳からのテロ問題リアルな「正義論」の話」加藤朗著 かもがわ出版 2011年9月

「13歳からの図解でやさしい国会：政治や選挙から社会のしくみが学べる本—コツがわかる本.
ジュニアシリーズ」清水雅博監修 メイツユニバーサルコンテンツ 2022年5月

「13歳からの地政学：カイゾクとの地球儀航海」田中孝幸著 東洋経済新報社 2022年3月

「14歳からの政治入門 = Politics Introduction From 14 Years Old」池上彰著 マガジンハウス
2019年6月

政治や経済を知る

「14歳からわかる生活保護―14歳の世渡り術」雨宮処凛著 河出書房新社 2012年10月

「21世紀の戦争論：昭和史から考える」半藤一利著;佐藤優著 文藝春秋（文春新書）2016年5月

「Jr.日本の歴史 6」平川南;五味文彦;大石学;大門正克編 小学館 2011年4月

「アクセス現代社会：世の中の動きに強くなる 2012」帝国書院編集部編 帝国書院 2012年2月

「あなたに伝えたい政治の話」三浦瑠麗著 文藝春秋（文春新書）2018年10月

「いま、「靖国」を問う意味」田中伸尚著 岩波書店（岩波ブックレット）2015年7月

「いまこそ民主主義の再生を!：新しい政治参加への希望」中野晃一著;コリン・クラウチ著;エイミー・グッドマン著 岩波書店（岩波ブックレット）2015年12月

「イミダス現代の視点2021」イミダス編集部編 集英社（集英社新書）2020年11月

「イラストで学べる税金のしくみ 第1巻（税金とはなにか?）」大野一夫著 汐文社 2010年2月

「イラストで学べる税金のしくみ 第2巻（日本の税制度）」大野一夫著 汐文社 2010年3月

「イラストで学べる税金のしくみ 第3巻（くらしと税金）」大野一夫著 汐文社 2010年4月

「カマラ・ハリス物語 = THE KAMALA HARRIS STORY」岡田好惠著;藤本たみこイラスト 講談社 2022年4月

「さらば、男性政治」三浦まり著 岩波書店（岩波新書 新赤版）2023年1月

「ズームアップ現代社会資料 2013」実教出版編修部編 実教出版 2013年4月

「そろそろ子供と「本当の話」をしよう」西部邁著 ベストブック 2012年8月

「ドキュメント平成政治史. 4」後藤謙次著 岩波書店 2023年6月

「ぶっちゃけ、誰が国を動かしているのか教えてください：17歳からの民主主義とメディアの授業」西田亮介著 日本実業出版社 2022年4月

「ベルルスコーニの時代：崩れゆくイタリア政治」村上信一郎著 岩波書店（岩波新書 新赤版）2018年2月

「マンガ平生釟三郎：正しく強く朗らかに」平生漫画プロジェクト編著 幻冬舎メディアコンサルティング 2010年3月

「わたしがリーダーシップについて語るなら―未来のおとなへ語る」中曽根康弘著 ポプラ社 2010年10月

「安倍改憲政権の正体」斎藤貴男著 岩波書店（岩波ブックレット）2013年6月

「偉人たちの少年少女時代 1（政治・教育にもえた偉人）」漆原智良作 ゆまに書房 2011年3月

「沖縄を知る本：現地の記者が伝える」吉岡攻監修 WAVE出版 2014年3月

「科学の横道：サイエンス・マインドを探る12の対話」佐倉統編著 中央公論新社（中公新書）2011年3月

政治や経済を知る

「科学者は戦争で何をしたか」益川敏英著 集英社(集英社新書) 2015年8月

「学問の自由と大学の危機」広田照幸著;石川健治著;橋本伸也著;山口二郎著 岩波書店(岩波ブックレット) 2016年2月

「漢字文化の世界」藤堂明保著 KADOKAWA(角川ソフィア文庫) 2020年3月

「韓国内なる分断:葛藤する政治、疲弊する国民」池畑修平著 平凡社(平凡社新書) 2019年7月

「教えて!池上さん:最新ニュース解説 2」池上彰著 毎日新聞社 2013年3月

「教えて!池上彰さんどうして戦争はなくならないの?:地政学で見る世界. 1」池上彰監修;タカダカズヤ本文イラスト 小峰書店 2023年4月

「教えて!池上彰さんどうして戦争はなくならないの?:地政学で見る世界. 2」池上彰監修;タカダカズヤ本文イラスト 小峰書店 2023年4月

「教えて!池上彰さんどうして戦争はなくならないの?:地政学で見る世界. 3」池上彰監修;タカダカズヤ本文イラスト 小峰書店 2023年4月

「決定版日中戦争」波多野澄雄著;戸部良一著;松元崇著;庄司潤一郎著;川島真著 新潮社(新潮新書) 2018年11月

「憲法は誰のもの?:自民党改憲案の検証」伊藤真著 岩波書店(岩波ブックレット) 2013年7月

「現代社会用語集」現代社会教科書研究会編 山川出版社 2014年10月

「高校生のための政治学:現代政治のしくみをやさしく紐解く」杉山眞木著 東洋出版 2011年6月

「国ってなんだろう?:あなたと考えたい「私と国」の関係─中学生の質問箱」早尾貴紀著 平凡社 2016年2月

「国際貢献のウソ」伊勢崎賢治著 筑摩書房(ちくまプリマー新書) 2010年8月

「私たちは政治の暴走を許すのか」立憲デモクラシーの会編 岩波書店(岩波ブックレット) 2014年10月

「治安・法律・経済のしごと:人気の職業早わかり!」PHP研究所編 PHP研究所 2011年9月

「写真とデータでわかる平成時代 1」時事通信社編 ポプラ社 2019年4月

「写真とデータでわかる平成時代 2」時事通信社編 ポプラ社 2019年4月

「従順さのどこがいけないのか」将基面貴巳著 筑摩書房(ちくまプリマー新書) 2021年9月

「女性を活用する国、しない国」竹信三恵子著 岩波書店(岩波ブックレット) 2010年9月

「世界の国1位と最下位:国際情勢の基礎を知ろう」眞淳平著 岩波書店(岩波ジュニア新書) 2010年9月

「世界の国々 10(資料編・総索引)─帝国書院地理シリーズ」帝国書院編集部編 帝国書院 2012年3月

政治や経済を知る

「世界の女性問題 3」関橋眞理著 汐文社 2014年2月

「世界を読み解く!こどもと学ぶなるほど地政学—DIA Collection」神野正史監修 ダイアプレス 2023年1月

「世界史のなかの日本：1926〜1945. 上—半藤先生の「昭和史」で学ぶ非戦と平和」半藤一利著 平凡社 2023年7月

「政治・経済用語集」政治・経済教育研究会編 山川出版社 2014年10月

「政治のキホン100」吉田文和著 岩波書店（岩波ジュニア新書）2014年9月

「政治のしくみがよくわかる国会のしごと大研究 1」福岡政行監修；こどもくらぶ編 岩崎書店 2022年1月

「政治のしくみがよくわかる国会のしごと大研究 2」福岡政行監修；こどもくらぶ編 岩崎書店 2022年1月

「政治のしくみがよくわかる国会のしごと大研究 3」福岡政行監修；こどもくらぶ編 岩崎書店 2022年2月

「政治のしくみがよくわかる国会のしごと大研究 4」福岡政行監修；こどもくらぶ編 岩崎書店 2022年3月

「政治のしくみがよくわかる国会のしごと大研究 5」福岡政行監修・著；こどもくらぶ編 岩崎書店 2022年3月

「政治の絵本：学校で教えてくれない選挙の話 新版」たかまつなな著 弘文堂 2019年7月

「政治を選ぶ力」橋下徹著；三浦瑠麗著 文藝春秋（文春新書）2019年6月

「政治的思考」杉田敦著 岩波書店（岩波新書 新赤版）2013年1月

「知の訓練：日本にとって政治とは何か」原武史著 新潮社（新潮新書）2014年7月

「地球はもう温暖化していない：科学と政治の大転換へ」深井有著 平凡社（平凡社新書）2015年10月

「池上彰さんと学ぶ12歳からの政治 1」池上彰監修 学研プラス 2017年2月

「池上彰さんと学ぶ12歳からの政治 2」池上彰監修 学研プラス 2017年2月

「池上彰さんと学ぶ12歳からの政治 3」池上彰監修 学研プラス 2017年2月

「池上彰さんと学ぶ12歳からの政治 4」池上彰監修 学研プラス 2017年2月

「池上彰さんと学ぶ12歳からの政治 5」池上彰監修 学研プラス 2017年2月

「池上彰と考える「民主主義」2」池上彰監修；こどもくらぶ編 岩崎書店 2019年1月

「池上彰と考える「民主主義」2」池上彰監修；こどもくらぶ編 岩崎書店 2019年1月

「池上彰と考える「民主主義」3」池上彰監修；こどもくらぶ編 岩崎書店 2019年3月

政治や経済を知る

「池上彰の世界の見方 = Akira Ikegami,How To See the World 中国」池上彰著 小学館 2021年10月

「池上彰の世界の見方 = Akira Ikegami,How To See the World 東欧・旧ソ連の国々」池上彰著 小学館 2022年4月

「天皇制ってなんだろう?：あなたと考えたい民主主義からみた天皇制―中学生の質問箱」宇都宮健児著 平凡社 2018年12月

「特別授業3.11君たちはどう生きるか―14歳の世渡り術 = WORLDLY WISDOM FOR 14 YEARS OLD」あさのあつこ著;池澤夏樹著;鎌田浩毅著;最相葉月著;斎藤環著;橘木俊詔著;田中優著;橋爪大三郎著;鷲田清一著 河出書房新社 2012年3月

「日本人の誇りを伝える最新日本史」渡部昇一ほか著;小堀桂一郎ほか著;國武忠彦ほか著 明成社 2012年9月

「日本人は民主主義を捨てたがっているのか?」想田和弘著 岩波書店（岩波ブックレット）2013年11月

「文部科学省：揺らぐ日本の教育と学術」青木栄一著 中央公論新社（中公新書）2021年3月

「平清盛と28人の男と女の裏表。：清盛は悪党か?改革者か?：45分でわかる!―Magazine house 45 minutes series：#21」金谷俊一郎著 マガジンハウス 2011年12月

「報道写真でわかる朝日新聞必読ニュース：時事学習に最適の教材 2013年版」朝日新聞社教育総合センター企画・編集 朝日新聞社 2013年11月

「暴力はいけないことだと誰もがいうけれど―14歳の世渡り術」萱野稔人著 河出書房新社 2010年2月

「明治維新がわかる事典：新しい日本のはじまり：政治、文化、くらしが見えてくる」深光富士男著;松田博康監修 PHP研究所 2010年8月

「目で見る政治：国家のしくみと私たちの選択」アンドルー・マー著;大塚道子訳 さ・え・ら書房 2010年12月

「恋ではなく愛で学ぶ政治と経済：すべての中学生・高校生・大学生に贈る：みんなが幸せになる」高橋勝也著 清水書院 2019年6月

政策

「「テロに屈するな!」に屈するな」森達也著 岩波書店（岩波ブックレット）2015年9月

「WTO：貿易自由化を超えて」中川淳司著 岩波書店（岩波新書 新赤版）2013年3月

「アベノミクスと暮らしのゆくえ」山家悠紀夫著 岩波書店（岩波ブックレット）2014年10月

「アメリカは日本の原子力政策をどうみているか」鈴木達治郎編;猿田佐世編 岩波書店（岩波ブックレット）2016年10月

「これからの時代に生き残るための経済学」倉山満著 PHP研究所（PHP新書）2023年3月

「コロナ敗戦後の世界」山田順著 エムディエヌコーポレーション（MdN新書）2020年12月

政治や経済を知る

「さようなら原発」鎌田慧編 岩波書店(岩波ブックレット) 2011年12月

「しあわせに働ける社会へ」竹信三恵子著 岩波書店(岩波ジュニア新書) 2012年6月

「スカノミクスに蝕まれる日本経済」浜矩子著 青春出版社(青春新書INTELLIGENCE) 2021年4月

「ヒロシマ、ナガサキ、フクシマ：原子力を受け入れた日本」田口ランディ著 筑摩書房(ちくまプリマー新書) 2011年9月

「プーチンとG8の終焉」佐藤親賢著 岩波書店(岩波新書 新赤版) 2016年3月

「プラスチック汚染とは何か」枝廣淳子著 岩波書店(岩波ブックレット) 2019年6月

「安倍政権で教育はどう変わるか」佐藤学著;勝野正章著 岩波書店(岩波ブックレット) 2013年6月

「科学技術の現代史：システム、リスク、イノベーション」佐藤靖著 中央公論新社(中公新書) 2019年6月

「科学技術大国中国：有人宇宙飛行から原子力、iPS細胞まで」林幸秀著 中央公論新社(中公新書) 2013年7月

「河合敦先生の特別授業日本史人物68」河合敦著 朝日学生新聞社 2013年6月

「外国人労働者受け入れを問う」宮島喬著;鈴木江理子著 岩波書店(岩波ブックレット) 2014年12月

「金融政策入門」湯本雅士著 岩波書店(岩波新書 新赤版) 2013年10月

「原発 決めるのは誰か」吉岡斉著;寿楽浩太著;宮台真司著;杉田敦著 岩波書店(岩波ブックレット) 2015年5月

「原発と活断層：「想定外」は許されない」鈴木康弘著 岩波書店(岩波科学ライブラリー) 2013年9月

「原発をどうするか、みんなで決める：国民投票へ向けて」飯田哲也著;今井一著;杉田敦著;マエキタミヤコ著;宮台真司著 岩波書店(岩波ブックレット) 2011年11月

「原発を終わらせる」石橋克彦編 岩波書店(岩波新書 新赤版) 2011年7月

「災害からの暮らし再生：いま考えたい」山中茂樹著 岩波書店(岩波ブックレット) 2010年1月

「資源がわかればエネルギー問題が見える：環境と国益をどう両立させるか―地球科学入門；2」鎌田浩毅著 PHP研究所(PHP新書) 2012年6月

「自治体のエネルギー戦略：アメリカと東京」大野輝之著 岩波書店(岩波新書 新赤版) 2013年5月

「渋沢栄一：社会企業家の先駆者」島田昌和著 岩波書店(岩波新書 新赤版) 2011年7月

「障害者とともに働く」藤井克徳著;星川安之著 岩波書店(岩波ジュニア新書) 2020年10月

「人の心に働きかける経済政策」翁邦雄著 岩波書店(岩波新書 新赤版) 2022年1月

政治や経済を知る

「人権は国境を越えて」伊藤和子著 岩波書店 (岩波ジュニア新書) 2013年10月

「世界史を変えた詐欺師たち」東谷暁著 文藝春秋 (文春新書) 2018年7月

「政治を選ぶ力」橋下徹著;三浦瑠麗著 文藝春秋 (文春新書) 2019年6月

「地球環境がわかる：自然の一員としてどう生きていくか エコを考える現代人必携の入門書 改訂新版」西岡秀三著;宮﨑忠國著;村野健太郎著 技術評論社 (ファーストブック) 2015年3月

「日本の食糧が危ない」中村靖彦著 岩波書店 (岩波新書 新赤版) 2011年5月

「日本はなぜ原発を輸出するのか」鈴木真奈美著 平凡社 (平凡社新書) 2014年8月

「日本人のための「集団的自衛権」入門」石破茂著 新潮社 (新潮新書) 2014年2月

「理科系冷遇社会：沈没する日本の科学技術」林幸秀著 中央公論新社 (中公新書ラクレ) 2010年10月

選挙

「16歳からのはじめてのゲーム理論："世の中の意思決定"を解き明かす6.5個の物語」鎌田雄一郎著 ダイヤモンド社 2020年7月

「18歳からの投票心得10カ条」石田尊昭著 世論時報社 2016年6月

「18歳選挙権の担い手として：高校生は憲法・沖縄・核被災を学ぶ」東京高校生平和ゼミナール連絡会編 平和文化 2015年7月

「18歳選挙世代は日本を変えるか」原田曜平著 ポプラ社 (ポプラ選書. 未来へのトビラ) 2018年4月

「きみがもし選挙に行くならば：息子と考える18歳選挙権」古川元久著 集英社 2016年5月

「どう考える?憲法改正 中学生からの「知憲」2」谷口真由美監修 文溪堂 2017年3月

「ニホンという滅び行く国に生まれた若い君たちへOUTBREAK：17歳から始める反抗するための社会学」秋嶋亮著 白馬社 2021年7月

「学校が教えないほんとうの政治の話」斎藤美奈子著 筑摩書房 (ちくまプリマー新書) 2016年7月

「議会制民主主義の活かし方：未来を選ぶために」糠塚康江著 岩波書店 (岩波ジュニア新書) 2020年5月

「憲法の子：親から子へとつなぐ自由と希望の礎」中谷彰吾著;あおきてつお作画 自由国民社 2020年11月

「高校生のための憲法入門 = An Introduction to Constitutional Law for High School Students」斎藤一久編著 三省堂 2017年5月

「高校生のための国際政治経済：都心で学ぼう3」二松学舎大学国際政治経済学部編 戎光祥出版 2016年11月

政治や経済を知る

「高校生のための選挙入門 = An Introduction to Election for High School Students」斎藤一久編著 三省堂 2016年7月

「今こそ知りたい!三権分立 1」山根祥利監修;平塚晶人監修;こどもくらぶ編 あすなろ書房 2017年1月

「社会科見学!みんなの市役所 3階」オフィス303編 汐文社 2018年3月

「新聞力:できる人はこう読んでいる」齋藤孝著 筑摩書房(ちくまプリマー新書) 2016年10月

「政治の絵本:現役東大生のお笑い芸人が偏差値44の高校の投票率を84%にした授業」たかまつなな著 弘文堂 2017年3月

「大統領の大事典」関眞興監修 くもん出版 2021年10月

「地方自治のしくみがわかる本」村林守著 岩波書店(岩波ジュニア新書) 2016年2月

「池上彰のみんなで考えよう18歳からの選挙 1(知れば知るほど面白い選挙)」池上彰監修 文溪堂 2016年3月

「池上彰のみんなで考えよう18歳からの選挙 2」池上彰監修 文溪堂 2016年3月

「池上彰のみんなで考えよう18歳からの選挙 3」池上彰監修 文溪堂 2016年3月

「池上彰のみんなで考えよう18歳からの選挙 4」池上彰監修 文溪堂 2016年3月

「池上彰の中学生から考える選挙と未来―知っておきたい10代からの教養」池上彰監修 文溪堂 2017年3月

「中高生からの選挙入門―なるにはBOOKS ; 別巻」谷隆一著 ぺりかん社 2017年5月

「投票に行きたくなる国会の話」政野淳子著 筑摩書房(ちくまプリマー新書) 2016年6月

「有権者って誰?」藪野祐三著 岩波書店(岩波ジュニア新書) 2020年4月

【身近な問題を知る】

いじめ

「「いじめ」や「差別」をなくすためにできること」香山リカ著 筑摩書房（ちくまプリマー新書）2017年8月

「「がんばらない」人生相談：南無そのまんま・そのまんま―14歳の世渡り術」ひろさちや著 河出書房新社 2014年6月

「「ハーフ」ってなんだろう？：あなたと考えたいイメージと現実―中学生の質問箱」下地ローレンス吉孝著 平凡社 2021年4月

「10代のうちに知っておきたい折れない心の作り方」水島広子著 紀伊國屋書店 2014年7月

「10代の君に伝えたい学校で悩むぼくが見つけた未来を切りひらく思考」山崎聡一郎著 朝日新聞出版 2021年8月

「10代の時のつらい経験、私たちはこう乗り越えました」しろやぎ秋吾著 KADOKAWA（MF comic essay）2021年6月

「12歳からの「心の奥」がわかる本」多湖輝著 新講社（WIDE SHINSHO）2014年10月

「12歳からの心理学」多湖輝著 新講社 2011年2月

「13歳からの平和教室」浅井基文著 かもがわ出版 2010年8月

「いじめ＝bullying」小山田たかし作・絵 文芸社 2017年9月

「いじめ2.0：新しいいじめとの戦い方」荒井隆一著 愛育出版 2018年12月

「いじめからの逃げ方」瀬尾りお著 瀬尾りお 2012年8月

「いじめから脱出しよう！：自分をまもる方法12か月分」玉聞伸啓著 小学館 2017年1月

「いじめているきみへ」春名風花ぶん；みきぐちえ 朝日新聞出版 2018年8月

「いじめと戦おう！」玉聞伸啓著 小学館 2011年11月

「いじめのある世界に生きる君たちへ：いじめられっ子だった精神科医の贈る言葉」中井久夫著 中央公論新社 2016年12月

「いじめの直し方」内藤朝雄；荻上チキ著 朝日新聞出版 2010年3月

「いじめられっ子だった弁護士が教える自分の身のまもり方」菅野朋子著 草思社 2023年9月

「いじめられている君へいじめている君へいじめを見ている君へ：完全版」朝日新聞社編 朝日新聞出版 2012年9月

「いじめをノックアウト 1―NHK for School」NHK「いじめをノックアウト」制作班編；藤川大祐監修 NHK出版 2021年2月

身近な問題を知る

「いじめをノックアウト 2—NHK for School」NHK「いじめをノックアウト」制作班編;藤川大祐監修 NHK出版 2021年2月

「いじめをノックアウト 3—NHK for School」NHK「いじめをノックアウト」制作班編;藤川大祐監修 NHK出版 2021年2月

「いじめ加害者にどう対応するか：処罰と被害者優先のケア」斎藤環著;内田良著 岩波書店（岩波ブックレット）2022年7月

「いじめ問題をどう克服するか」尾木直樹著 岩波書店（岩波新書 新赤版）2013年11月

「イヤな気持ちにならずに話す・聞く：アサーション—ピンチを解決!10歳からのライフスキル」園田雅代監修 合同出版 2018年3月

「キミたちはどう学ぶか?こどものための道徳：学び方編」齋藤孝著 ビジネス社 2018年3月

「きみはどう考える?人権ってなんだろう 2」喜多明人監修 汐文社 2021年3月

「きみ江さん：ハンセン病を生きて」片野田斉著 偕成社 2015年2月

「クリオネの灯り」ナチュラルレイン著 イースト・プレス 2012年6月

「こども六法 = THE STATUTE BOOKS FOR CHILDREN」山崎聡一郎著;伊藤ハムスター絵 弘文堂 2019年8月

「つながりを煽られる子どもたち：ネット依存といじめ問題を考える」土井隆義著 岩波書店（岩波ブックレット）2014年6月

「どうしていじめるのかな?」三浦美喜子著 文芸社 2013年7月

「ネット検索が怖い：ネット被害に遭わないために」神田知宏著 ポプラ社（ポプラ選書. 未来へのトビラ）2019年4月

「ぼくがエベレストに登ったわけ：いじめっ子にはまけないぞ」小林佑三著 チップトン 2015年10月

「ぼくらの中の「トラウマ」：いたみを癒すということ」青木省三著 筑摩書房（ちくまプリマー新書）2020年1月

「まっすぐ人間関係術 = Happy Interpersonal Strategy：きみと世界をつなぐ—1時間で一生分の「生きる力」; 2」山崎聡一郎著;藤川大祐監修;茅なやイラスト・まんが 講談社 2021年8月

「まんがクラスメイトは外国人 入門編（はじめて学ぶ多文化共生）」「外国につながる子どもたちの物語」編集委員会編;みなみななみまんが 明石書店 2013年6月

「マンガストップいじめノーモア自殺!：いじめ・自殺のない国をめざして」再チャレンジ東京編 学事出版 2015年1月

「マンガでおぼえるコミュニケーション—これでカンペキ!」齋藤孝著 岩崎書店 2017年7月

「マンガで読む学校に行きたくない君へ：不登校・いじめを経験した先輩たちが語る生き方のヒント」棚園正一著 ポプラ社 2022年8月

身近な問題を知る

「まんがと図解でわかる裁判の本：こんなとき、どうする?どうなる? 2 (学校でトラブル発生)」山田勝彦監修 岩崎書店 2014年3月

「みんなとちがっていいんだよ：キミに届け!セミの法則―心の友だち」ROLLY著 PHP研究所 2011年7月

「みんなのなやみ―よりみちパン!セ；P009」重松清著 イースト・プレス 2011年7月

「もしキミが、人を傷つけたなら、傷つけられたなら：10代から学んでほしい体と心の守り方」犯罪学教室のかなえ先生著 フォレスト出版 2022年8月

「わたしのきょうだいは自閉症：きょうだいとうまくやっていくためのハンドブック」キャロライン・ブロック著;林恵津子訳 田研出版 2013年7月

「悪口ってなんだろう」和泉悠著 筑摩書房(ちくまプリマー新書) 2023年8月

「雲じゃらしの時間」マロリー・ブラックマン作;千葉茂樹訳;平澤朋子画 あすなろ書房 2010年10月

「学校、行かなきゃいけないの?：これからの不登校ガイド―14歳の世渡り術」雨宮処凛著 河出書房新社 2021年1月

「学校では教えてくれない差別と排除の話」安田浩一著 皓星社 2017年10月

「学校と暴力：いじめ・体罰問題の本質」今津孝次郎著 平凡社(平凡社新書) 2014年10月

「学校のふしぎなぜ?どうして?」沼田晶弘監修 高橋書店 2020年6月

「教育幻想：クールティーチャー宣言」菅野仁著 筑摩書房(ちくまプリマー新書) 2010年3月

「君に伝えたい!学校や友達とのルール」義家弘介著 シーアンドアール研究所 2011年5月

「高校生からのゲーム理論」松井彰彦著 筑摩書房(ちくまプリマー新書) 2010年4月

「高校生のための「いのち」の授業：書下ろし」古田晴彦著 祥伝社(祥伝社黄金文庫) 2013年3月

「高校生のための憲法入門 = An Introduction to Constitutional Law for High School Students」斎藤一久編著 三省堂 2017年5月

「今、話したい「学校」のこと：15歳からの複眼思考」藤原和博著 ポプラ社 2013年3月

「差別ってなんだろう? 1」好井裕明監修 新日本出版社 2023年2月

「差別と人権：差別される子どもたち―続・世界の子どもたちは今」アムネスティ・インターナショナル日本編著 絵本塾出版 2013年2月

「子どもコンプライアンス」山本一宗著;どんぐり。イラスト ワニブックス 2023年4月

「子どもの心の声を聴く：子どもアドボカシー入門」堀正嗣著 岩波書店(岩波ブックレット) 2020年9月

「子どもの心理臨床 4-2」マーゴット・サンダーランド著;ニッキー・アームストロング絵 誠信書房 2011年9月

身近な問題を知る

「子どもを守る言葉『同意』って何？：バウンダリー（境界線）人への思いやりと尊重、そしてYES、NOは自分が決める！ってことを考えよう！」レイチェル・ブライアン作;中井はるの訳 集英社 2020年10月

「死ぬのは"復讐"した後で＝After you die you were revenge：いじめられっ子への起業のススメ」重松豊著 エベイユ 2015年11月

「自分をまもる本 新版」ローズマリー・ストーンズ著;小島希里訳 晶文社 2013年11月

「小島よしおのボクといっしょに考えよう：同じ目線で寄り添う子どものお悩み相談」小島よしお著 朝日新聞出版 2023年9月

「笑おうね生きようね＝Laugh!Live!：いじめられ体験乗り越えて」本多正識著 小学館 2018年12月

「新だれにも聞けないなやみ相談の本：自分で、自分にアドバイス 2」松岡素子著;松岡洋一著 学研教育出版 2014年2月

「新だれにも聞けないなやみ相談の本：自分で、自分にアドバイス 3」汐見稔幸著;梨屋アリエ著 学研教育出版 2014年2月

「人は見た目！と言うけれど：私の顔で、自分らしく」外川浩子著 岩波書店（岩波ジュニア新書）2020年11月

「人権と自然をまもる法ときまり 1」笹本潤法律監修;藤田千枝編 大月書店 2020年6月

「正義ってなんだろう＝What does justice mean?：自分の頭で考える力をつける」齋藤孝著 リベラル社 2022年9月

「生きづらさを抱えるきみへ：逃げ道はいくらでもある-#withyou-」withnews編集部著 ベストセラーズ 2019年4月

「知ることからはじめよう感染症教室 4」小林寅喆監修 ポプラ社 2021年4月

「池上彰さんと学ぶみんなのメディアリテラシー：知っていると便利知らなきゃ怖いメディアのルールと落とし穴 3（スマホ・SNSとの正しい付き合い方）」池上彰監修 学研教育出版 2015年2

「中学生の君におくる哲学」斎藤慶典著 講談社 2013年1月

「中学生までに読んでおきたい哲学 2（悪のしくみ）」松田哲夫編 あすなろ書房 2012年7月

「中高生からのライフ＆セックスサバイバルガイド」松本俊彦編;岩室紳也編;古川潤哉編 日本評論社 2016年8月

「爆笑問題と考えるいじめという怪物」太田光著;NHK「探検バクモン」取材班著 集英社（集英社新書）2013年5月

「勉強するのは何のため？：僕らの「答え」のつくり方」苫野一徳著 日本評論社 2013年8月

「僕らが生きているよのなかのしくみは「法」でわかる：13歳からの法学入門」遠藤研一郎著 大和書房 2019年6月

身近な問題を知る

「本当に怖いスマホの話：次はキミの番かもしれない……」遠藤美季監修 金の星社 2015年3月

「明日、学校へ行きたくない：言葉にならない思いを抱える君へ」茂木健一郎著;信田さよ子著;山崎聡一郎著 KADOKAWA 2021年2月

「友だちづきあいってむずかしい―キッズなやみかいけつ：子どもレジリエンス」オナー・ヘッド文;小林玲子訳;小林朋子日本語版監修 岩崎書店 2021年2月

「友だちってなんだろう？：ひとりになる勇気、人とつながる力」齋藤孝著 誠文堂新光社 2020年8月

動物保護

「14歳からの原発問題―14歳の世渡り術」雨宮処凛著 河出書房新社 2011年9月

「ONE WORLDたったひとつの地球：今この時間、世界では…」ニコラ・デイビス作;ジェニ・デズモンド絵;長友恵子訳 フレーベル館 2023年2月

「アザラシ流氷の海へ―つながってるよいのちのWA!」廣崎芳次文;原志利写真 小峰書店 2012年11月

「アドベンチャーワールドパンダをふやせ!―このプロジェクトを追え!」深光富士男文 佼成出版社 2015年1月

「いつか帰りたいぼくのふるさと = Kitty's Journey from Fukushima：福島第一原発20キロ圏内から来たねこ」大塚敦子写真・文 小学館 2012年11月

「おかえり!アンジー：東日本大震災を生きぬいた犬の物語」高橋うらら著 集英社（集英社みらい文庫）2014年3月

「クマが出た!助けてベアドッグ：クマ対策犬のすごい能力」太田京子著 岩崎書店 2021年9月

「クマに森を返そうよ」沢田俊子著 汐文社 2013年3月

「ゲンゴロウ―田んぼの生きものたち」市川憲平文・写真;北添伸夫写真 農山漁村文化協会 2010年3月

「コアラ病院へようこそ：野生動物を救おう!―Rikuyosha Children & YA Books」スージー・エスターハス文と写真;海都洋子訳 六耀社 2016年12月

「この世界からサイがいなくなってしまう：アフリカでサイを守る人たち―環境ノンフィクション」味田村太郎文 学研プラス 2021年6月

「こむぎといつまでも：余命宣告を乗り越えた奇跡の猫ものがたり」tomo著 小学館（小学館ジュニア文庫）2015年9月

「さくら猫と生きる：殺処分をなくすためにできること―ポプラ社ノンフィクション；23」今西乃子著;浜田一男写真 ポプラ社 2015年6月

「サバンナで野生動物を守る = Protecting Wildlife in the Savanna」沢田俊子著 講談社 2022年7月

身近な問題を知る

「サメのなかま―100の知識」スティーブ・パーカー著;渡辺政隆日本語版監修 文研出版 2010年11月

「さらわれたチンパンジー 愛蔵版―野生どうぶつを救え!本当にあった涙の物語」ジェス・フレンチ著;嶋田香訳 KADOKAWA 2017年9月

「さらわれたチンパンジー―野生どうぶつを救え!本当にあった涙の物語」ジェス・フレンチ著;嶋田香訳 KADOKAWA 2017年7月

「しあわせのバトンタッチ:障がいを負った犬・未来、学校へ行く―捨て犬・未来ものがたり」今西乃子著;浜田一男写真 岩崎書店(フォア文庫) 2014年6月

「ジュゴン:海草帯からのメッセージ」土屋誠;カンジャナ・アドゥンヤヌコソン監修 東海大学出版会 2010年10月

「しらべよう!はたらく犬たち 4」中島眞理監修 ポプラ社 2010年3月

「せかいの絶滅危惧どうぶつ:守りたいいのち―ナショジオキッズ. PHOTO ARK」デビー・レビー著;ジョエル・サートレイ写真;新宅広二監修 エムディエヌコーポレーション 2022年12月

「ぞうのなみだひとのなみだ」藤原幸一著 アリス館 2015年5月

「チロリのまなざし:奇跡をおこすセラピードッグ」大木トオル著;森本ちか著 リーブル出版 2014年12月

「ツシマヤマネコ飼育員物語:動物園から野生復帰をめざして」キムファン著 くもん出版 2017年10月

「どうぶつ園のじゅうい [3]」植田美弥監修 金の星社 2017年3月

「トキよ未来へはばたけ:ニッポニア・ニッポンを守る人たち」国松俊英著 くもん出版 2011年3月

「ニホンカワウソはつくづく運がわるかった?!:ひらめき動物保全学」熊谷さとし著 偕成社 2015年10月

「ふるさとに帰ったヒョウ―野生どうぶつを救え!本当にあった涙の物語」サラ・スターバック著;嶋田香訳 KADOKAWA 2017年12月

「ホームヘルパー犬ミルキー」井上夕香文;川崎芳子監修 国土社 2014年1月

「ボクたちに殺されるいのち―14歳の世渡り術」小林照幸著 河出書房新社 2010年11月

「ぼくはアホウドリの親になる:写真記ひな70羽引っこし大作戦」南俊夫文・写真;山階鳥類研究所監修 偕成社 2015年11月

「まもりたい、この小さな命:動物保護団体アークの物語」高橋うらら文;原田京子写真 集英社(集英社みらい文庫) 2016年10月

「ゆるゆる絶滅生物図鑑」さのかけるまんが;今泉忠明監修 学研プラス 2021年11月

「ゆれるシッポ、ふんじゃった!:子犬のきららと捨て犬・未来」今西乃子著;浜田一男写真 岩崎書店 2021年7月

身近な問題を知る

「ゆれるシッポの子犬・きらら」今西乃子著;浜田一男写真 岩崎書店 2012年5月

「ラスト・チャンス！：ぼくに家族ができた日」児玉小枝著 WAVE出版 2013年11月

「リンゴの老木とフクロウ：カメラマンが見つけた人と野鳥の共生」浜田尚子著 文芸社 2011年3月

「家族をみつけたライオン 愛蔵版―野生どうぶつを救え!本当にあった涙の物語」サラ・スターバック著;嶋田香訳 KADOKAWA 2017年9月

「家族をみつけたライオン―野生どうぶつを救え!本当にあった涙の物語」サラ・スターバック著;嶋田香訳 KADOKAWA 2017年7月

「海に帰れないイルカ 愛蔵版―野生どうぶつを救え!本当にあった涙の物語」ジニー・ジョンソン著;嶋田香訳 KADOKAWA 2017年6月

「海に帰れないイルカ―野生どうぶつを救え!本当にあった涙の物語」ジニー・ジョンソン著;嶋田香訳 KADOKAWA 2017年3月

「海に生きる!ウミガメの花子」黒部ゆみ写真・文;奥山隼一監修 偕成社 2022年9月

「空を飛ばない鳥たち：泳ぐペンギン、走るダチョウ翼のかわりになにが進化したのか?―子供の科学★サイエンスブックス」上田恵介監修 誠文堂新光社 2015年2月

「警察犬になったアンズ：命を救われたトイプードルの物語」鈴木博房著 岩崎書店 2016年8月

「犬たちをおくる日：この命、灰になるために生まれてきたんじゃない」今西乃子著;浜田一男写真 金の星社(フォア文庫) 2015年9月

「国をつなぐ奇跡の鳥クロツラヘラサギ：日本・韓国・朝鮮の架け橋」今関信子著 汐文社 2015年11月

「私の職場はサバンナです!―14歳の世渡り術」太田ゆか著;児島衣里イラスト 河出書房新社 2023年5月

「実験犬シロのねがい―ハンカチぶんこ」井上夕香作;葉祥明画 ハート出版 2012年8月

「捨て犬・未来と子犬のマーチ―捨て犬・未来ものがたり」今西乃子著;浜田一男写真 岩崎書店(フォア文庫) 2014年12月

「捨て犬たちとめざす明日―ノンフィクション知られざる世界」今西乃子著;浜田一男写真 金の星社 2016年9月

「瞬間接着剤で目をふさがれた犬純平 新装改訂版」関朝之さく;nanakoえ ハート出版 2017年6月

「消えゆく動物たちを救え：子どものための絶滅危惧種ガイド」ミリー・マロッタ著;鈴木素子訳 光文社 2021年11月

「植物を食べつくすシカ―野生動物被害から考える環境破壊今、動物たちに何が起きているのか」三浦慎悟監修 金の星社 2012年3月

身近な問題を知る

「森のなかのオランウータン学園―Rikuyosha Children & YA Books. 野生動物を救おう!」スージー・エスターハス文と写真;海都洋子訳 六耀社 2017年3月

「神様のおつかい犬純平」関朝之作;天乃壽絵 ハート出版 2023年6月

「人里に現れるクマ―野生動物被害から考える環境破壊今、動物たちに何が起きているのか」三浦慎悟監修 金の星社 2012年2月

「世界遺産 = THE SHOGAKUKAN CHILDREN'S ENCYCLOPEDIA OF WORLD HERITAGE SITES：キッズペディア 改訂新版」小学館編集 小学館 2021年9月

「生ごみをあさるカラス―野生動物被害から考える環境破壊今、動物たちに何が起きているのか」三浦慎悟監修 金の星社 2012年3月

「絶滅から救え!日本の動物園&水族館：滅びゆく動物図鑑 3 (外来種・環境汚染のためにいなくなる動物たち)」日本動物園水族館協会監修 河出書房新社 2016年2月

「地球環境から学ぼう!私たちの未来 第6巻 (環境立国へ向けて、日本の未来)」塩瀬治編 星の環会 2011年3月

「地雷をふんだゾウ」藤原幸一写真・文 岩崎書店 2014年11月

「動物たちを救うアニマルパスウェイ―文研じゅべにーる. ノンフィクション」湊秋作著 文研出版 2017年6月

「動物を守りたい君へ」高槻成紀著 岩波書店 (岩波ジュニア新書) 2013年10月

「特別な一ぴき：いのちの授業：どうして、犬って捨てられちゃうと思う?」岡田朋子文 国土社 2014年10月

「難病の子猫クロといつもいっしょ：小さな命も重さは同じ」山岡睦美作 ハート出版 2010年5月

「日本にすみつくアライグマ―野生動物被害から考える環境破壊今、動物たちに何が起きているのか」三浦慎悟監修 金の星社 2012年3月

「畑をあらすイノシシやサル―野生動物被害から考える環境破壊今、動物たちに何が起きているのか」三浦慎悟監修 金の星社 2012年3月

「保護ねこ活動ねこかつ!：ずっとのおうちが救えるいのち」高橋うらら著 岩崎書店 2022年10月

「保護犬の星フリスビー犬(ドッグ)ハカセ」西松宏作 ハート出版 2022年3月

「命がこぼれおちる前に：収容された犬猫の命をつなぐ人びと―感動ノンフィクション」今西乃子文;浜田一男写真 佼成出版社 2012年4月

「命のバトンタッチ：捨て犬・未来ものがたり：障がいを負った犬・未来」今西乃子著;浜田一男写真 岩崎書店 (フォア文庫) 2013年12月

「命の境界線：保護されるシカと駆除される鹿」今西乃子著;浜田一男写真;滋賀県多賀町役場取材協力;奈良の鹿愛護会取材協力 合同出版 2021年5月

「命をつなぐセラピードッグ物語：名犬チロリとその仲間たち」大木トオル著 講談社 2023年3月

身近な問題を知る

「野生動物への2つの視点：”虫の目”と”鳥の目”」高槻成紀;南正人著 筑摩書房（ちくまプリマー新書）2010年5月

「野鳥が集まる庭をつくろう：おうちでバードウォッチング」藤井幹共著;井上雅英共著 誠文堂新光社 2013年2月

「野良猫たちの命をつなぐ：獣医モコ先生の決意」笹井恵里子著 金の星社 2023年7月

地球温暖化

「13歳からの環境問題：「気候正義」の声を上げ始めた若者たち」志葉玲著 かもがわ出版 2020年4月

「15歳からの地球温暖化：学校では教えてくれないファクトフルネス」杉山大志著 育鵬社 2022年1月

「2050年の地球を予測する：科学でわかる環境の未来」伊勢武史著 筑摩書房（ちくまプリマー新書）2022年1月

「CO_2がわかる事典：性質・はたらきから環境への影響まで：もっとよく知りたい!」栗岡誠司監修 PHP研究所 2010年3月

「いつでもどこでもきのこ―森の小さな生きもの紀行；2」保坂健太郎文;新井文彦写真 文一総合出版 2021年1月

「いま、この惑星で起きていること：気象予報士の眼に映る世界」森さやか著 岩波書店（岩波ジュニア新書）2022年7月

「いますぐ考えよう!未来につなぐ資源・環境・エネルギー 2（石油エネルギーを考える）」田中優著;山田玲司画 岩崎書店 2012年4月

「エネルギーあなたはどれを選ぶ? 1（これまでのエネルギー）」岡田久典監修 さ・え・ら書房 2012年4月

「えんとつと北極のシロクマ」藤原幸一写真と文 少年写真新聞社 2016年7月

「きいてみよう!自然と環境のふしぎ：NHK子ども科学電話相談」NHKラジオセンター「子ども科学電話相談」制作班編 日本放送出版協会 2010年7月

「クマゼミから温暖化を考える」沼田英治著 岩波書店（岩波ジュニア新書）2016年6月

「クラゲの不思議：全身が脳になる?謎の浮遊生命体」三宅裕志著 誠文堂新光社 2014年12月

「グレタのねがい：地球をまもり未来に生きる：大人になるまで待つ必要なんてない」ヴァレンティナ・キャメリニ著;杉田七重訳 西村書店東京出版編集部 2020年1月

「こども気候変動アクション30：未来のためにできること」高橋真樹著 かもがわ出版 2022年1月

「これからのエネルギー」槌屋治紀著 岩波書店（岩波ジュニア新書）2013年6月

「すごすぎる天気の図鑑雲の超図鑑 = The Super-Visual Dictionary of Clouds」荒木健太郎著 KADOKAWA 2023年3月

身近な問題を知る

「それ全部「pH」のせい：虫歯から地球温暖化、新型コロナ感染拡大まで」齋藤勝裕著 青春出版社（青春新書INTELLIGENCE）2023年9月

「だれも教えてくれなかったエネルギー問題と気候変動の本当の話―14歳の世渡り術プラス」ジャン＝マルク・ジャンコヴィシ著;クリストフ・ブラン著;古舘恒介日本語版監訳;芹澤恵訳;高里ひろ訳 河出書房新社 2023年11月

「はじめて学ぶ環境倫理：未来のために「しくみ」を問う」吉永明弘著 筑摩書房（ちくまプリマー新書）2021年12月

「びっくり!地球46億年史：地球におこった10大事件の謎―日能研クエスト：マルいアタマをもっとマルく!」保坂直紀著 講談社 2018年3月

「ぼくは地球を守りたい：二酸化炭素の研究所、始めました」村木風海著 岩崎書店 2023年7月

「ミッション・シロクマ・レスキュー」ナンシー・F・キャスタルド著;カレン・デ・シーヴ著;田中直樹日本版企画監修;土居利光監修 ハーパーコリンズ・ジャパン（NATIONAL GEOGRAPHIC）2019年2月

「もっと知りたい!微生物大図鑑 2（ヒントがいっぱい細菌の利用価値）」北元憲利著 ミネルヴァ書房 2015年11月

「やりくりーぜちゃんと地球のまちづくり」日建設計総合研究所作・画 工作舎 2014年6月

「よごされた地球たのしく学ぶ、これからの環境問題 1」ロビン・ツイッディ著;小島亜佳莉訳 創元社 2019年12月

「ライオンはなぜ、汗をかかないのか?：絵と図でわかる「動物」のふしぎ―創造力と直観力のインフォグラフィックス；1」サイモン・ロジャース著;ニコラス・ブレックマンイラストレーション;土屋晶子訳 主婦と生活社 2016年5月

「ライチョウを絶滅から救え―ノンフィクション・いまを変えるチカラ」国松俊英著 小峰書店 2018年12月

「わたしたちの地球環境と天然資源：環境学習に役立つ! 4」本間慎監修;こどもくらぶ編 新日本出版社 2018年7月

「異常気象と温暖化がわかる：どうなる?気候変動による未来」河宮未知生監修 技術評論社（知りたい!サイエンスiLLUSTRATED）2016年6月

「温暖化で日本の海に何が起こるのか：水面下で変わりゆく海の生態系」山本智之著 講談社（ブルーバックス）2020年8月

「海のクライシス：地球環境」岡田康則まんが・構成;甲谷保和監修 小学館（科学学習まんがクライシス・シリーズ）2018年1月

「海のよごれは、みんなのよごれ海洋ごみ問題を考えよう! 2」中嶋亮太監修 教育画劇 2021年4月

身近な問題を知る

「海の教科書：波の不思議から海洋大循環まで」柏野祐二著 講談社（ブルーバックス）2016年6月

「海の中から地球を考える：プロダイバーが伝える気候危機」武本匡弘著 汐文社 2021年11月

「海は地球のたからもの 1」保坂直紀著 ゆまに書房 2019年11月

「海まるごと大研究 3（海が温暖化しているって、ほんと?)」保坂直紀著;こどもくらぶ編集 講談社 2016年1月

「街路樹は問いかける：温暖化に負けない〈緑〉のインフラ」藤井英二郎著;海老澤清也著;當内匡著;水眞洋子著 岩波書店（岩波ブックレット）2021年8月

「環境負債：次世代にこれ以上ツケを回さないために」井田徹治著 筑摩書房（ちくまプリマー新書）2012年5月

「危険動物との戦い方マニュアル = How to survive the dangerous animals.—「もしも?」の図鑑」今泉忠明監修・著 実業之日本社 2014年6月

「気候危機」山本良一著 岩波書店（岩波ブックレット）2020年1月

「気候崩壊：次世代とともに考える」宇佐美誠著 岩波書店（岩波ブックレット）2021年6月

「気象予報士と学ぼう!天気のきほんがわかる本 6」武田康男監修;菊池真以監修 ポプラ社 2022年4月

「教養として知っておくべき20の科学理論：この世界はどのようにつくられているのか?」細川博昭著;竹内薫監修 SBクリエイティブ（サイエンス・アイ新書）2016年5月

「君が地球を守る必要はありません—14歳の世渡り術」武田邦彦著 河出書房新社 2010年5月

「君たちはどう乗り越える?世界の対立に挑戦! 1」小林亮監修 かもがわ出版 2023年12月

「月はぼくらの宇宙港」佐伯和人作 新日本出版社 2016年10月

「原発と日本の未来：原子力は温暖化対策の切り札か」吉岡斉編 岩波書店（岩波ブックレット）2011年2月

「国際情勢に強くなる英語キーワード」明石和康著 岩波書店（岩波ジュニア新書）2016年3月

「今こそ考えよう!エネルギーの危機 第1巻」藤野純一総監修 文溪堂 2012年3月

「今こそ知りたい!水災害とSDGs 1」こどもクラブ編 あすなろ書房 2022年12月

「今こそ知りたい!水災害とSDGs 2」こどもくらぶ編 あすなろ書房 2023年1月

「今解き教室サイエンス：JSEC junior：未来の科学技術を考える：入試にも役立つ教材 vol.6(2020)」朝日新聞著 朝日新聞社 2021年1月

「持続可能な発展の話：「みんなのもの」の経済学」宮永健太郎著 岩波書店（岩波新書 新赤版）2023年5月

「次なるパンデミックを回避せよ：環境破壊と新興感染症」井田徹治著 岩波書店（岩波科学ライブラリー）2021年2月

身近な問題を知る

「自然災害で変わる歴史が変わる!」伊藤賀一監修 国書刊行会 2023年5月

「守ろう・育てよう日本の水産業 4（大震災と水産業）」坂本一男監修 岩崎書店 2016年2月

「食品ロスをなくそう!―SDGs地球のためにできること；1」井出留美監修 国土社 2023年6月

「深海―極限の世界：生命と地球の謎に迫る」藤倉克則編著;木村純一編著 講談社（ブルーバックス）2019年5月

「図解・台風の科学：発生・発達のしくみから地球温暖化の影響まで」上野充著;山口宗彦著 講談社（ブルーバックス）2012年7月

「図解でわかる14歳からの脱炭素社会」インフォビジュアル研究所著 太田出版 2021年5月

「図解地球温暖化の科学：面白いほどSDGsの大切さが身につく」鬼頭昭雄監修 宝島社 2022年3月

「水と環境問題―世界と日本の水問題」橋本淳司著 文研出版 2010年11月

「数学の自由研究：第2回作品コンクール優秀作品集：中・高校生向 図形・統計・確率編」根上生也監修;理数教育研究所編 文研出版 2015年4月

「世界にほこる日本の先端科学技術 2（災害予知はどこまで可能?）」法政大学自然科学センター監修;こどもくらぶ編 岩崎書店 2014年3月

「政治のしくみを知るための日本の府省しごと事典 5」森田朗監修;こどもくらぶ編 岩崎書店 2018年3月

「正しく理解する気候の科学：論争の原点にたち帰る」中島映至著;田近英一著 技術評論社（知りたい!サイエンス）2013年2月

「太陽エネルギーがひらく未来―東京理科大学坊ちゃん科学シリーズ；1」東京理科大学出版センター編著 東京書籍 2012年6月

「台風の大研究：最強の大気現象のひみつをさぐろう―楽しい調べ学習シリーズ」筆保弘徳編著 PHP研究所 2020年9月

「大災害サバイバルマニュアル = How to survive a natural disaster.―「もしも?」の図鑑」池内了著 実業之日本社 2016年4月

「地球が大変だ!：ぼくと風さんの"温暖化"を学ぶ旅」未来恵著 文芸社 2014年10月

「地球で暮らすきみたちに知ってほしい50のこと」ラース・ヘンリク・オーゴード著;シモン・ヴェスイラストレーション;枇谷玲子訳 晶文社 2021年8月

「地球の水SOS図鑑：もう危ない!未来はどうなる?：その実態から取り組みまで」田中賢治;浜口俊雄著 PHP研究所 2010年7月

「地球はどこまで暑くなる?：気候をめぐる15の疑問―いざ!探Q；5」ピエルドメニコ・バッカラリオ著;フェデリーコ・タッディア著;クラウディア・パスクエーロ監修;グッド絵;猪熊隆之日本版監修;森敦子訳 太郎次郎社エディタス 2023年9月

身近な問題を知る

「地球はもう温暖化していない：科学と政治の大転換へ」深井有著 平凡社（平凡社新書）2015年10月

「地球温暖化は解決できるのか：パリ協定から未来へ!」小西雅子著 岩波書店（岩波ジュニア新書）2016年7月

「地球温暖化を解決したい：エネルギーをどう選ぶ?」小西雅子著 岩波書店（岩波ジュニアスタートブックス）2021年3月

「地球温暖化図鑑」布村明彦;松尾一郎;垣内ユカ里著 文溪堂 2010年5月

「地球環境から学ぼう!私たちの未来 第2巻 (このままでは地球はどうなる?)」塩瀬治編 星の環会 2011年4月

「地球環境の事件簿」石弘之著 岩波書店（岩波科学ライブラリー）2010年5月

「地球環境博士になれるピクチャーブック 2」片神貴子訳 合同出版 2021年4月

「地図で読む「国際関係」入門」眞淳平著 筑摩書房（ちくまプリマー新書）2015年8月

「池上彰のニュースに登場する世界の環境問題 3 (食糧)」稲葉茂勝訳・文;サラ・レベーテ原著;池上彰監修 さ・え・ら書房 2010年4月

「追いつめられる海」井田徹治著 岩波書店（岩波科学ライブラリー）2020年4月

「低炭素経済への道」諸富徹著;浅岡美恵著 岩波書店（岩波新書 新赤版）2010年4月

「低炭素社会のデザイン：ゼロ排出は可能か」西岡秀三著 岩波書店（岩波新書 新赤版）2011年8月

「天気の基本を知ろう!―天気でわかる四季のくらし；5」日本気象協会著 新日本出版社 2011年2月

「電気自動車：「燃やさない文明」への大転換」村沢義久著 筑摩書房（ちくまプリマー新書）2010年2月

「冬の天気とくらし―天気でわかる四季のくらし；4」日本気象協会著 新日本出版社 2011年2月

「東京大学の先生が教える海洋のはなし」茅根創編著;丹羽淑博編著 成山堂書店 2023年3月

「南極と北極：地球温暖化の視点から」山内恭著 丸善出版（サイエンス・パレット）2020年11月

「南極の氷に何が起きているか：気候変動と氷床の科学」杉山慎著 中央公論新社（中公新書）2021年11月

「日本の自動車工業：生産・環境・福祉 4 (環境にやさしい自動車づくり)」鎌田実監修 岩崎書店 2015年3月

「日本の大地つくりと変化 1」鎌田浩毅監修 岩崎書店 2021年9月

「日本をどのような国にするか：地球と世界の大問題」丹羽宇一郎著 岩波書店（岩波新書 新赤版）2019年2月

身近な問題を知る

「物理を知れば世の中がわかる」竹内淳著 PHP研究所(PHPサイエンス・ワールド新書) 2010年5月

「米―おいしく安心な食と農業」吉永悟志監修;小泉光久制作・文 文研出版 2021年9月

「僕とベンとゆかいな仲間たち：アマゾン森林破壊と温暖化を学ぶ旅」未来恵著 文芸社 2016年6月

「未来を考えるまちとくらしづくり」「未来を考えるまちとくらしづくり」編集委員会編 文研出版 2023年9月

虐待

「10代のうちに知っておきたい折れない心の作り方」水島広子著 紀伊國屋書店 2014年7月

「10代の時のつらい経験、私たちはこう乗り越えました」しろやぎ秋吾著 KADOKAWA(MF comic essay) 2021年6月

「さよなら、子ども虐待」細川貂々著;今一生著 創元社 2023年7月

「ぼくらの中の「トラウマ」：いたみを癒すということ」青木省三著 筑摩書房(ちくまプリマー新書) 2020年1月

「ルポ虐待の連鎖は止められるか」共同通信「虐待」取材班著 岩波書店(岩波ブックレット) 2014年11月

「介護職がいなくなる：ケアの現場で何が起きているのか」結城康博著 岩波書店(岩波ブックレット) 2019年9月

「気づくことで未来がかわる新しい人権学習. 4」稲葉茂勝著;こどもくらぶ編 岩崎書店 2023年12月

「虐待された少年はなぜ、事件を起こしたのか」石井光太著 平凡社(平凡社新書) 2019年5月

「子どもの心の声を聴く：子どもアドボカシー入門」堀正嗣著 岩波書店(岩波ブックレット) 2020年9月

「自分をまもる本 新版」ローズマリー・ストーンズ著;小島希里訳 晶文社 2013年11月

「助かった命と、助からなかった命：動物の保護施設ハッピーハウス物語」沢田俊子文;野寺夕子写真 学研プラス(動物感動ノンフィクション) 2018年2月

「笑おうね生きようね＝Laugh!Live!：いじめられ体験乗り越えて」本多正識著 小学館 2018年12月

「新だれにも聞けないなやみ相談の本：自分で、自分にアドバイス 4」佐々木正美著;春日井敏之著 学研教育出版 2014年2月

「親のことが嫌いじゃないのに「なんかイヤだな」と思ったときに読む本」藤木美奈子著 WAVE出版 2022年4月

「親を頼らないで生きるヒント：家族のことで悩んでいるあなたへ」コイケジュンコ著 岩波書店(岩波ジュニア新書) 2021年11月

身近な問題を知る

虐待＞性的虐待

「こころとからだの不安によりそう性ってなんだろう? 1」北山ひと美監修;青野真澄指導協力 新日本出版社 2021年12月

虐待＞動物虐待

「地球からの警鐘 : 人間は生まれながらにして罪人なのです」あべ童詩著 文芸社 2023年3月

経済問題

「「維新」する覚悟」堺屋太一著 文藝春秋（文春新書）2013年1月

「日本経済はなぜ衰退したのか : 再生への道を探る」伊藤誠著 平凡社（平凡社新書）2013年4月

災害＞地震

「安全な建物とは何か : 地震のたび気になる"建築基準"」神田順著 技術評論社（知りたい!サイエンス）2010年3月

「活断層地震はどこまで予測できるか : 日本列島で今起きていること」遠田晋次著 講談社（ブルーバックス）2016年12月

「原発と活断層 :「想定外」は許されない」鈴木康弘著 岩波書店（岩波科学ライブラリー）2013年9月

「次に来る自然災害 : 地震・噴火・異常気象―地球科学入門 ; 1」鎌田浩毅著 PHP研究所（PHP新書）2012年5月

「図解・超高層ビルのしくみ : 建設から解体までの全技術」鹿島編 講談社（ブルーバックス）2010年5月

「図解でわかる14歳からの自然災害と防災」社会応援ネットワーク 著;諏訪清二 監修 太田出版 2022年2月

「地学ノススメ :「日本列島のいま」を知るために」鎌田浩毅著 講談社（ブルーバックス）2017年2月

「地球 : ダイナミックな惑星」Martin Redfern著;川上紳一訳 丸善出版（サイエンス・パレット）2013年5月

「地震 : どのように起きるのか」纐纈一起著 丸善出版（サイエンス・パレット）2020年5月

「地震前兆現象を科学する」織原義明著;長尾年恭著 祥伝社（祥伝社新書）2015年12月

「日本の地下で何が起きているのか」鎌田浩毅著 岩波書店（岩波科学ライブラリー）2017年10月

「日本列島の下では何が起きているのか : 列島誕生から地震・火山噴火のメカニズムまで」中島淳一著 講談社（ブルーバックス）2018年10月

身近な問題を知る

「日本列島の巨大地震」尾池和夫著 岩波書店(岩波科学ライブラリー) 2011年10月

「富士山噴火と南海トラフ：海が揺さぶる陸のマグマ」鎌田浩毅著 講談社(ブルーバックス)
2019年5月

「連鎖する大地震」遠田晋次著 岩波書店(岩波科学ライブラリー) 2013年2月

災害＞地震＞東日本大震災

「「あの日」、そしてこれから：東日本大震災2011・3・11」高橋邦典写真・文 ポプラ社 2012年11
月

「「あの日」から走り続けて：東日本大震災と私たち」かけあしの会著 同時代社 2014年3月

「「学び」という希望：震災後の教育を考える」尾木直樹著 岩波書店(岩波ブックレット) 2012
年6月

「「負けてられねぇ」と今日も畑に：家族とともに土と生きる」豊田直巳写真・文 農山漁村文化協
会(それでも「ふるさと」) 2018年2月

「3.11を心に刻んで 2013」岩波書店編集部編 岩波書店(岩波ブックレット) 2013年3月

「3.11を心に刻んで 2014」岩波書店編集部編 岩波書店(岩波ブックレット) 2014年3月

「3.11を心に刻んで 2015」岩波書店編集部編 岩波書店(岩波ブックレット) 2015年3月

「3.11を心に刻んで 2016」岩波書店編集部編 岩波書店(岩波ブックレット) 2016年3月

「3.11を心に刻んで 2017」岩波書店編集部編 岩波書店(岩波ブックレット) 2017年3月

「3.11を心に刻んで 2018」岩波書店編集部編 岩波書店(岩波ブックレット) 2018年3月

「3.11を心に刻んで 2019」岩波書店編集部編 岩波書店(岩波ブックレット) 2019年3月

「3.11を心に刻んで 2020」岩波書店編集部編 岩波書店(岩波ブックレット) 2020年3月

「3.11を心に刻んで 2021」岩波書店編集部編 岩波書店(岩波ブックレット) 2021年3月

「3・11以後何が変わらないのか」大澤真幸著;松島泰勝著;山下祐介著;五十嵐武士著;水野和
夫著 岩波書店(岩波ブックレット) 2013年2月

「3・11後の建築と社会デザイン」三浦展編著;藤村龍至編著 平凡社(平凡社新書) 2011年11
月

「3・11後の水俣/MINAMATA―歴史総合パートナーズ；7」小川輝光著 清水書院 2019年1月

「3・11後を生きるきみたちへ：福島からのメッセージ」たくきよしみつ著 岩波書店(岩波ジュニ
ア新書) 2012年4月

「5アンペア生活をやってみた」斎藤健一郎著 岩波書店(岩波ジュニア新書) 2014年9月

「あきらめないことにしたの」堀米薫作 新日本出版社 2015年6月

「アニメ版釜石の"奇跡"：いのちを守る授業」NHKスペシャル取材班作 新日本出版社 2014
年2月

身近な問題を知る

「いつか帰りたいぼくのふるさと = Kitty's Journey from Fukushima : 福島第一原発20キロ圏内から来たねこ」大塚敦子写真・文 小学館 2012年11月

「いのちはどう生まれ、育つのか : 医療、福祉、文化と子ども」道信良子編著 岩波書店（岩波ジュニア新書）2015年3月

「お〜い、雲よ」長倉洋海著 岩崎書店 2013年9月

「かがやけ!虹の架け橋 : 3.11大津波で3人の子どもを失った夫妻の物語」漆原智良著 アリス館 2019年3月

「きずなを結ぶ震災学習列車 : 三陸鉄道、未来へ—感動ノンフィクションシリーズ」堀米薫文 佼成出版社 2015年2月

「きっといいことあるよ! : 東日本大震災と人々の歩み」戸塚英子作 清風堂書店 2015年12月

「きみは「3.11」をしっていますか? : 東日本大震災から10年後の物語」細野不二彦まんが;平塚真一郎ノンフィクション;井出明まとめ 小学館 2021年2月

「こころの教育と生き方講話集」聖パウロ学園光泉中学・高等学校編 ジューン・ファースト出版部 2014年5月

「こども東北学—よりみちパン!セ ; P020」山内明美著 イースト・プレス 2011年11月

「この思いを聞いてほしい! : 10代のメッセージ」池田香代子編著 岩波書店（岩波ジュニア新書）2014年9月

「サケが帰ってきた! : 福島県木戸川漁協震災復興へのみちのり」奥山文弥著;木戸川漁業協同組合監修 小学館 2017年10月

「それでも、海へ : 陸前高田に生きる—シリーズ◎自然いのちひと ; 17」安田菜津紀写真・文 ポプラ社 2016年2月

「ただいま、おかえり。: 3.11からのあのこたち」石井麻木写真・文 世界文化ブックス 世界文化社 2023年3月

「つなみ : 被災地の子どもたちの作文集 : 完全版」森健編 文藝春秋 2012年6月

「デニムさん : 気仙沼・オイカワデニムが作る復興のジーンズ—感動ノンフィクションシリーズ」今関信子文 佼成出版社 2018年7月

「なつかしい時間」長田弘著 岩波書店（岩波新書 新赤版）2013年2月

「なるほど知図帳日本 2021」昭文社地図編集部編集 昭文社 2020年12月

「フクシマ : 2011年3月11日から変わったくらし」内堀タケシ写真・文 国土社 2021年2月

「ポーポキ友情物語 = Popoki's Friendship Story : 東日本大震災で生まれた私たちの平和の旅」ロニー・アレキサンダー文・絵 エピック 2012年1月

「ぼくは戦場カメラマン」渡部陽一作 角川書店（角川つばさ文庫）2012年2月

「ぼくらがつくった学校 : 大槌の子どもたちが夢見た復興のシンボル—感動ノンフィクションシリーズ」ささきあり文 佼成出版社 2017年7月

身近な問題を知る

「まんがで読む防衛白書 平成23年版」吉岡佐和子著;防衛省監修;MCHイラスト 防衛省 2012年3月

「みんな地球に生きるひと Part4 (わたしもぼくも地球人)」アグネス・チャン著 岩波書店(岩波ジュニア新書) 2014年7月

「家の理―くうねるところにすむところ：家を伝える本シリーズ；33」難波和彦著 平凡社 2014年2月

「感情を"毒"にしないコツ：心と体の免疫力を高める「1日5分」の習慣」大平哲也著 青春出版社(青春新書INTELLIGENCE) 2020年11月

「希望の大地：「祈り」と「知恵」をめぐる旅：フォトエッセイ」桃井和馬著 岩波書店(岩波ブックレット) 2012年6月

「巨大津波は生態系をどう変えたか：生きものたちの東日本大震災」永幡嘉之著 講談社(ブルーバックス) 2012年4月

「検証!首都直下地震：巨大地震は避けられない?最新想定と活断層」編集工房SUPERNOVA編著;木村政昭監修 技術評論社(知りたい!サイエンス) 2013年3月

「原子力災害からいのちを守る科学」小谷正博著;小林秀明著;山岸悦子著;渡辺範夫著 岩波書店(岩波ジュニア新書) 2013年2月

「原発事故に立ち向かった吉田昌郎と福島フィフティ―PHP心のノンフィクション」門田隆将著 PHP研究所 2015年3月

「現代用語の基礎知識学習版 2012→2013」現代用語検定協会監修 自由国民社 2012年2月

「高校生、災害と向き合う：舞子高等学校環境防災科の10年」諏訪清二著 岩波書店(岩波ジュニア新書) 2011年11月

「黒い風：わたしの友の〈3.11〉」中澤八千代原作;有我すずな作画 幻冬舎メディアコンサルティング 2016年10月

「今、話したい「学校」のこと：15歳からの複眼思考」藤原和博著 ポプラ社 2013年3月

「今こそ考えよう!エネルギーの危機 第1巻」藤野純一総監修 文溪堂 2012年3月

「今日よりは明日はきっと良くなると：愛犬・太刀と暮らした16年」茂市久美子著 講談社(世の中への扉) 2018年2月

「災害救助犬じゃがいも11回の挑戦：あきらめない!」山口常夫文 岩崎書店 2019年11月

「坂茂の家の作り方 = How to make Houses―くうねるところにすむところ：家を伝える本シリーズ；30」坂茂著 平凡社 2013年3月

「子どもの力を伸ばす子どもの権利条約ハンドブック」木附千晶文;福田雅章文;DCI日本=子どもの権利のための国連NGO監修 自由国民社 2016年2月

「思い出をレスキューせよ!："記憶をつなぐ"被災地の紙本・書籍保存修復士」堀米薫文 くもん出版 2014年2月

身近な問題を知る

「資源がわかればエネルギー問題が見える：環境と国益をどう両立させるか——地球科学入門；2」鎌田浩毅著 PHP研究所（PHP新書）2012年6月

「次に来る自然災害：地震・噴火・異常気象——地球科学入門；1」鎌田浩毅著 PHP研究所（PHP新書）2012年5月

「失敗の愛国心 増補——よりみちパン!セ；P032」鈴木邦男著 イースト・プレス 2012年1月

「実験で学ぶ土砂災害」土木学会地盤工学委員会斜面工学研究小委員会編集 土木学会 2015年8月

「写真とデータでわかる平成時代 4」時事通信社編 ポプラ社 2019年4月

「守ろう・育てよう日本の水産業 4（大震災と水産業）」坂本一男監修 岩崎書店 2016年2月

「小さな建築」隈研吾著 岩波書店（岩波新書 新赤版）2013年1月

「昭和天皇にあいたい 2（皇居勤労奉仕団涙の『君が代』）」桜多吾作構成・作画 ふるさと日本プロジェクト 2013年9月

「色の消えた町：ヒューマンコミック」にしざきただし作画 人間と歴史社 2014年4月

「深海のふしぎ：追跡!深海生物と巨大ザメの巻——講談社の動く学習漫画MOVE COMICS」講談社編;高橋拓真漫画;滋野修一監修 講談社 2016年7月

「震災が教えてくれたこと：津波で家族3人を亡くした新聞記者の記録」今野公美子著 朝日学生新聞社 2012年2月

「震災トラウマと復興ストレス」宮地尚子著 岩波書店（岩波ブックレット）2011年8月

「震災と言葉」佐伯一麦著 岩波書店（岩波ブックレット）2012年9月

「震災と情報：あのとき何が伝わったか」徳田雄洋著 岩波書店（岩波新書 新赤版）2011年12月

「震災日録：記憶を記録する」森まゆみ著 岩波書店（岩波新書 新赤版）2013年2月

「人権は国境を越えて」伊藤和子著 岩波書店（岩波ジュニア新書）2013年10月

「図解東京スカイツリーのしくみ」NHK出版編 NHK出版 2012年1月

「世界の奇跡ニッポン!」大川半左衛門著 文芸社 2013年11月

「政治のしくみを知るための日本の府省しごと事典 6」森田朗監修;こどもくらぶ編 岩崎書店 2018年3月

「千春先生の平和授業 2011～2012（未来は子どもたちがつくる）」竹中千春著 朝日学生新聞社 2012年6月

「走れ!移動図書館：本でよりそう復興支援」鎌倉幸子著 筑摩書房（ちくまプリマー新書）2014年1月

「息子へ。」飯野賢治著 幻冬舎 2011年5月

身近な問題を知る

「大災害と子どもの心：どう向き合い支えるか」冨永良喜著 岩波書店（岩波ブックレット）2012年2月

「大震災のなかで：私たちは何をすべきか」内橋克人編 岩波書店（岩波新書 新赤版）2011年6月

「大震災日本列島が揺れた：高校生・高等専修学校生75人の記録」仕事への架け橋編;まどみちお画 小峰書店 2012年7月

「大切な人は今もそこにいる：ひびきあう賢治と東日本大震災」千葉望著;マット和子イラスト 理論社（世界をカエル10代からの羅針盤）2020年11月

「大津波のあとの生きものたち」永幡嘉之写真・文 少年写真新聞社 2015年2月

「知っておきたい障がいのある人のSOS 別巻（被災地の人のSOS）」河東田博著 ゆまに書房 2015年5月

「知ろう!防ごう!自然災害 1（地震・津波・火山噴火）増補改訂版」佐藤隆雄監修 岩崎書店 2012年3月

「地域を豊かにする働き方：被災地復興から見えてきたこと」関満博著 筑摩書房（ちくまプリマー新書）2012年8月

「地図で見る日本の地震」山川徹文;寒川旭監修 偕成社 2020年1月

「池上彰と考える災害とメディア 4」池上彰監修 文溪堂 2021年3月

「池上彰の現代史授業：21世紀を生きる若い人たちへ 平成編4（平成二十年代世界と日本の未来へ）」池上彰監修・著 ミネルヴァ書房 2015年3月

「津波の日の絆：地球深部探査船「ちきゅう」で過ごした子どもたち」小俣珠乃文;田中利枝絵 冨山房インターナショナル 2019年3月

「津波は怖い!：みんなで知ろう!津波の怖さ 改訂版」沿岸技術研究センター編;港湾空港技術研究所監修 丸善プラネット 2012年2月

「津波をこえたひまわりさん：小さな連絡船で大島を救った菅原進―感動ノンフィクション」今関信子文 佼成出版社 2012年7月

「東日本大震災と子ども：3・11あの日から何が変わったか―コミュニティ・ブックス」宮田美恵子著 日本地域社会研究所 2016年2月

「東日本大震災に学ぶ日本の防災」地震予知総合研究振興会監修 学研教育出版 2012年2月

「東日本大震災石巻災害医療の全記録：「最大被災地」を医療崩壊から救った医師の7カ月」石井正著 講談社（ブルーバックス）2012年2月

「東日本大震災伝えなければならない100の物語 第10巻（未来へ）」学研教育出版著 学研教育出版 2013年2月

「東日本大震災伝えなければならない100の物語 第1巻（その日）」学研教育出版著 学研教育出版 2013年2月

身近な問題を知る

「東日本大震災伝えなければならない100の物語 第2巻 (明けない夜はない)」学研教育出版
著 学研教育出版 2013年2月

「東日本大震災伝えなければならない100の物語 第3巻 (生きることを、生きるために)」学研教
育出版著 学研教育出版 2013年2月

「東日本大震災伝えなければならない100の物語 第4巻 (助け合うこと)」学研教育出版著 学研
教育出版 2013年2月

「東日本大震災伝えなければならない100の物語 第5巻 (放射能との格闘)」学研教育出版著
学研教育出版 2013年2月

「東日本大震災伝えなければならない100の物語 第6巻 (絆)」学研教育出版著 学研教育出版
 2013年2月

「東日本大震災伝えなければならない100の物語 第7巻 (希望をつむぐ)」学研教育出版著 学
研教育出版 2013年2月

「東日本大震災伝えなければならない100の物語 第8巻 (広がりゆく支援の輪)」学研教育出版
著 学研教育出版 2013年2月

「東日本大震災伝えなければならない100の物語 第9巻 (再生と復興に向かって)」学研教育出
版著 学研教育出版 2013年2月

「特別授業3.11君たちはどう生きるか――14歳の世渡り術 = WORLDLY WISDOM FOR 14
YEARS OLD」あさのあつこ著;池澤夏樹著;鎌田浩毅著;最相葉月著;斎藤環著;橘木俊詔著;
田中優著;橋爪大三郎著;鷲田清一著 河出書房新社 2012年3月

「内部被曝」矢ケ崎克馬著;守田敏也著 岩波書店 (岩波ブックレット) 2012年3月

「日本のすがた 6 (東北地方)―帝国書院地理シリーズ」帝国書院編集部編集 帝国書院 2013
年3月

「日本の地下で何が起きているのか」鎌田浩毅著 岩波書店 (岩波科学ライブラリー) 2017年10
月

「日本の津波災害」伊藤和明著 岩波書店 (岩波ジュニア新書) 2011年12月

「被災犬「じゃがいも」の挑戦:めざせ!災害救助犬」山口常夫文 岩崎書店 2014年12月

「富士山噴火と南海トラフ:海が揺さぶる陸のマグマ」鎌田浩毅著 講談社 (ブルーバックス)
2019年5月

「福島ゲンゴロウ物語:ぼくらは田んぼ応援団!」谷本雄治著 汐文社 2023年11月

「福島に生きる凛ちゃんの10年:家や学校や村もいっぱい変わったけれど―それでも「ふるさ
と」. あの日から10年」豊田直巳写真・文 農山漁村文化協会 2021年2月

「福島の子どもたちからの手紙:ほうしゃのうっていつなくなるの?」KIDSVOICE編 朝日新聞出
版 2012年2月

「福島人なき「復興」の10年:フォト・ルポルタージュ」豊田直巳著 岩波書店 (岩波ブックレット)
2022年3月

70

身近な問題を知る

「噴砂」おぐろよしこ著 復刊ドットコム 2013年6月

「文明の渚」池澤夏樹著 岩波書店（岩波ブックレット） 2013年3月

「放射線ってなあに？：science window」文化工房編 科学技術振興機構 2013年3月

「毎日新聞社記事づくりの現場—このプロジェクトを追え!」深光富士男文 佼成出版社 2013年8月

「漫画から学ぶ生きる力 災害編」宮川総一郎監修 ほるぷ出版 2016年10月

「未来をつくるBOOK：東日本大震災をふりかえり、今を見つめ、対話する：持続可能な地球と地域をつくるあなたへ」ESD-J「未来をつくるBOOK」制作チーム著 持続可能な開発のための教育の10年推進会議 2011年11月

「未来をはこぶオーケストラ：福島に奇跡を届けたエル・システマ」岩井光子著 汐文社 2017年3月

「命のバトン：津波を生きぬいた奇跡の牛の物語—感動ノンフィクションシリーズ」堀米薫文 佼成出版社 2013年3月

「野馬追の少年、震災をこえて—PHP心のノンフィクション」井上こみち著 PHP研究所 2015年3月

「揺らぐ世界—中学生からの大学講義 ; 4」立花隆著;岡真理著;橋爪大三郎著;森達也著;藤原帰一著;川田順造著;伊豫谷登士翁著 筑摩書房（ちくまプリマー新書） 2015年4月

「立体地図で見る日本の国土とくらし 2」早川明夫監修;国土社編集部編集 国土社 2016年12月

「歴史を知ろう明治から平成 6（平成）」「歴史を知ろう明治から平成」編集委員会編 岩崎書店 2012年3月

「連鎖する大地震」遠田晋次著 岩波書店（岩波科学ライブラリー） 2013年2月

災害＞水害

「災害からの暮らし再生：いま考えたい」山中茂樹著 岩波書店（岩波ブックレット） 2010年1月

「人がつくった川・荒川：水害からいのちを守り、暮らしを豊かにする」長谷川敦著 旬報社 2022年8月

「生きのびるための流域思考」岸由二著 筑摩書房（ちくまプリマー新書） 2021年7月

災害＞台風

「わかる！取り組む！災害と防災 4」帝国書院編集部編集 帝国書院 2017年2月

「図解・台風の科学：発生・発達のしくみから地球温暖化の影響まで」上野充著;山口宗彦著 講談社（ブルーバックス） 2012年7月

「図解・天気予報入門：ゲリラ豪雨や巨大台風をどう予測するのか」古川武彦著;大木勇人著 講談社（ブルーバックス） 2021年9月

身近な問題を知る

「乱流と渦：日常に潜む不連続な"魔の流れ"」白鳥敬著 技術評論社（知りたい！サイエンス）2010年3月

災害＞土砂災害

「実験で学ぶ土砂災害」土木学会地盤工学委員会斜面工学研究小委員会編集 土木学会 2015年8月

飼育放棄

「ボクたちに殺されるいのち―14歳の世渡り術」小林照幸著 河出書房新社 2010年11月

社会格差

「「学力格差」の実態：調査報告」志水宏吉著;伊佐夏実著;知念渉著;芝野淳一著 岩波書店（岩波ブックレット）2014年6月

「「宿命」を生きる若者たち：格差と幸福をつなぐもの」土井隆義著 岩波書店（岩波ブックレット）2019年6月

「14歳から考えたい貧困」フィリップ・N・ジェファーソン著;神林邦明訳 すばる舎 2021年12月

「シリーズ・「変わる！キャリア教育」1」稲葉茂勝著;長田徹監修 ミネルヴァ書房 2017年3月

「はじめて学ぶ憲法教室 第3巻（人間らしく生きるために）」菅間正道著 新日本出版社 2015年2月

「遺伝か、能力か、環境か、努力か、運なのか：人生は何で決まるのか」橘木俊詔著 平凡社（平凡社新書）2017年12月

「一億総下流社会」須田慎一郎著 エムディエヌコーポレーション（MdN新書）2022年8月

「何が問題？格差のはなし：「おいてけぼりの誰か」をつくらない世界のために」山田昌弘監修 Gakken 2023年2月

「格差と分断の社会地図：16歳からの〈日本のリアル〉」石井光太著 日本実業出版社 2021年9月

「高校生からの統計入門」加藤久和著 筑摩書房（ちくまプリマー新書）2016年5月

「子どもの力を伸ばす子どもの権利条約ハンドブック」木附千晶文;福田雅章文;DCI日本=子どもの権利のための国連NGO監修 自由国民社 2016年2月

「自由の奪還：全体主義、非科学の暴走を止められるか―世界の知性シリーズ」アンデシュ・ハンセン著;ロルフ・ドベリ著;ジャック・アタリ著;ネイサン・シュナイダー著;ダニエル・コーエン著;ダグラス・マレー著;サミュエル・ウーリー著;ターリ・シャーロット著;スティーヴン・マーフィ重松著;大野和基インタビュー・編 PHP研究所（PHP新書）2021年8月

「日本の教育格差」橘木俊詔著 岩波書店（岩波新書 新赤版）2010年7月

「平等ってなんだろう？：あなたと考えたい身近な社会の不平等―中学生の質問箱」齋藤純一著 平凡社 2021年11月

身近な問題を知る

「未来を読む：AIと格差は世界を滅ぼすか」大野和基インタビュー・編 PHP研究所（PHP新書）
2018年6月

「揺らぐ世界—中学生からの大学講義；4」立花隆著;岡真理著;橋爪大三郎著;森達也著;藤
原帰一著;川田順造著;伊豫谷登士翁著 筑摩書房（ちくまプリマー新書）2015年4月

少子高齢化、高齢化

「高校生のための東大授業ライブ：学問からの挑戦」東京大学教養学部編 東京大学出版会
2015年12月

「持続可能な医療：超高齢化時代の科学・公共性・死生観—シリーズケアを考える」広井良典
著 筑摩書房（ちくま新書）2018年6月

「少子高齢社会—世界と日本の人口問題」鬼頭宏監修 文研出版 2013年11月

「人口問題にたちむかう—世界と日本の人口問題」鬼頭宏監修 文研出版 2014年2月

「超高齢社会と認知症について知る本. 1」長田乾監修;かわいちひろ表紙イラスト;日生マユ巻
頭マンガ;矢部太郎クイズマンガ・キャラクター Gakken 2023年2月

「超高齢社会と認知症について知る本. 2」長田乾監修;かわいちひろ表紙イラスト;日生マユ巻
頭マンガ;矢部太郎クイズマンガ・キャラクター Gakken 2023年2月

「超高齢社会と認知症について知る本. 3」長田乾監修;かわいちひろ表紙イラスト;日生マユ巻
頭マンガ;矢部太郎クイズマンガ・キャラクター Gakken 2023年2月

「日本と世界のしくみがわかる!よのなかマップ 新版」日能研編;日本経済新聞出版社編 日本
経済新聞出版社 2014年10月

「日本の年金」駒村康平著 岩波書店（岩波新書 新赤版）2014年9月

「認知症の正体：診断・治療・予防の最前線」飯島裕一著;佐古泰司著 PHP研究所（PHPサイ
エンス・ワールド新書）2011年6月

「買い物難民対策で田舎を残す」村上稔著 岩波書店（岩波ブックレット）2020年10月

「未婚と少子化：この国で子どもを産みにくい理由」筒井淳也著 PHP研究所（PHP新書）2023
年12月

「薬学教室へようこそ：いのちを守るクスリを知る旅」二井將光編著 講談社（ブルーバックス）
2015年8月

消費者問題

「気をつけよう!消費者トラブル 3（契約編）」秋山浩子文;納田繁絵 汐文社 2012年2月

「狙われる18歳!?：消費者被害から身を守る18のQ&A」日本弁護士連合会消費者問題対策委
員会著 岩波書店（岩波ブックレット）2021年3月

「法むるーむ：高校生からの法律相談」法むるーむネット編集・執筆 清水書院 2016年3月

身近な問題を知る

食品ロス

「やさしくわかる食品ロス：捨てられる食べ物を減らすために知っておきたいこと―未来につなげる・みつけるSDGs」西岡真由美著；小野﨑理香絵 技術評論社 2023年12月

「自分で見つける!社会の課題 1」NHK「ドスルコスル」制作班編；田村学監修 NHK出版（NHK for Schoolドスルコスル）2021年11月

人口減少

「だれが墓を守るのか：多死・人口減少社会のなかで」小谷みどり著 岩波書店（岩波ブックレット）2015年9月

「近代日本一五〇年：科学技術総力戦体制の破綻」山本義隆著 岩波書店（岩波新書 新赤版）2018年1月

「人口激減：移民は日本に必要である」毛受敏浩著 新潮社（新潮新書）2011年9月

青少年問題

「転ばぬ先のこそだて：裁判官を辞めた今、どうしても伝えておきたいことそれは…20年後のわが子のための」内藤由佳著 エール出版社（Yell books）2012年4月

「不登校でも学べる：学校に行きたくないと言えたとき」おおたとしまさ著 集英社（集英社新書）2022年8月

「明るい不登校：創造性は「学校」外でひらく」奥地圭子著 NHK出版（NHK出版新書）2019年8月

性暴力

「10代の不安・悩みにこたえる「性」の本：心と体を守るために知っておきたい」染矢明日香監修 学研プラス 2022年2月

「はなそうよ!恋とエッチ：みつけよう!からだときもち」すぎむらなおみ著；えすけん著 生活書院 2014年12月

「フェミニズム＝feminism：『伊藤野枝集』加藤陽子/アトウッド『侍女の物語』『誓願』鴻巣友季子ハーマン『心的外傷と回復』上間陽子/セジウィック『男同士の絆』上野千鶴子―教養・文化シリーズ. 別冊NHK100分de名著」加藤陽子著；鴻巣友季子著；上間陽子著；上野千鶴子著 NHK出版 2023年7月

「家族に「イヤなこと」をされているあなたにお願い：今すぐこの本を持って保健室に行こう」獅城けい著 高文研 2022年8月

「考えたことある?性的同意：知らないってダメかも」ピート・ワリス作；タリア・ワリス作；ジョセフ・ウィルキンズ絵；上田勢子訳；水野哲夫監修 子どもの未来社 2021年9月

「生まれてくるってどんなこと?：あなたと考えたい生と性のこと―中学生の質問箱」川松泰美著 平凡社 2013年3月

身近な問題を知る

第二次世界大戦

「アンネ・フランクに会いに行く」谷口長世著 岩波書店（岩波ジュニア新書）2018年7月

「ナチスに挑戦した少年たち」フィリップ・フーズ作;金原瑞人訳 小学館 2018年7月

「プラハの子ども像：ナチス占領下の悲劇」早乙女勝元著 新日本出版社 2018年12月

「まんがでわかる日本の歴史：わかりやすい!おもしろい!楽しく読める! 大正デモクラシー編—Goma books」久松文雄画 ゴマブックス 2018年3月

「母が作ってくれたすごろく：ジャワ島日本軍抑留所での子ども時代」アネ=ルト・ウェルトハイム文;長山さき訳 徳間書店 2018年6月

ドメスティック・バイオレンス（DV）

「レンアイ、基本のキ：好きになったらなんでもOK?」打越さく良著 岩波書店（岩波ジュニア新書）2015年10月

「男性の非暴力宣言：ホワイトリボン・キャンペーン」多賀太著;伊藤公雄著;安藤哲也著 岩波書店（岩波ブックレット）2015年11月

「中学生・高校生のためのDV、暴力予防教育プログラム」須賀朋子著 かりん舎 2020年1月

「中高生からのライフ＆セックスサバイバルガイド」松本俊彦編;岩室紳也編;古川潤哉編 日本評論社 2016年8月

「明日、学校へ行きたくない：言葉にならない思いを抱える君へ」茂木健一郎著;信田さよ子著;山崎聡一郎著 KADOKAWA 2021年2月

パワーハラスメント、セクシャルハラスメント

「パワハラに負けない!：労働安全衛生法指南」笹山尚人著 岩波書店（岩波ジュニア新書）2013年11月

「過労死しない働き方：働くリアルを考える」川人博著 岩波書店（岩波ジュニア新書）2020年9月

「介護職がいなくなる：ケアの現場で何が起きているのか」結城康博著 岩波書店（岩波ブックレット）2019年9月

「自分をまもる本 新版」ローズマリー・ストーンズ著;小島希里訳 晶文社 2013年11月

「男女平等はどこまで進んだか：女性差別撤廃条約から考える」山下泰子監修;矢澤澄子監修;国際女性の地位協会編 岩波書店（岩波ジュニア新書）2018年6月

貧困

「「干天の慈雨」と呼ばれた西嶋八兵衛さんの挑戦」本條忠應著 文芸社 2023年9月

「10代からのSDGs：輝く心と学ぶ喜びを」野田将晴著 高木書房 2022年4月

身近な問題を知る

「10代からの社会学図鑑」クリス・ユール著;クリストファー・ソープ著;ミーガン・トッド監修;田中真知訳 三省堂 2018年12月

「12歳までに身につけたいSDGsの超きほん―未来のキミのためシリーズ」蟹江憲史監修 朝日新聞出版 2021年7月

「14歳から考えたい貧困」フィリップ・N・ジェファーソン著;神林邦明訳 すばる舎 2021年12月

「17歳のあなたへ」福峯静香著 療育ファミリーサポートほほえみ 2013年12月

「30代記者たちが出会った戦争：激戦地を歩く」共同通信社会部編 岩波書店(岩波ジュニア新書) 2016年7月

「SDGs入門：未来を変えるみんなのために」蟹江憲史著 岩波書店(岩波ジュニアスタートブックス) 2021年9月

「アフガニスタン勇気と笑顔 新版」内堀タケシ写真・文 国土社 2020年11月

「アフリカで、バッグの会社はじめました：寄り道多め仲本千津の進んできた道」江口絵理著 さ・え・ら書房 2023年6月

「いまこそ考えたい生活保障のしくみ」大沢真理著 岩波書店(岩波ブックレット) 2010年9月

「ジュニアのための貧困問題入門：人として生きるために」久保田貢編 平和文化 2010年10月

「その笑顔の向こう側：シリーズ知ってほしい!世界の子どもたち 1」米倉史隆写真・文 新日本出版社 2017年10月

「ソンジュの見た星：路上で生きぬいた少年」リソンジュ著;スーザン・マクレランド著;野沢佳織訳 徳間書店 2019年5月

「どんとこい、貧困!―よりみちパン!セ；P007」湯浅誠著 イースト・プレス 2011年7月

「なんにもないけどやってみた：プラ子のアフリカボランティア日記」栗山さやか著 岩波書店(岩波ジュニア新書) 2011年10月

「はじめて学ぶ憲法教室 第3巻(人間らしく生きるために)」菅間正道著 新日本出版社 2015年2月

「まっすぐ人間関係術 = Happy Interpersonal Strategy：きみと世界をつなぐ―1時間で一生分の「生きる力」；2」山崎聡一郎著;藤川大祐監修;茅なやイラスト・まんが 講談社 2021年8月

「まんがクラスメイトは外国人 課題編」「外国につながる子どもたちの物語」編集委員会編;みなみなみまんが 明石書店 2020年2月

「一億総下流社会」須田慎一郎著 エムディエヌコーポレーション(MdN新書) 2022年8月

「遠くの人と手をつなぐ：SOSの届け方―世界をカエル10代からの羅針盤」千葉望著 理論社 2023年7月

「格差と分断の社会地図：16歳からの〈日本のリアル〉」石井光太著 日本実業出版社 2021年9月

「給食の歴史」藤原辰史著 岩波書店(岩波新書 新赤版) 2018年11月

身近な問題を知る

「江戸の貧民」塩見鮮一郎著 文藝春秋（文春新書）2014年8月

「国境なき助産師が行く：難民救助の活動から見えてきたこと」小島毬奈著 筑摩書房（ちくまプリマー新書）2018年10月

「国際協力ってなんだろう：現場に生きる開発経済学」高橋和志;山形辰史編著 岩波書店（岩波ジュニア新書）2010年11月

「今解き教室サイエンス：JSEC junior：未来の科学技術を考える：入試にも役立つ教材 vol.3(2020)」朝日新聞著 朝日新聞社 2020年7月

「子どものスポーツ格差：体力二極化の原因を問う」清水紀宏編著 大修館書店 2021年12月

「子どもの貧困 2（解決策を考える）」阿部彩著 岩波書店（岩波新書 新赤版）2014年1月

「写真で伝える仕事：世界の子どもたちと向き合って」安田菜津紀著 日本写真企画 2017年3月

「社会に貢献する：Youth Philanthropy in Global Community」日本ファンドレイジング協会編 日本ファンドレイジング協会 2015年3月

「就職とは何か：〈まともな働き方〉の条件」森岡孝二著 岩波書店（岩波新書 新赤版）2011年11月

「食べものから学ぶ世界史：人も自然も壊さない経済とは?」平賀緑著 岩波書店（岩波ジュニア新書）2021年7月

「食べものが足りない!：食料危機問題がわかる本」井出留美著;手塚雅恵絵 旬報社 2022年1月

「人間の条件：そんなものない 増補新版―よりみちパン!セ」畠山重篤著;スギヤマカナヨ絵 新曜社 2018年5月

「水の未来：グローバルリスクと日本」沖大幹著 岩波書店（岩波新書 新赤版）2016年3月

「世の中を知る、考える、変えていく：高校生からの社会科学講義」飯田高編;近藤絢子編;砂原庸介編;丸山里美編 有斐閣 2023年7月

「世界の国1位と最下位：国際情勢の基礎を知ろう」眞淳平著 岩波書店（岩波ジュニア新書）2010年9月

「世界の女性問題 1（貧困、教育、保健）」プラン・ジャパン監修;関橋眞理著 汐文社 2013年10月

「世界の人びとに聞いた100通りの平和 シリーズ2」伊勢﨑賢治監修 かもがわ出版 2015年11月

「世界の美しさをひとつでも多く見つけたい―未来へのトビラ；File No.007」石井光太著 ポプラ社（ポプラ選書）2019年4月

「池上彰のニュースに登場する世界の環境問題 3（食糧）」稲葉茂勝訳・文;サラ・レベーテ原著;池上彰監修 さ・え・ら書房 2010年4月

身近な問題を知る

「池上彰のニュースに登場する世界の環境問題 5（健康・病気）」稲葉茂勝訳・文;サラ・レベーテ原著;池上彰監修 さ・え・ら書房 2010年4月

「池上彰のニュースに登場する世界の環境問題 8（貧困）」稲葉茂勝訳・文;キャサリン・チャンバーズ原著;池上彰監修 さ・え・ら書房 2011年3月

「中村哲物語：大地をうるおし平和につくした医師」松島恵利子著 汐文社 2022年7月

「徹底調査子供の貧困が日本を滅ぼす：社会的損失40兆円の衝撃」日本財団子どもの貧困対策チーム著 文藝春秋（文春新書）2016年9月

「日本は世界で何番目？2」藤田千枝編 大月書店 2013年12月

「福祉がわかるシリーズ 1」稲葉茂勝著;池上彰監修 ミネルヴァ書房 2020年2月

「僕らが学校に行く理由―ワイド版ポプラ社ノンフィクション；42. 生きかた」渋谷敦志写真・文 ポプラ社 2022年8月

「未来につながるよみきかせSDGsのお話17」ささきあり作;秋山宏次郎監修 西東社 2023年6月

「娘と話す世界の貧困と格差ってなに？」勝俣誠著 現代企画室 2016年10月

ヤングケアラー

「みんなに知ってほしいヤングケアラー. 1」濱島淑恵監修 ポプラ社 2023年4月

「みんなに知ってほしいヤングケアラー. 2」濱島淑恵監修 ポプラ社 2023年4月

「みんなに知ってほしいヤングケアラー. 3」濱島淑恵監修 ポプラ社 2023年4月

「みんなに知ってほしいヤングケアラー. 4」濱島淑恵監修 ポプラ社 2023年4月

「ヤングケアラー = Young carers：考えよう、だれも取りのこさない社会」濱島淑恵監修 文溪堂 2022年12月

「ヤングケアラーってなんだろう」澁谷智子著 筑摩書房（ちくまプリマー新書）2022年5月

「超高齢社会と認知症について知る本. 1」長田乾監修;かわいちひろ表紙イラスト;日生マユ巻頭マンガ;矢部太郎クイズマンガ・キャラクター Gakken 2023年2月

労働問題

「〈必要〉から始める仕事おこし：「協同労働」の可能性」日本労働者協同組合連合会編 岩波書店（岩波ブックレット）2022年2月

「これを知らずに働けますか？：学生と考える、労働問題ソボクな疑問30」竹信三恵子著 筑摩書房（ちくまプリマー新書）2017年7月

「就職とは何か：〈まともな働き方〉の条件」森岡孝二著 岩波書店（岩波新書 新赤版）2011年11月

身近な問題を知る

労働問題＞ブラックバイト、ブラック企業

「ブラックバイト：学生が危ない」今野晴貴著 岩波書店 (岩波新書 新赤版) 2016年4月

「ブラック企業のない社会へ：教育・福祉・医療・企業にできること」今野晴貴著;棗一郎著;藤田孝典著;上西充子著;大内裕和著;嶋﨑量著;常見陽平著;ハリス鈴木絵美著 岩波書店 (岩波ブックレット) 2014年7月

「気をつけよう!ブラックバイト・ブラック企業：いまから知っておきたい働く人のルール 3」ブラックバイトから子どもたちを守る会編 汐文社 2017年2月

「就活とブラック企業：現代の若者の働きかた事情」森岡孝二編 岩波書店 (岩波ブックレット) 2011年3月

【社会の歴史を知る】

遊びの歴史

「日本プラモデル六〇年史」小林昇著 文藝春秋（文春新書）2018年12月

お金の歴史

「お札で学ぶ 4」中島真志著 くもん出版 2021年10月

「経済ナゾ解き隊：お金のホントを知る―あさがく選書；2」岡野進著 朝日学生新聞社 2012年5月

「江戸のお勘定」大石学監修;加唐亜紀執筆 エムディエヌコーポレーション（MdN新書）2021年8月

「世界史図鑑：みんなが知らない歴史の秘密」ティム・クーク著;増田ユリヤ監修;池内恵訳 主婦の友社 2012年11月

音楽史

「14歳からの新しい音楽入門：どうして私たちには音楽が必要なのか」久保田慶一著 スタイルノート 2021年7月

「くらしに役立つ音楽」石塚謙二監修;明官茂監修 東洋館出版社 2021年1月

「ジュニア楽典」山下薫子著 音楽之友社 2018年7月

「ドヴォルジャーク：その人と音楽・祖国」黒沼ユリ子著 冨山房インターナショナル 2018年9月

「ともだち音楽史」石丸由理著 ドレミ楽譜出版社 2014年3月

「ビジュアル日本の音楽の歴史. 1」徳丸吉彦監修 ゆまに書房 2023年4月

「ビジュアル日本の音楽の歴史. 2」徳丸吉彦監修 ゆまに書房 2023年7月

「ビジュアル日本の音楽の歴史. 3」徳丸吉彦監修 ゆまに書房 2023年8月

「ブラームス―マンガ音楽家ストーリー；7」葛城まどか作画;芦塚陽二監修 ドレミ楽譜出版社 2015年1月

「ものがたり西洋音楽史」近藤譲著 岩波書店（岩波ジュニア新書）2019年3月

「ものがたり日本音楽史」徳丸吉彦著 岩波書店（岩波ジュニア新書）2019年12月

「音楽で人は輝く：愛と対立のクラシック」樋口裕一著 集英社（集英社新書）2011年1月

「音楽に自然を聴く」小沼純一著 平凡社（平凡社新書）2016年4月

「音楽のあゆみと音の不思議 1」小村公次著 大月書店 2018年7月

「音楽の革命児ワーグナー 新版」松本零士著 復刊ドットコム 2018年6月

社会の歴史を知る

「音律と音階の科学：ドレミ…はどのように生まれたか 新装版」小方厚著 講談社（ブルーバックス）2018年5月

「秋吉敏子と渡辺貞夫」西田浩著 新潮社（新潮新書）2019年8月

「世界のミュージック図鑑」リチャード・マレット;アン・マリー・スタンレー総監修;神原雅之;塩原麻里日本語版監修 ポプラ社 2011年8月

「日本の音日本の音楽―シリーズ音楽はともだち；2」小塩さとみ著 アリス館 2015年4月

「秘密諜報員ベートーヴェン」古山和男著 新潮社（新潮新書）2010年5月

「必ず役立つ吹奏楽ハンドブック ジャズ&ポップス編」丸谷明夫監修 ヤマハミュージックメディア 2014年2月

科学史、化学技術史

「〈どんでん返し〉の科学史：蘇る錬金術、天動説、自然発生説」小山慶太著 中央公論新社（中公新書）2018年2月

「イラストで読むAI入門」森川幸人著 筑摩書房（ちくまプリマー新書）2019年3月

「なぜ疑似科学が社会を動かすのか：ヒトはあやしげな理論に騙されたがる」石川幹人著 PHP研究所（PHP新書）2016年2月

「ノーベル賞でつかむ現代科学」小山慶太著 岩波書店（岩波ジュニア新書）2016年9月

「ビーカーくんがゆく!工場・博物館・実験施設 = Beaker-kun visits Factory/Museum/Experiment facility：そのこだわりにはワケがある!：実験器具たちのふるさと探訪」うえたに夫婦著 誠文堂新光社 2022年1月

「ブレイクスルーの科学者たち」竹内薫著 PHP研究所（PHP新書）2010年4月

「マンガおはなし化学史：驚きと感動のエピソード満載!」松本泉原作;佐々木ケン漫画 講談社（ブルーバックス）2010年12月

「マンガおはなし物理学史：物理学400年の流れを概観する」小山慶太原作;佐々木ケン漫画 講談社（ブルーバックス）2015年4月

「まんがでわかる「発明」と「発見」1000：教科書でおなじみの人物・出来事がよくわかる」 世界文化社 2017年10月

「マンガと図鑑でおもしろい!わかるノーベル賞の本：自然科学部門」うえたに夫婦著;若林文高監修 大和書房 2023年8月

「科学との正しい付き合い方：疑うことからはじめよう―Dis+cover science；2」内田麻理香著 ディスカヴァー・トゥエンティワン 2010年4月

「科学の危機」金森修著 集英社（集英社新書）2015年4月

「科学の困ったウラ事情」有田正規著 岩波書店（岩波科学ライブラリー）2016年2月

社会の歴史を知る

「科学の歴史：ビジュアル版：サイエンス&テクノロジーの歩みがよくわかる」クライブ・ギフォード文;スーザン・ケネディ文;フィリップ・パーカー文;ジャック・シャロナーコンサルタント;有賀暢迪日本語版監修;中村威也日本語版監修;大川紀男訳 ポプラ社 2017年11月

「科学革命」LawrenceM.Principe著;菅谷暁訳;山田俊弘訳 丸善出版(サイエンス・パレット) 2014年8月

「科学史人物事典：150のエピソードが語る天才たち」小山慶太著 中央公論新社(中公新書) 2013年2月

「科学史年表 増補版」小山慶太著 中央公論新社(中公新書) 2011年2月

「科学者の卵たちに贈る言葉：江上不二夫が伝えたかったこと」笠井献一著 岩波書店(岩波科学ライブラリー) 2013年7月

「科学者は戦争で何をしたか」益川敏英著 集英社(集英社新書) 2015年8月

「科学哲学―哲学がわかる」サミール・オカーシャ著;直江清隆訳;廣瀬覚訳 岩波書店 2023年9月

「絵と図でよくわかる哲学のせかい：科学を生み、発展させた人類の知の結晶―超絵解本」ニュートン編集部編著 ニュートンプレス 2023年8月

「完訳天球回転論：コペルニクス天文学集成」コペルニクス著;高橋憲一訳・解説 みすず書房 2023年1月

「感じる科学」さくら剛著 サンクチュアリ出版(sanctuary books) 2011年12月

「近未来科学ファイル20XX 1」荒舩良孝著;田川秀樹イラスト;つぼいひろきイラスト 岩崎書店 2016年2月

「元素：文明と文化の支柱」PhilipBall著;渡辺正訳 丸善出版(サイエンス・パレット) 2013年11月

「高校世界史でわかる科学史の核心」小山慶太著 NHK出版(NHK出版新書) 2020年1月

「最強に面白い哲学―ニュートン超図解新書」伊勢田哲治監修 ニュートンプレス 2023年10月

「三体問題：天才たちを悩ませた400年の未解決問題」浅田秀樹著 講談社(ブルーバックス) 2021年3月

「自動車・バイク―最先端ビジュアル百科「モノ」の仕組み図鑑；2」スティーブ・パーカー著;五十嵐友子訳 ゆまに書房 2010年6月

「新幹線大百科：決定版 第3巻(新幹線の歴史と未来)」坂正博監修 岩崎書店 2015年2月

「人物で語る化学入門」竹内敬人著 岩波書店(岩波新書 新赤版) 2010年3月

「図説科学史入門」橋本毅彦著 筑摩書房(ちくま新書) 2016年11月

「世界一やさしいパソコンの本―Parade Books」ぴよひな著 パレード 2014年5月

「世界史のミュージアム＝Museum of World History：歴史風景館」東京法令出版教育事業推進部編 東京法令出版 2019年3月

社会の歴史を知る

「生命科学の静かなる革命」福岡伸一著 集英社インターナショナル（インターナショナル新書）2017年1月

「素粒子はおもしろい」益川敏英著 岩波書店（岩波ジュニア新書）2011年11月

「中学生にもわかる化学史」左巻健男著 筑摩書房（ちくま新書）2019年2月

「天才たちの科学史：発見にかくされた虚像と実像」杉晴夫著 平凡社（平凡社新書）2011年5月

「電気がいちばんわかる本5（電波のひみつ）」米村でんじろう監修 ポプラ社 2011年3月

「発明図鑑：世界をかえた100のひらめき!」トレーシー・ターナー文;アンドレア・ミルズ文;クライブ・ジフォード文;ジャック・チャロナー監修;飯田伴子訳;小笠原雅美訳;中尾悦子訳;主婦の友社編 主婦の友社 2015年12月

起源

「DNA鑑定：犯罪捜査から新種発見、日本人の起源まで」梅津和夫著 講談社（ブルーバックス）2019年9月

「イラスト版世界のスポーツ競技図鑑」リャンリーナ文;ファンションラン文;ヤンモン絵;宮坂宏美訳 あすなろ書房 2023年12月

「ことばの宇宙への旅立ち：10代からの言語学3」大津由紀雄編 ラボ国際交流センター 2010年3月

「宇宙と生命の起源2」小久保英一郎編著;嶺重慎編著 岩波書店（岩波ジュニア新書）2014年6月

「宇宙のはじまり：138億年前、何がおきたのか——14歳からのニュートン超絵解本」ニュートン編集部編著 ニュートンプレス 2022年4月

「宇宙の未解明問題：宇宙の起源・量子重力理論・ワームホール…」リチャード・ハモンド著;大貫昌子訳 講談社（ブルーバックス）2010年6月

「確率：不確かさを扱う」JohnHaigh著;木村邦博訳 丸善出版（サイエンス・パレット）2015年8月

「共食いの博物誌 = A Natural and Unnatural History of Cannibalism：動物から人間まで」ビル・シャット著;藤井美佐子訳 太田出版（ヒストリカル・スタディーズ）2017年12月

「恐竜時代1（起源から巨大化へ）」小林快次著 岩波書店（岩波ジュニア新書）2012年6月

「三角関数：角度と長さを操る現代必須の数学——14歳からのニュートン超絵解本」ニュートン編集部編著 ニュートンプレス 2022年6月

「受験算数：難問の四千年をたどる」高橋誠著 岩波書店（岩波科学ライブラリー）2012年3月

「深海−極限の世界：生命と地球の謎に迫る」藤倉克則編著;木村純一編著 講談社（ブルーバックス）2019年5月

「身近な美鉱物のふしぎ：川原や海辺で探せるきれいな石、おもしろい石のルーツに迫る」柴山元彦著 SBクリエイティブ（サイエンス・アイ新書）2019年10月

社会の歴史を知る

「身近な野菜の奇妙な話:もとは雑草?薬草?不思議なルーツと驚きの活用法があふれる世界へようこそ」森昭彦著 SBクリエイティブ(サイエンス・アイ新書) 2018年3月

「図説そんなルーツがあったのか!妖怪の日本地図」志村有弘監修 青春出版社(青春新書INTELLIGENCE) 2013年7月

「増えるものたちの進化生物学」市橋伯一著 筑摩書房(ちくまプリマー新書) 2023年4月

「知りたい!行ってみたい!なぞとき絶景図鑑」増田明代文・構成;山口耕生監修 講談社 2022年9月

「日本はじめて図鑑:身近な「もの」のはじまりがわかる―もっと知りたい!図鑑」田中裕二監修 ポプラ社 2012年3月

「日本列島人の歴史―〈知の航海〉シリーズ」斎藤成也著 岩波書店(岩波ジュニア新書) 2015年8月

「名字のひみつ 3 (名字と歴史のはなし)」森岡浩監修 フレーベル館 2013年1月

「明日ともだちに自慢できる日本と世界のモノ歴史113」冨士本昌恵著;此林ミサ画 パルコエンタテインメント事業部 2017年12月

経済学史

「経済学からなにを学ぶか:その500年の歩み」伊藤誠著 平凡社(平凡社新書) 2015年3月

「世界史を変えた詐欺師たち」東谷暁著 文藝春秋(文春新書) 2018年7月

「大学生に語る資本主義の200年」的場昭弘著 祥伝社(祥伝社新書) 2015年2月

国家誕生、独立、建国

「ビルマ独立への道:バモオ博士とアウンサン将軍―15歳からの「伝記で知るアジアの近現代史」シリーズ;2」根本敬著 彩流社 2012年4月

「フィリピンの独立と日本:リカルテ将軍とラウレル大統領―15歳からの「伝記で知るアジアの近現代史」シリーズ;3」寺見元恵著 彩流社 2014年12月

「国ってなんだろう?:あなたと考えたい「私と国」の関係―中学生の質問箱」早尾貴紀著 平凡社 2016年2月

「国家を考えてみよう」橋本治著 筑摩書房(ちくまプリマー新書) 2016年6月

「最新世界史図説タペストリー 10訂版」帝国書院編集部編;川北稔監修;桃木至朗監修 帝国書院 2012年2月

「最新世界史図説タペストリー 14訂版」帝国書院編集部編;川北稔監修;桃木至朗監修 帝国書院 2016年2月

「山川詳説世界史図録」木村靖二監修;岸本美緒監修;小松久男監修 山川出版社 2014年3月

「山川詳説世界史図録 第2版」木村靖二監修;岸本美緒監修;小松久男監修 山川出版社 2017年1月

社会の歴史を知る

「子どもたちに語る日中二千年史」小島毅著 筑摩書房（ちくまプリマー新書）2020年3月

「子どもに語る日本の神話」三浦佑之訳;茨木啓子再話 こぐま社 2013年10月

「図解でわかる14歳から知っておきたい中国」北村豊監修;インフォビジュアル研究所著 太田出版 2018年7月

「世界がわかる国旗じてん」成美堂出版編集部編 成美堂出版 2016年8月

「千春先生の平和授業 2011〜2012（未来は子どもたちがつくる）」竹中千春著 朝日学生新聞社 2012年6月

「池上彰と考える戦争の現代史 2」池上彰監修 ポプラ社 2016年4月

「池上彰の現代史授業：21世紀を生きる若い人たちへ 平成編2（20世紀の終わりEU誕生・日本の新時代）」池上彰監修・著 ミネルヴァ書房 2015年2月

「中国の歴史★現在がわかる本 第1期2」西村成雄監修 かもがわ出版 2017年3月

「朝鮮半島がわかる本 1（古代から近代まで）」長田彰文監修;津久井惠文 かもがわ出版 2015年10月

「朝鮮半島がわかる本 2（近代から第二次世界大戦まで）」長田彰文監修;津久井惠文 かもがわ出版 2015年12月

「天手力男：古事記」小野孝男著 多気ブックセンター 2014年1月

「日本古代国家形成史の研究：制度・文化・社会」吉村武彦著 岩波書店 2023年4月

「明解世界史図説エスカリエ 13訂版」帝国書院編集部編集 帝国書院 2021年2月

「明解世界史図説エスカリエ 4訂版」帝国書院編集部編 帝国書院 2012年2月

「論語君はどう生きるか？：だから私はこう生きる!」樫野紀元著 三和書籍 2020年9月

言葉の歴史

「昭和のことば」鴨下信一著 文藝春秋（文春新書）2016年10月

宗教の歴史

「お寺の日本地図：名刹古刹でめぐる47都道府県」鵜飼秀徳著 文藝春秋（文春新書）2021年4月

「宗教の地政学」島田裕巳著 エムディエヌコーポレーション（MdN新書）2022年10月

「日本史のツボ」本郷和人著 文藝春秋（文春新書）2018年1月

「破戒と男色の仏教史」松尾剛次著 平凡社（平凡社ライブラリー）2023年10月

食事の歴史

「コンビニおいしい進化史：売れるトレンドのつくり方」吉岡秀子著 平凡社（平凡社新書）2019年12月

社会の歴史を知る

「パスタでたどるイタリア史」池上俊一著 岩波書店（岩波ジュニア新書）2011年11月

「フランス料理の歴史」ジャン＝ピエール・プーラン著;エドモン・ネランク著;山内秀文訳・解説 KADOKAWA（角川ソフィア文庫）2017年3月

「ペク・ジョンウォンのめざせ!料理王 : 料理で味わう世界の歴史文化体験. 韓国1」ペクジョン ウォン文;ナムジウン文;イジョンテ絵;李ソラ訳 光文社 2023年3月

「給食の歴史」藤原辰史著 岩波書店（岩波新書 新赤版）2018年11月

「再発見!くらしのなかの伝統文化 2（食事と日本人）」市川寛明監修 ポプラ社 2015年4月

「子どもに伝えたい和の技術 12」和の技術を知る会著 文溪堂 2021年3月

「食の街道を行く」向笠千恵子著 平凡社（平凡社新書）2010年7月

「食卓の世界史」遠藤雅司著 筑摩書房（ちくまプリマー新書）2023年11月

「図解でわかる14歳から知る食べ物と人類の1万年史」インフォビジュアル研究所著 太田出版 2021年1月

「卑弥呼は何を食べていたか」廣野卓著 新潮社（新潮新書）2012年12月

「麺の歴史 : ラーメンはどこから来たか」奥村彪生著;安藤百福監修 KADOKAWA（角川ソフィ ア文庫）2017年11月

「歴史ごはん : 食事から日本の歴史を調べる : 食べられる歴史ごはんレシピつき 第1巻」永山 久夫監修;山本博文監修 くもん出版 2018年12月

「和食の文化史 : 各地に息づくさまざまな食」佐藤洋一郎著 平凡社（平凡社新書）2023年10 月

食品の歴史

「「和食」って何?」阿古真理著 筑摩書房（ちくまプリマー新書）2015年5月

「イギリス肉食革命 : 胃袋から生まれた近代」越智敏之著 平凡社（平凡社新書）2018年3月

「いただきます図鑑 : 食べもの"ぺろっと"まるわかり!」山本謙治監修;ぼうずコンニャク監修;長 澤真緒理イラスト 池田書店 2017年6月

「カレーの教科書―調べる学習百科」石倉ヒロユキ編著;シャンカール・ノグチ監修 岩崎書店 2017年8月

「コムギ―地球を救う!植物」津幡道夫著 大日本図書 2013年3月

「コメの歴史を変えたコシヒカリ―農業に奇跡を起こした人たち；第1巻」小泉光久著;根本博監 修 汐文社 2013年7月

「すしのひみつ」日比野光敏著 金の星社 2015年7月

「チャとともに : 茶農家村松二六―農家になろう；7」瀬戸山玄写真 農山漁村文化協会 2015 年1月

86

社会の歴史を知る

「トウモロコシ―地球を救う!植物」津幡道夫著 大日本図書 2013年3月

「ニッポンの肉食:マタギから食肉処理施設まで」田中康弘著 筑摩書房(ちくまプリマー新書) 2017年12月

「バナナの世界史:歴史を変えた果物の数奇な運命」ダン・コッペル著;黒川由美訳 太田出版 (ヒストリカル・スタディーズ) 2012年1月

「パンの大研究:世界中で食べられている!:種類・作り方から歴史まで」竹野豊子監修 PHP 研究所 2010年4月

「もっと知ろう!発酵のちから―食べものが大へんしん!発酵のひみつ」中居惠子著;小泉武夫監 修 ほるぷ出版 2017年3月

「モンスターと呼ばれたリンゴふじ―農業に奇跡を起こした人たち」小泉光久著;土屋七郎監修 汐文社 2013年12月

「よくわかる米の事典 3」稲垣栄洋監修;谷本雄治指導 小峰書店 2016年4月

「塩田の運動会」那須正幹作;田頭よしたか画 福音館書店 2017年1月

「子どもに伝えたい和の技術 1 (寿司)」和の技術を知る会著 文溪堂 2014年10月

「子どもに伝えたい和の技術 10」和の技術を知る会著 文溪堂 2021年2月

「子どもに伝えたい和の技術 11」和の技術を知る会著 文溪堂 2021年3月

「子どもに伝えたい和の技術 4 (和菓子)」和の技術を知る会著 文溪堂 2015年11月

「森のくま半といく!お茶・コーヒー探検:学校では教えてくれないお茶・コーヒーのこと」共栄製 茶株式会社原著 共栄製茶 2022年8月

「人とミルクの1万年」平田昌弘著 岩波書店(岩波ジュニア新書) 2014年11月

「世界遺産になった食文化 7 (わかちあいのキムジャン文化韓国料理)」服部津貴子監修;こど もくらぶ編 WAVE出版 2015年3月

「大研究お米の図鑑」本林隆監修;国土社編集部編集 国土社 2016年3月

「探検!ものづくりと仕事人:「これが好き!」と思ったら、読む本 チョコレート菓子・ポテトチップス・ アイス」戸田恭子著 ぺりかん社 2013年11月

「探検!ものづくりと仕事人 マヨネーズ・ケチャップ・しょうゆ」山中伊知郎著 ぺりかん社 2012年8 月

「地野菜/伝統野菜―47都道府県ビジュアル文化百科」堀知佐子監修;こどもくらぶ編 丸善出 版 2016年12月

「発酵食品と戦争」小泉武夫著 文藝春秋(文春新書) 2023年8月

「発酵食品の大研究:みそ、しょうゆからパン、チーズまで:おどろきの栄養パワー」小泉武夫 監修 PHP研究所 2010年1月

社会の歴史を知る

「目で見る栄養：食べ物が作るわたしたちの体」ドーリング・キンダースリー編;大塚道子訳 さ・え・ら書房 2016年1月

スポーツの歴史

「ウルトラマラソンのすすめ：100キロを走るための極意」坂本雄次著 平凡社（平凡社新書）2014年9月

「サッカーの歴史―世界のサッカー大百科；1」中西哲生監修 岩崎書店 2010年1月

「スポーツなんでも事典ダンス」こどもくらぶ編 ほるぷ出版 2010年3月

「絵で見て楽しい!はじめての相撲―イチから知りたい日本のすごい伝統文化」西尾克洋著;鋸山瑛一監修 すばる舎 2023年9月

「楽しいバレエ図鑑」阿部さや子監修 小学館 2021年12月

「高校野球のスゴイ話」『野球太郎』編集部著 ポプラ社（ポプラポケット文庫）2014年6月

「写真で見るオリンピック大百科 別巻（パラリンピックってなに?）」舛本直文監修 ポプラ社 2014年4月

「知っとくナットク55（ゴーゴー）スポーツクイズ：クイズで楽しく新発見!スポーツの不思議と感動」中村和彦監修 日本標準 2010年6月

「熱闘!激闘!スポーツクイズ選手権 3（野球クイズ 初級編）図書館版」スポーツクイズ研究会編 ポプラ社 2014年4月

生命の歴史

「40億年、いのちの旅」伊藤明夫著 岩波書店（岩波ジュニア新書）2018年8月

「できたての地球：生命誕生の条件」廣瀬敬著 岩波書店（岩波科学ライブラリー）2015年5月

「なぜ地球は人間が住める星になったのか?」山賀進著 筑摩書房（ちくまプリマー新書）2022年3月

「宇宙137億年のなかの地球史」川上紳一著 PHP研究所（PHPサイエンス・ワールド新書）2011年4月

「宇宙と生命の起源 2」小久保英一郎編著;嶺重慎編著 岩波書店（岩波ジュニア新書）2014年6月

「宇宙への扉をあけよう：ホーキング博士の宇宙ノンフィクション」ルーシー・ホーキング著;スティーヴン・ホーキング著;さくまゆみこ訳;佐藤勝彦日本語版監修 岩崎書店 2021年9月

「海と陸をつなぐ進化論：気候変動と微生物がもたらした驚きの共進化」須藤斎著 講談社（ブルーバックス）2018年12月

「人類の進化大百科：おどろきの700万年」更科功監修;川崎悟司絵;フクイサチヨ絵;おかやまたかとし絵 偕成社 2023年1月

社会の歴史を知る

「図解・感覚器の進化：原始動物からヒトへ水中から陸上へ」岩堀修明著 講談社(ブルーバックス) 2011年1月

「図解・内臓の進化：形と機能に刻まれた激動の歴史」岩堀修明著 講談社(ブルーバックス) 2014年2月

「生きもの上陸大作戦：絶滅と進化の5億年」中村桂子著;板橋涼子著 PHP研究所(PHPサイエンス・ワールド新書) 2010年8月

「生物はウイルスが進化させた：巨大ウイルスが語る新たな生命像」武村政春著 講談社(ブルーバックス) 2017年4月

「生命の歴史：進化と絶滅の40億年」MichaelJ.Benton著;鈴木寿志訳;岸田拓士訳 丸善出版(サイエンス・パレット) 2013年5月

「大気の進化46億年O2(さんそ)とCO2(にさんかたんそ)：酸素と二酸化炭素の不思議な関係」田近英一著 技術評論社(知りたい!サイエンス) 2011年9月

「地球・生命-138億年の進化：宇宙の誕生から人類の登場まで、進化の謎を解きほぐす」谷合稔著 SBクリエイティブ(サイエンス・アイ新書) 2014年7月

「分子からみた生物進化：DNAが明かす生物の歴史」宮田隆著 講談社(ブルーバックス) 2014年1月

西洋史

「オペラでわかるヨーロッパ史」加藤浩子著 平凡社(平凡社新書) 2015年12月

「英語は「語源×世界史」を知ると面白い」清水建二著 青春出版社(青春新書 INTELLIGENCE) 2023年7月

「教養としてのダンテ「神曲」地獄篇」佐藤優著 青春出版社(青春新書INTELLIGENCE) 2022年9月

「少女は、なぜフランスを救えたのか：ジャンヌ・ダルクのオルレアン解放―教養・文化シリーズ. 世界史のリテラシー」池上俊一著 NHK出版 2023年6月

「城と宮殿でたどる!名門家の悲劇の顛末」祝田秀全監修 青春出版社(青春新書 INTELLIGENCE) 2015年10月

「世界の王室うんちく大全」八幡和郎著 平凡社(平凡社新書) 2013年6月

「西洋書物史への扉」髙宮利行著 岩波書店(岩波新書 新赤版) 2023年2月

「西洋美術史入門」池上英洋著 筑摩書房(ちくまプリマー新書) 2012年2月

「西洋美術史入門 実践編」池上英洋著 筑摩書房(ちくまプリマー新書) 2014年3月

「虹の西洋美術史」岡田温司著 筑摩書房(ちくまプリマー新書) 2012年12月

「暦と時間の歴史」LeofrancHolford-Strevens著;正宗聡訳 丸善出版(サイエンス・パレット) 2013年9月

社会の歴史を知る

地域史、地方史

「12歳から学ぶ滋賀県の歴史 改訂版」滋賀県中学校教育研究会社会科部会編;木村至宏監修 サンライズ出版 2011年8月

「47都道府県別日本の地方財閥」菊地浩之著 平凡社(平凡社新書) 2014年2月

「イラストで知るアジアの子ども」アジア保健研修財団編著 明石書店 2010年9月

「イラストマップとデータでわかる日本の地理」朝日新聞出版生活・文化編集部編 朝日新聞出版 2016年3月

「おはなし千葉の歴史」千葉県歴史教育者協議会編 岩崎書店 2012年8月

「お菓子でたどるフランス史」池上俊一著 岩波書店(岩波ジュニア新書) 2013年11月

「かべ：鉄のカーテンのむこうに育って」ピーター・シス作;福本友美子訳 BL出版 2010年11月

「こども東北学―よりみちパン!セ；P020」山内明美著 イースト・プレス 2011年11月

「この場所なあに?：岩手町豊岡地区での不思議な思い出」阿部栞奈著;竹内千尋著;髙橋彩乃著;角田帆乃香著;役重眞喜子著 岩手教育総合研究所 盛岡出版コミュニティー 2023年11月

「これだけは知っておきたいよねおきなわのこと：少年・少女のためのウチナー総合学習書」新城俊昭著 編集工房東洋企画 2021年3月

「つしまっ子郷土読本 普及版」芳洲会執筆・編集 対馬市教育委員会 2016年3月

「トーアシュトラーセ：街並みに見るハンザ都市の歴史」ハインツ=ヨアヒム・ドレーガー作;中島大輔訳 朝日出版社 2013年10月

「パスタでたどるイタリア史」池上俊一著 岩波書店(岩波ジュニア新書) 2011年11月

「ヒストりゅー：琉球・沖縄の歴史」琉球新報社編;新城俊昭著;西銘章著;仲村顕著 琉球新報社 2012年6月

「ふるさと新見庄：新見庄検定公式テキスト」新見庄ロマンの里づくり実行委員会編 備北民報 2010年8月

「ベルリン分断された都市」ズザンネ・ブッデンベルク著;トーマス・ヘンゼラー著・画;エドガー・フランツ訳;深見麻奈訳 彩流社 2013年9月

「マララ：教育のために立ち上がり、世界を変えた少女」マララ・ユスフザイ著;パトリシア・マコーミック著;道傳愛子訳 岩崎書店 2014年10月

「もっと知りたいしまねの歴史：ふるさと読本」島根県教育委員会編 島根県教育委員会 2012年11月

「よくわかる盛岡の歴史」加藤章著;高橋知己著;藤井茂著;八木光則著 東京書籍 2016年8月

「わたしの沖縄戦 4」行田稔彦著 新日本出版社 2014年3月

社会の歴史を知る

「印刷職人は、なぜ訴えられたのか」ゲイル・ジャロー著;幸田敦子訳 あすなろ書房 2011年10月

「沖縄のはなし：読み語り読本」新城俊昭著 編集工房東洋企画 2011年4月

「沖縄の大研究：みりょくとふしぎにせまる!：自然・文化・歴史から人々のくらしまで」造事務所編集・構成;屋嘉宗彦監修 PHP研究所 2011年3月

「沖縄を知る本：現地の記者が伝える」吉岡攻監修 WAVE出版 2014年3月

「下級武士の米日記：桑名・柏崎の仕事と暮らし」加藤淳子著 平凡社（平凡社新書）2011年6月

「加藤清正と小西行長 前編—くまもとの歴史；1」熊本県小学校教育研究会社会科部会監修;熊本県中学校教育研究会社会科部会監修;松島利昭原作;大塚真由美原作;中島健志漫画 熊本県教科書供給所 2015年3月

「河合敦先生と行く歴史がよくわかる京都の本」河合敦監修・著 JTBパブリッシング 2011年4月

「河合敦先生と行く歴史がよくわかる江戸・東京の本」河合敦監修・著 JTBパブリッシング 2011年4月

「河合敦先生と行く歴史がよくわかる奈良の本」河合敦監修・著 JTBパブリッシング 2011年4月

「希望をつくる島・沖縄：キミたちに伝えたいこと」野本三吉著 新宿書房 2015年7月

「京都〈千年の都〉の歴史」髙橋昌明著 岩波書店（岩波新書 新赤版）2014年9月

「京都の歴史を歩く」小林丈広著;高木博志著;三枝暁子著 岩波書店（岩波新書 新赤版）2016年1月

「京都千二百年 下（世界の歴史都市へ）新装版—日本人はどのように建造物をつくってきたか」西川幸治著;高橋徹著;穂積和夫イラストレーション 草思社 2014年8月

「京都千二百年 上（平安京から町衆の都市へ）新装版—日本人はどのように建造物をつくってきたか」西川幸治著;高橋徹著;穂積和夫イラストレーション 草思社 2014年8月

「江戸の「水路」でたどる!水の都東京の歴史散歩」中江克己著 青春出版社（青春新書 INTELLIGENCE）2018年11月

「行徳塩焼の郷を訪ねて：郷土読本」鈴木和明著 文芸社 2014年1月

「骨の戦世(イクサユ)：65年目の沖縄戦：フォト・ドキュメント」比嘉豊光編;西谷修編 岩波書店（岩波ブックレット）2010年10月

「散策&観賞沖縄本島編：体験学習スポットガイド」ユニプラン編集部編;一般財団法人沖縄観光コンベンションビューロー他写真;おきなわワールド他写真 ユニプラン 2023年9月

「事前学習に役立つみんなの修学旅行 京都」山田邦和監修 小峰書店 2014年2月

「事前学習に役立つみんなの修学旅行 広島・山口」西別府元日監修 小峰書店 2015年4月

「事前学習に役立つみんなの修学旅行 奈良・大阪」山田邦和監修 小峰書店 2014年2月

社会の歴史を知る

「滋賀の子どものたからばこ 続」滋賀県児童図書研究会編 サンライズ出版 2015年3月

「出羽三山：山岳信仰の歴史を歩く」岩鼻通明著 岩波書店（岩波新書 新赤版）2017年10月

「新・日本のすがた＝Japan by Region 7―帝国書院地理シリーズ」帝国書院編集部編集 帝国書院 2021年3月

「森と山と川でたどるドイツ史」池上俊一著 岩波書店（岩波ジュニア新書）2015年11月

「身近な地名で知る日本 4（地名で知る歴史）」黒田祐一著 小峰書店 2011年4月

「人ものがたり：琉球・沖縄の先人たち」新城俊昭著;仲村顕著;西銘章著;高良由加利著;金城睦著 琉球新報社 2015年4月

「諏訪大社と武田信玄：戦国武将の謎に迫る!」武光誠著 青春出版社（青春新書 INTELLIGENCE）2012年10月

「世界の人びとに聞いた100通りの平和 シリーズ4」伊勢﨑賢治監修 かもがわ出版 2016年3月

「仙台の町づくり四ツ谷用水」荘司貴喜著 金港堂出版部 2021年9月

「千曲川はんらん：希望のりんごたち―文研じゅべにーる. ノンフィクション」いぶき彰吾文 文研出版 2021年1月

「知っておきたい津：ふるさと読本 改訂版」津商工会議所津の観光文化を発展させる委員会編;津観光ガイドネット合同プロジェクトチーム編 伊藤印刷出版部 2017年2月

「地形と歴史から探る福岡」石村智著 エムディエヌコーポレーション（MdN新書）2020年10月

「地図で読み解く江戸・東京：江戸の暮らしが見えてくる」江戸風土研究会編・著;津川康雄監修 技術評論社（ビジュアルはてなマップ）2015年5月

「地名の楽しみ」今尾恵介著 筑摩書房（ちくまプリマー新書）2016年1月

「中学生から大人までよくわかる中東の世界史」村山秀太郎著 新人物往来社（新人物文庫）2011年7月

「朝鮮半島がわかる本 3（第二次世界大戦後現在まで）」長田彰文監修;津久井惠文 かもがわ出版 2016年2月

「長崎を識らずして江戸を語るなかれ」松尾龍之介著 平凡社（平凡社新書）2011年1月

「都道府県のかたちを絵でおぼえる本」造事務所編 実務教育出版 2016年10月

「東京の謎（ミステリー）：この街をつくった先駆者たち」門井慶喜著 文藝春秋（文春新書）2021年9月

「東国文化副読本：古代ぐんまを探検しよう 2021年度版」松島榮治監修;群馬県文化振興課企画・編集 群馬県 2021年4月

「東大生に挑戦!47都道府県なぞ解き&学習BOOK：なぞ解きしながら日本一周!楽しく・ぐんぐん知識が身につく」山賀愛監修;本田祐吾監修;東京大学謎解き制作集団AnotherVisionなぞ解き制作 主婦と生活社 2023年10月

社会の歴史を知る

「徳川家康の江戸プロジェクト」門井慶喜著 祥伝社（祥伝社新書）2018年12月

「南極から地球環境を考える1（南極観測のひみつQ&A）—ジュニアサイエンス」国立極地研究所監修;こどもくらぶ編さん 丸善出版 2014年10月

「日韓でいっしょに読みたい韓国史：未来に開かれた共通の歴史認識に向けて」徐毅植著;安智源著;李元淳著;鄭在貞著;君島和彦訳;國分麻里訳;山﨑雅稔訳 明石書店 2014年1月

「日本にとって沖縄とは何か」新崎盛暉著 岩波書店（岩波新書 新赤版）2016年1月

「日本の祭り2（関東編）」『日本の祭り』編集室編 理論社 2014年11月

「日本の首都「東京」まるわかり事典：社会科の勉強に役立つ!—まなぶっく」東京なんでも調査隊著 メイツ出版 2011年2月

「日本の地方財閥30家：知られざる経済名門」菊地浩之著 平凡社（平凡社新書）2012年2月

「日本の歴史を旅する」五味文彦著 岩波書店（岩波新書 新赤版）2017年9月

「風土記から見る日本列島の古代史」瀧音能之著 平凡社（平凡社新書）2018年6月

「風土記の世界」三浦佑之著 岩波書店（岩波新書 新赤版）2016年4月

「宝塚市の60年」宝塚市制作;金斗鉉絵 宝塚市 2015年2月

「方言漢字事典」笹原宏之編著 研究社 2023年10月

「北京＝Beijing：中軸線上につくられたまち」于大武作;文妹訳 ポプラ社 2012年9月

「未来に伝える沖縄戦3」琉球新報社会部編 琉球新報社 2014年3月

「琉球・沖縄史：沖縄をよく知るための歴史教科書：ジュニア版 改訂」新城俊昭著 編集工房東洋企画 2014年12月

「歴史さんぽ：歩く見る琉球・沖縄」新城俊昭著;西銘章著;高良由加利著;比嘉悦子著;仲村顕著 琉球新報社 2015年4月

地球の歴史

「138億年のものがたり：宇宙と地球でこれまでに起きたこと全史」クリストファー・ロイド著;野中香方子訳 文藝春秋 2023年12月

「96%の大絶滅：地球史におきた環境大変動」丸岡照幸著 技術評論社（知りたい!サイエンス）2010年4月

「カラー図解進化の教科書 第3巻」カール・ジンマー著;ダグラス・J・エムレン著;更科功訳;石川牧子訳;国友良樹訳 講談社（ブルーバックス）2017年8月

「こども大図鑑地球」ジョン・ウッドワード著;キム・ブライアン監修;ぷれす日本語版編集 河出書房新社 2011年5月

「これならわかる!科学の基礎のキソ 地球—ジュニアサイエンス」杵島正洋監修;こどもくらぶ編 丸善出版 2014年12月

社会の歴史を知る

「さがせ!宇宙の生命探査大百科 = Encyclopedia of Astrobiology」佐藤勝彦総監修;鳴沢真也監修;長沼毅監修;松井孝典監修;井田茂監修;川口淳一郎監修 偕成社 2016年2月

「できたての地球:生命誕生の条件」廣瀬敬著 岩波書店(岩波科学ライブラリー) 2015年5月

「なぜ地球は人間が住める星になったのか?」山賀進著 筑摩書房(ちくまプリマー新書) 2022年3月

「ピカイア!カンブリア紀の不思議な生き物たち:NHK科学アニメ・ガイド―教養・文化シリーズ」NHK出版編;「ピカイア！」制作班協力 NHK出版 2015年8月

「宇宙137億年のなかの地球史」川上紳一著 PHP研究所(PHPサイエンス・ワールド新書) 2011年4月

「科学館 = SHOGAKUKAN ENCYCLOPEDIA OF SCIENCE FOR CHILDREN:キッズペディア」日本科学未来館監修;筑波大学附属小学校理科部監修 小学館 2014年12月

「海と陸をつなぐ進化論:気候変動と微生物がもたらした驚きの共進化」須藤斎著 講談社(ブルーバックス) 2018年12月

「海に沈んだ大陸の謎:最新科学が解き明かす激動の地球史」佐野貴司著 講談社(ブルーバックス) 2017年7月

「海はどうしてできたのか:壮大なスケールの地球進化史」藤岡換太郎著 講談社(ブルーバックス) 2013年2月

「海底ごりごり地球史発掘」須藤斎著 PHP研究所(PHPサイエンス・ワールド新書) 2011年12月

「絵と図でよくわかる地球大全:地球と生命の壮大な歴史をたどる―超絵解本」ニュートン編集部編著 ニュートンプレス 2023年6月

「最強に面白い地球46億年―ニュートン超図解新書」川上紳一監修 ニュートンプレス 2023年10月

「四季の地球科学:日本列島の時空を歩く」尾池和夫著 岩波書店(岩波新書 新赤版) 2012年7月

「進化をたどる7億年の旅:太古のいきものを探しにいこう」ジョン・ウッドワード作;クリス・バーカー監修;竹田純子訳 河出書房新社 2021年4月

「潜入!世界のフィールドワーク岩石・鉱物―ナショジオキッズ」スティーブ・トムセック著;カーステン・ペーター著;梅田智世訳;西本昌司監修 エムディエヌコーポレーション インプレス 2023年3月

「大気の進化46億年O2(さんそ)とCO2(にさんかたんそ):酸素と二酸化炭素の不思議な関係」田近英一著 技術評論社(知りたい!サイエンス) 2011年9月

「地学博士も驚いた!ヤバい「地球図鑑」」渡邉克晃著 青春出版社 2021年12月

「地球:ダイナミックな惑星」MartinRedfern著;川上紳一訳 丸善出版(サイエンス・パレット) 2013年5月

社会の歴史を知る

「地球・生命-138億年の進化：宇宙の誕生から人類の登場まで、進化の謎を解きほぐす」谷合稔著 SBクリエイティブ（サイエンス・アイ新書）2014年7月

「地球の不思議を科学する：地球の「なぜ?」がわかるビジュアルブック─子供の科学・サイエンスブックス」青木正博監修 誠文堂新光社 2011年12月

「地球はどうしてできたのか：マントル対流と超大陸の謎」吉田晶樹著 講談社（ブルーバックス）2014年9月

「地球進化46億年の物語：「青い惑星」はいかにしてできたのか」ロバート・ヘイゼン著;円城寺守監訳;渡会圭子訳 講談社（ブルーバックス）2014年5月

「地層ってなんだろう3（歴史をしらべよう）」目代邦康編著 汐文社 2014年3月

「南極から地球環境を考える3（南極と北極のふしぎQ&A）─ジュニアサイエンス」国立極地研究所監修;こどもくらぶ編さん 丸善出版 2014年12月

「日本列島100万年史：大地に刻まれた壮大な物語」山崎晴雄著;久保純子著 講談社（ブルーバックス）2017年1月

「妖怪は海にいる!?アラマタ式海の博物教室─みんなの研究」荒俣宏著 偕成社 2022年10月

地図の歴史

「オン・ザ・マップ：地図と人類の物語」サイモン・ガーフィールド著;黒川由美訳 太田出版（ヒストリカル・スタディーズ）2014年12月

「セルデンの中国地図：消えた古地図400年の謎を解く」ティモシー・ブルック著;藤井美佐子訳 太田出版（ヒストリカル・スタディーズ）2015年4月

「基本地図帳 2021-2022」二宮書店編集部著 二宮書店 2021年3月

「高等地図帳 2021-2022」二宮書店編集部著 二宮書店 2021年3月

「詳解現代地図 2021-2022」二宮書店編集部著 二宮書店 2021年3月

「地球はなぜ「水の惑星」なのか：水の「起源・分布・循環」から読み解く地球史」唐戸俊一郎著 講談社（ブルーバックス）2017年3月

道具の歴史

「あかりの大研究：くらしを変えてきた：たき火、ろうそくからLEDまで」深光富士男著;坪内富士夫;藤原工監修 PHP研究所 2010年11月

「ガラス：イチは、いのちのはじまり─イチからつくる」矢野哲司編;吉田稔美絵 農山漁村文化協会 2023年8月

「くつ＝Shoes─ビジュアルでわかる世界ファッションの歴史」ヘレンレイノルズ著;徳井淑子監修 ほるぷ出版 2015年2月

「くらべる100年「もの」がたり：昔のくらしと道具がわかる1（家庭の道具）」新田太郎監修 学研教育出版 2015年2月

社会の歴史を知る

「くらべる100年「もの」がたり：昔のくらしと道具がわかる 2 (遊びと学校の道具)」新田太郎監修 学研教育出版 2015年2月

「くらべる100年「もの」がたり：昔のくらしと道具がわかる 3 (仕事の道具)」新田太郎監修 学研教育出版 2015年2月

「くらべる100年「もの」がたり：昔のくらしと道具がわかる 4 (町の道具と乗り物)」新田太郎監修 学研教育出版 2015年2月

「スーパー・コンプリケーション：伝説の時計が生まれるまで」ステイシー・パーマン著;武藤陽生訳;黒木章人訳 太田出版(ヒストリカル・スタディーズ) 2014年2月

「デジタル機器―最先端ビジュアル百科「モノ」の仕組み図鑑 ; 3」スティーブ・パーカー著;上原昌子訳 ゆまに書房 2010年7月

「ぼくは縄文大工：石斧でつくる丸木舟と小屋」雨宮国広著 平凡社(平凡社新書) 2020年9月

「まるごと日本の道具―学研もちあるき図鑑」面矢慎介監修 学研教育出版 2012年11月

「下着 ＝ Underwear―ビジュアルでわかる世界ファッションの歴史」ヘレンレイノルズ著;徳井淑子監修 ほるぷ出版 2015年1月

「実物でたどるコンピュータの歴史：石ころからリンゴへ―東京理科大学坊ちゃん科学シリーズ ; 2」東京理科大学出版センター編;竹内伸著 東京書籍 2012年8月

「消えゆくくらしのモノ事典」岩崎書店編集部編 岩崎書店 2021年2月

「図解・カメラの歴史：ダゲールからデジカメの登場まで」神立尚紀著 講談社(ブルーバックス) 2012年8月

「世界にほこる和紙 [2]」増田勝彦監修 金の星社 2021年3月

「昔のくらし昔の道具これなあに?」春風亭昇太著;小林克監修 幻冬舎 2021年1月

「竹細工 ＝ TAKE-ZAIKU」畑野栄三文;全国郷土玩具館監修 文溪堂 2012年4月

「発見・体験!地球儀の魅力 1 (地球儀について調べよう!)」稲葉茂勝著;こどもくらぶ編;佐藤正志監修 少年写真新聞社 2012年2月

「武具の日本史」近藤好和著 平凡社(平凡社新書) 2010年8月

「未来につながる!ロボットの技術：歴史からしくみ、人工知能との関係までよくわかる―子供の科学サイエンスブックスNEXT」日本ロボット学会監修 誠文堂新光社 2023年1月

美術史

「DADAピカソびっくりキュビスム―フランス発こどもアートシリーズ ; 1」DADA日本版編集部編著;今井敬子訳 朝日学生新聞社 2011年9月

「DADAルソーおかしなジャングル―フランス発こどもアートシリーズ ; 2」DADA日本版編集部編著;今井敬子訳 朝日学生新聞社 2011年9月

社会の歴史を知る

「キュビスムって、なんだろう?─Rikuyosha Children & YA Books. 図鑑：はじめてであう世界の美術」ケイト・リッグス編 六耀社 2017年11月

「キリストと性：西洋美術の想像力と多様性」岡田温司著 岩波書店（岩波新書 新赤版）2023年10月

「ゴシック美術って、なんだろう?─Rikuyosha Children & YA Books. 図鑑：はじめてであう世界の美術」ケイト・リッグス編 六耀社 2017年7月

「ニッポン再発見：ジャポニスムと印象派─美術っておもしろい!；1」小池寿子監修 彩流社 2015年7月

「はじめての絵画の歴史：「見る」「描く」「撮る」のひみつ」デイヴィッド・ホックニー著;マーティン・ゲイフォード著;ローズ・ブレイクイラスト;井上舞訳 青幻舎インターナショナル 2018年8月

「マンガ教科書に出てくる美術・建築物語 1」学研編集部編集 学研プラス 2022年3月

「マンガ教科書に出てくる美術・建築物語 2」学研編集部編集 学研プラス 2022年3月

「マンガ教科書に出てくる美術・建築物語 3」学研編集部編集 学研プラス 2022年3月

「マンガ教科書に出てくる美術・建築物語 4」学研編集部編集 学研プラス 2022年3月

「マンガ教科書に出てくる美術・建築物語 5」学研編集部編集 学研プラス 2022年3月

「モダニズムって、なんだろう?─Rikuyosha Children & YA Books. 図鑑：はじめてであう世界の美術」ケイト・リッグス編 六耀社 2017年12月

「ロマン主義って、なんだろう?─Rikuyosha Children & YA Books. 図鑑：はじめてであう世界の美術」ケイト・リッグス編 六耀社 2017年8月

「一枚の絵で学ぶ美術史カラヴァッジョ《聖マタイの召命》」宮下規久朗著 筑摩書房（ちくまプリマー新書）2020年2月

「印象派って、なんだろう?─Rikuyosha Children & YA Books. 図鑑：はじめてであう世界の美術」ケイト・リッグス編 六耀社 2017年10月

「影絵 = SHADOW ART」劇団かかし座監修;後藤圭文 文溪堂 2012年4月

「芸術ってどんなもの?：体験しよう!近代彫刻の歴史」デビッド・A・カーター作;ジェームス・ダイアズ作;みずしまあさこ訳 大日本絵画 2014年

「写実主義って、なんだろう?─Rikuyosha Children & YA Books. 図鑑：はじめてであう世界の美術」ケイト・リッグス編 六耀社 2017年9月

「世界の名画物語：子どもたちとたどる絵画の歴史─Rikuyosha Children & YA Books」ミック・マニング著;ブリタ・グランストローム著;BabelCorporation日本語版訳出;大森充香日本語版訳出 六耀社 2017年12月

「西洋美術史入門」池上英洋著 筑摩書房（ちくまプリマー新書）2012年2月

「西洋美術史入門 実践編」池上英洋著 筑摩書房（ちくまプリマー新書）2014年3月

「虹の西洋美術史」岡田温司著 筑摩書房（ちくまプリマー新書）2012年12月

社会の歴史を知る

「美しすぎる女神：神話の世界とルネサンス―美術っておもしろい！；2」小池寿子監修 彩流社 2015年8月

「北斎：カラー版」大久保純一著 岩波書店（岩波新書 新赤版）2012年5月

文学史

「〈萌えすぎて〉絶対忘れない！妄想古文―14歳の世渡り術」三宅香帆著;睦月ムンクイラスト 河出書房新社 2022年10月

「「私」をつくる：近代小説の試み」安藤宏著 岩波書店（岩波新書 新赤版）2015年11月

「なぜ孫悟空のあたまには輪っかがあるのか?」中野美代子著 岩波書店（岩波ジュニア新書）2013年9月

「はじめての王朝文化辞典」川村裕子著;早川圭子絵 KADOKAWA（角川ソフィア文庫）2022年8月

「リメイクの日本文学史」今野真二著 平凡社（平凡社新書）2016年4月

「リンボウ先生のなるほど古典はおもしろい！―世界をカエル10代からの羅針盤」林望著;武田美穂絵 理論社 2023年1月

「夏目漱石と戦争」水川隆夫著 平凡社（平凡社新書）2010年6月

「海を越える日本文学」張競著 筑摩書房（ちくまプリマー新書）2010年12月

「漢詩のレッスン」川合康三著 岩波書店（岩波ジュニア新書）2014年11月

「紀貫之と古今和歌集―ビジュアルでつかむ！古典文学の作家たち」川村裕子監修 ほるぷ出版 2023年2月

「見て味わう×読んで知る平安時代の古典と文化：源氏物語・枕草子・竹取物語・平家物語」川村裕子監修 童心社 2023年11月

「源氏物語とその作者たち」西村亨著 文藝春秋（文春新書）2010年3月

「源氏物語の作者を知っていますか」高木和子著 大和書房（だいわ文庫）2023年12月

「源氏物語入門」高木和子著 岩波書店（岩波ジュニア新書）2023年9月

「古典を読んでみましょう」橋本治著 筑摩書房（ちくまプリマー新書）2014年7月

「作家たちの17歳」千葉俊二著 岩波書店（岩波ジュニア新書）2022年4月

「三島由紀夫が愛した美女たち」岡山典弘著 エムディエヌコーポレーション（MdN新書）2022年10月

「紫式部と源氏物語―ビジュアルでつかむ！古典文学の作家たち」川村裕子監修 ほるぷ出版 2023年2月

「小学館世界J文学館」浅田次郎編集;角野栄子編集;金原瑞人編集;さくまゆみこ編集;沼野充義編集 小学館 2022年11月

社会の歴史を知る

「図説あらすじと地図で面白いほどわかる!源氏物語」竹内正彦監修 青春出版社(青春新書 INTELLIGENCE) 2018年4月

「図説地図とあらすじでわかる!万葉集 新版」坂本勝監修 青春出版社(青春新書 INTELLIGENCE) 2019年6月

「清少納言と枕草子—ビジュアルでつかむ!古典文学の作家たち」川村裕子監修 ほるぷ出版 2022年12月

「西洋書物史への扉」髙宮利行著 岩波書店(岩波新書 新赤版) 2023年2月

「中学総合的研究国語 新装版」峰高久明;葛西太郎;神田邦彦;矢口郁子著 旺文社 2010年1月

「徒然草をよみなおす」小川剛生著 筑摩書房(ちくまプリマー新書) 2020年10月

「日本の文豪 : こころに響く言葉 1 (夏目漱石・森鴎外ほか)」長尾剛著 汐文社 2010年8月

「日本の文豪 : こころに響く言葉 2 (芥川龍之介・谷崎潤一郎ほか)」長尾剛著 汐文社 2010年11月

「日本の文豪 : こころに響く言葉 3 (太宰治・三島由紀夫ほか)」長尾剛著 汐文社 2010年12月

「日本マンガ全史 : 「鳥獣戯画」から「鬼滅の刃」まで」澤村修治著 平凡社(平凡社新書) 2020年6月

「日本古典と感染症」ロバートキャンベル編著 KADOKAWA(角川ソフィア文庫) 2021年3月

「日本語の「常識」を問う」鈴木貞美著 平凡社(平凡社新書) 2011年5月

「日本語の古典」山口仲美著 岩波書店(岩波新書 新赤版) 2011年1月

「日本文学の古典50選 改版」久保田淳著 岩波書店(岩波ジュニア新書) 2013年2月

「入門万葉集」上野誠著 筑摩書房(ちくまプリマー新書) 2019年9月

「文学に描かれた「橋」 : 詩歌・小説・絵画を読む」磯辺勝著 平凡社(平凡社新書) 2019年9月

「平安のステキな!女性作家たち」川村裕子著;早川圭子絵 岩波書店(岩波ジュニア新書) 2023年10月

「平安男子の元気な!生活」川村裕子著 岩波書店(岩波ジュニア新書) 2021年2月

「平安文学でわかる恋の法則」高木和子著 筑摩書房(ちくまプリマー新書) 2011年10月

「本当に偉いのか : あまのじゃく偉人伝」小谷野敦著 新潮社(新潮新書) 2016年10月

「万葉集に出会う」大谷雅夫著 岩波書店(岩波新書 新赤版) 2021年8月

「姜尚中と読む夏目漱石」姜尚中著 岩波書店(岩波ジュニア新書) 2016年1月

収録作品一覧 （作者の字順→出版社の字順並び）

まんがクラスメイトは外国人 入門編（はじめて学ぶ多文化共生）／「外国につながる子どもたちの物語」編集委員会編・みなみななみまんが／明石書店／2013 年 6 月

まんがクラスメイトは外国人 課題編／「外国につながる子どもたちの物語」編集委員会編・みなみななみまんが／明石書店／2020 年 2 月

自転車まるごと大事典：楽しく安全に乗るために／「自転車まるごと大事典」編集室編／理論社／2013 年 2 月

13 歳から身につけたい「日本人の作法」：衣食住のルールから仏事のマナーまで：大人の常識／「大人のたしなみ」研究会編著／大和出版／2014 年 11 月

未来を考えるまちとくらしづくり／「未来を考えるまちとくらしづくり」編集委員会編／文研出版／2023 年 9 月

歴史を知ろう明治から平成 4 (昭和 2)／「歴史を知ろう明治から平成」編集委員会編／岩崎書店／2012 年 3 月

歴史を知ろう明治から平成 6 (平成)／「歴史を知ろう明治から平成」編集委員会編／岩崎書店／2012 年 3 月

18 歳から「大人」？：成人にできること、できないこと 1／『18 歳から「大人」?』編集委員会編著／汐文社／2022 年 12 月

18 歳から「大人」？：成人にできること、できないこと 2／『18 歳から「大人」?』編集委員会編著／汐文社／2023 年 1 月

日本の祭り 2 (関東編)／『日本の祭り』編集室編／理論社／2014 年 11 月

高校野球のスゴイ話／『野球太郎』編集部著／ポプラ社 (ポプラポケット文庫)／2014 年 6 月

お仕事図鑑 300 = ENCYCLOPEDIA OF JOBS：「好き」から未来を描く／16 歳の仕事塾監修／新星出版社／2021 年 7 月

DADA ピカソびっくりキュビスム―フランス発こどもアートシリーズ；1／DADA 日本版編集部編著・今井敬子訳／朝日学生新聞社／2011 年 9 月

DADA ルソーおかしなジャングル―フランス発こどもアートシリーズ；2／DADA 日本版編集部編著・今井敬子訳／朝日学生新聞社／2011 年 9 月

未来をつくる BOOK：東日本大震災をふりかえり、今を見つめ、対話する：持続可能な地球と地域をつくるあなたへ／ESD‐J「未来をつくる BOOK」制作チーム著／持続可能な開発のための教育の 10 年推進会議／2011 年 11 月

確率：不確かさを扱う／JohnHaigh 著・木村邦博訳／丸善出版 (サイエンス・パレット)／2015 年 8 月

福島の子どもたちからの手紙：ほうしゃのうっていつなくなるの?／KIDSVOICE 編／朝日新聞出版／2012 年 2 月

科学革命／LawrenceM.Principe 著・菅谷暁訳・山田俊弘訳／丸善出版 (サイエンス・パレット)／2014 年 8 月

暦と時間の歴史／LeofrancHolford-Strevens 著・正宗聡訳／丸善出版 (サイエンス・パレット)／2013 年 9 月

地球：ダイナミックな惑星／Martin Redfern 著・川上紳一訳／丸善出版 (サイエンス・パレット)／2013 年 5 月

地球：ダイナミックな惑星／MartinRedfern 著・川上紳一訳／丸善出版 (サイエンス・パレット)／2013 年 5 月

生命の歴史：進化と絶滅の 40 億年／MichaelJ.Benton 著・鈴木寿志訳・岸田拓士訳／丸善出版 (サイエンス・パレット)／2013 年 5 月

いじめをノックアウト 1―NHK for School／NHK「いじめをノックアウト」制作班編・藤川大祐監修／NHK 出版／2021 年 2 月

いじめをノックアウト 2—NHK for School／NHK「いじめをノックアウト」制作班編;藤川大祐監修／NHK 出版／2021 年 2 月

いじめをノックアウト 3—NHK for School／NHK「いじめをノックアウト」制作班編;藤川大祐監修／NHK 出版／2021 年 2 月

自分で見つける!社会の課題 1／NHK「ドスルコスル」制作班編;田村学監修／NHK 出版（NHK for School ドスルコスル）／2021 年 11 月

自分で見つける!社会の課題 2／NHK「ドスルコスル」制作班編;田村学監修／NHK 出版（NHK for School ドスルコスル）／2021 年 11 月

NHK プロフェッショナル仕事の流儀 5／NHK「プロフェッショナル」制作班編／ポプラ社／2018 年 4 月

アニメ版釜石の"奇跡"：いのちを守る授業／NHK スペシャル取材班作／新日本出版社／2014 年 2 月

きいてみよう!自然と環境のふしぎ：NHK 子ども科学電話相談／NHK ラジオセンター「子ども科学電話相談」制作班編／日本放送出版協会／2010 年 7 月

図解東京スカイツリーのしくみ／NHK 出版編／NHK 出版／2012 年 1 月

ピカイア!カンブリア紀の不思議な生き物たち：NHK 科学アニメ・ガイド—教養・文化シリーズ／NHK 出版編;「ピカイア！」制作班協力／NHK 出版／2015 年 8 月

読んだら一生お金に困らない N/S 高投資部の教科書／NS 高投資部著;村上世彰監修／東洋経済新報社／2021 年 12 月

元素：文明と文化の支柱／PhilipBall 著;渡辺正訳／丸善出版（サイエンス・パレット）／2013 年 11 月

治安・法律・経済のしごと：人気の職業早わかり!／PHP 研究所編／PHP 研究所／2011 年 9 月

君らしく働くミライへ—QuizKnock の課外授業シリーズ；03／QuizKnock 著／朝日新聞出版／2022 年 4 月

みんなとちがっていいんだよ：キミに届け!セミの法則—心の友だち／ROLLY 著／PHP 研究所／2011 年 7 月

ヒトと生き物の話：エコのとびら BIO／SAPIX 環境教育センター企画・編集／代々木ライブラリー／2022 年 7 月

こむぎといつまでも：余命宣告を乗り越えた奇跡の猫ものがたり／tomo 著／小学館（小学館ジュニア文庫）／2015 年 9 月

プログラマーの一日—暮らしを支える仕事見る知るシリーズ：10 代の君の「知りたい」に答えます／WILL こども知育研究所編著／保育社／2021 年 1 月

理容師・美容師の一日—暮らしを支える仕事見る知るシリーズ：10 代の君の「知りたい」に答えます／WILL こども知育研究所編著／保育社／2021 年 6 月

生きづらさを抱えるきみへ：逃げ道はいくらでもある#withyou-／withnews 編集部著／ベストセラーズ／2019 年 4 月

みんな地球に生きるひと Part4（わたしもぼくも地球人）／アグネス・チャン著／岩波書店（岩波ジュニア新書）／2014 年 7 月

特別授業 3.11 君たちはどう生きるか—14 歳の世渡り術 = WORLDLY WISDOM FOR 14 YEARS OLD／あさのあつこ著;池澤夏樹著;鎌田浩毅著;最相葉月著;斎藤環著;橘木俊詔著;田中優著;橋爪大三郎著;鷲田清一著／河出書房新社／2012 年 3 月

イラストで知るアジアの子ども／アジア保健研修団編著／明石書店／2010 年 9 月

母が作ってくれたすごろく：ジャワ島日本軍抑留所での子ども時代／アネ=ルト・ウェルトハイム文;長山さき訳／徳間書店／2018 年 6 月

地球からの警鐘：人間は生まれながらにして罪人なのです／あべ童詩著／文芸社／2023 年 3 月

差別と人権：差別される子どもたち—続・世界の子どもたちは今／アムネスティ・インターナショナル日本編著／絵本塾出版／2013 年 2 月

自由の奪還：全体主義、非科学の暴走を止められるか—世界の知性シリーズ／アンデシュ・ハンセン著;ロルフ・ドベリ著;ジャック・アタリ著;ネイサン・シュナイダー著;ダニエル・コーエン著;ダグラス・マレー著;サミュエル・ウーリー著;ターリ・シャーロット著;スティーヴン・マーフィ重松著;大野和基インタ

ビュー・編／PHP 研究所（PHP 新書）／2021 年 8 月

13 歳からのマナーのきほん 50：あたりまえだけど大切なこと／アントラム栢木利美著／赤ちゃんとママ社
／2023 年 5 月

目で見る政治：国家のしくみと私たちの選択／アンドルー・マー著;大塚道子訳／さ・え・ら書房／2010
年 12 月

12 歳からはじめる Oh!金の学校：「100 歳 2 億円」にふりまわされない!／あんびるえつこ監修／フレーベ
ル館／2022 年 9 月

通勤の社会史：毎日 5 億人が通勤する理由／イアン・ゲートリー著;黒川由美訳／太田出版（ヒストリカ
ル・スタディーズ）／2016 年 4 月

90 枚のイラストで世界がわかるはじめての地政学／いつかやる社長著;ika イラスト／飛鳥新社／2022 年
11 月

千曲川はんらん：希望のりんごたち―文研じゅべにーる.ノンフィクション／いぶき彰吾文／文研出版／
2021 年 1 月

イミダス現代の視点 2021／イミダス編集部編／集英社（集英社新書）／2020 年 11 月

イングランド銀行公式経済がよくわかる 10 章／イングランド銀行著;ルパル・パテル著;ジャック・ミーニ
ング著;村井章子訳／すばる舎／2023 年 8 月

図解でわかる 14 歳からのお金の説明書／インフォビジュアル研究所著／太田出版／2017 年 10 月

図解でわかる 14 歳から知る食べ物と人類の 1 万年史／インフォビジュアル研究所著／太田出版／2021 年 1
月

図解でわかる 14 歳からの脱炭素社会／インフォビジュアル研究所著／太田出版／2021 年 5 月

図解でわかる 14 歳から知る生物多様性／インフォビジュアル研究所著／太田出版／2022 年 11 月

したがう?したがわない?どうやって判断するの?―10 代の哲学さんぽ;6／ヴァレリー・ジェラール文;クレ
マン・ポール絵;伏見操訳／岩崎書店／2016 年 4 月

グレタのねがい：地球をまもり未来に生きる：大人になるまで待つ必要なんてない／ヴァレンティナ・キ
ャメリーニ著;杉田七重訳／西村書店東京出版編集部／2020 年 1 月

ビーカーくんがゆく!工場・博物館・実験施設＝Beaker-kun visits Factory/Museum/Experiment facility：
そのこだわりにはワケがある!：実験器具たちのふるさと探訪／うえたに夫婦著／誠文堂新光社／2022 年
1 月

マンガと図鑑でおもしろい!わかるノーベル賞の本：自然科学部門／うえたに夫婦著;若林文高監修／大和書
房／2023 年 8 月

図解はじめて学ぶみんなのお金／エディ・レイノルズ文;マシュー・オールダム文;ララ・ブライアン文;マル
コ・ボナッチイラスト;浜崎絵梨訳;伊藤元重監修／晶文社／2022 年 1 月

グローバリズムが世界を滅ぼす／エマニュエル・トッド著;ハジュン・チャン著;柴山桂太著;中野剛志著;藤
井聡著;堀茂樹著／文藝春秋（文春新書）／2014 年 6 月

達人になろう!お金をかしこく使うワザ：お金のつくり方、貯め方、使い方、寄付のしかたについて／エリ
ック・ブラウン著;サンディ・ドノバン著;上田勢子訳;まえだたつひこ絵／子どもの未来社／2020 年 1 月

げっけいのはなしいのちのはなし―おでかけ BOOK／おおいしまなさく;ふかいあずさえ／みらいパブリッ
シング／2021 年 5 月

不登校でも学べる：学校に行きたくないと言えたとき／おおたとしまさ著／集英社（集英社新書）／2022
年 8 月

噴砂／おぐろよしこ著／復刊ドットコム／2013 年 6 月

友だちづきあいってむずかしい―キッズなやみかいけつ：子どもレジリエンス／オナー・ヘッド文;小林玲
子訳;小林朋子日本語版監修／岩崎書店／2021 年 2 月

津田梅子と五千円札物語―新紙幣ウラオモテ／オフィス 303 編／ほるぷ出版／2021 年 2 月

北里柴三郎と千円札物語―新紙幣ウラオモテ／オフィス 303 編／ほるぷ出版／2021 年 3 月

渋沢栄一と一万円札物語／オフィス 303 編／ほるぷ出版（新紙幣ウラオモテ）／2020 年 12 月

社会科見学!みんなの市役所 1 階／オフィス 303 編／汐文社／2018 年 1 月

社会科見学!みんなの市役所 3階／オフィス303編／汐文社／2018年3月

一日おもしろ学校ごっこ／おもしろ学校職員室編／ゆいぽおと／2012年12月

16歳のお金の教科書：『インベスターZ』公式副読本／お金の特別講義プロジェクト編著／ダイヤモンド社／2016年10月

カラー図解進化の教科書 第3巻／カール・ジンマー著；ダグラス・J・エムレン著；更科功訳；石川牧子訳；国友良樹訳／講談社（ブルーバックス）／2017年8月

「あの日」から走り続けて：東日本大震災と私たち／かけあしの会著／同時代社／2014年3月

チョコレートパイは、なぜ1個目がいちばんおいしいのか？：韓国最強の「実験経済部」の生徒が学ぶ中学生でもわかる経済のはなし／キムナヨン著；イインピョ監修；チョンジニョムイラスト；吉原育子訳／サンマーク出版／2023年4月

ツシマヤマネコ飼育員物語：動物園から野生復帰をめざして／キムファン著／くもん出版／2017年10月

コミックマナベル：楽しく読んでタメになる！エピソード1(新たなる冒険のはじまり!!)／きもとよしこキャラクターデザイン・マンガ；伴俊男ほかマンガ／ファミマ・ドット・コム／2014年12月

わたしのきょうだいは自閉症：きょうだいとうまくやっていくためのハンドブック／キャロライン・ブロック著；林恵津子訳／田研出版／2013年7月

働くってどんなこと？人はなぜ仕事をするの？—10代の哲学さんぽ；9／ギョーム・ル・ブラン文；ジョシェン・ギャルネール絵；伏見操訳／岩崎書店／2017年1月

ナージャの5つのがっこう／キリーロバ・ナージャぶん；市原淳え／大日本図書／2018年9月

科学の歴史：ビジュアル版：サイエンス&テクノロジーの歩みがよくわかる／クライブ・ギフォード文；スーザン・ケネディ文；フィリップ・パーカー文；ジャック・シャロナーコンサルタント；有賀暢迪日本語版監修；中村威也日本語版監修；大川紀男訳／ポプラ社／2017年11月

10代からの社会学図鑑／クリス・ユール著；クリストファー・ソープ著；ミーガン・トッド監修；田中真知訳／三省堂／2018年12月

138億年のものがたり：宇宙と地球でこれまでに起きたこと全史／クリストファー・ロイド著；野中香方子訳／文藝春秋／2023年12月

なんでも日本一：あっぱれ!―しらべ図鑑マナペディア／グループ・コロンブス構成／講談社／2015年12月

子どもと話すマッチョってなに？／クレマンティーヌ・オータン著；山本規雄訳／現代企画室／2014年6月

北欧式お金と経済がわかる本：12歳から考えたい9つのこと／グンヒル・J.エクルンド著；枇谷玲子訳；氏家祥美監修／翔泳社／2019年2月

ゴシック美術って、なんだろう？—Rikuyosha Children & YA Books. 図鑑：はじめてであう世界の美術／ケイト・リッグス編／六耀社／2017年7月

ロマン主義って、なんだろう？—Rikuyosha Children & YA Books. 図鑑：はじめてであう世界の美術／ケイト・リッグス編／六耀社／2017年8月

写実主義って、なんだろう？—Rikuyosha Children & YA Books. 図鑑：はじめてであう世界の美術／ケイト・リッグス編／六耀社／2017年9月

印象派って、なんだろう？—Rikuyosha Children & YA Books. 図鑑：はじめてであう世界の美術／ケイト・リッグス編／六耀社／2017年10月

キュビスムって、なんだろう？—Rikuyosha Children & YA Books. 図鑑：はじめてであう世界の美術／ケイト・リッグス編／六耀社／2017年11月

モダニズムって、なんだろう？—Rikuyosha Children & YA Books. 図鑑：はじめてであう世界の美術／ケイト・リッグス編／六耀社／2017年12月

アメリカの中学生はみな学んでいる「おカネと投資」の教科書／ゲイル・カーリッツ著；秋山勝訳／朝日新聞出版／2012年10月

印刷職人は、なぜ訴えられたのか／ゲイル・ジャロー著；幸田敦子訳／あすなろ書房／2011年10月

親を頼らないで生きるヒント：家族のことで悩んでいるあなたへ／コイケジュンコ著／岩波書店（岩波ジュニア新書）／2021年11月

今こそ知りたい!水災害とSDGs 1／こどもクラブ編／あすなろ書房／2022年12月

今こそ知りたい!三権分立 3／こどもくらぶ編／あすなろ書房／2017年3月

今こそ知りたい!水災害とSDGs 2／こどもくらぶ編／あすなろ書房／2023年1月

スポーツなんでも事典ダンス／こどもくらぶ編／ほるぷ出版／2010年3月

「多様性」ってどんなこと?1／こどもくらぶ編／岩崎書店／2022年12月

新・点字であそぼう／こどもくらぶ編桜雲会監修／同友館／2011年6月

ワールド・ウォッチ：地図と統計で見る世界／こどもくらぶ訳／丸善出版／2014年2月

完訳天球回転論：コペルニクス天文学集成／コペルニクス著;高橋憲一訳・解説／みすず書房／2023年1月

これだけは知っておきたい教科書に出てくる日本の神社／これだけは知っておきたい教科書に出てくる日本の神社編集委員会編著／汐文社／2015年3月

みんなでかんがえよう!生物多様性と地球環境 3(世界の多様な生きものと環境)／コンサベーション・インターナショナル編;田多浩美文／岩崎書店／2010年10月

オン・ザ・マップ：地図と人類の物語／サイモン・ガーフィールド著;黒川由美訳／太田出版（ヒストリカル・スタディーズ）／2014年12月

ライオンはなぜ、汗をかかないのか?：絵と図でわかる「動物」のふしぎ―創造力と直観力のインフォグラフィックス；1／サイモン・ロジャース著;ニコラス・ブレックマンイラストレーション;土屋晶子訳／主婦と生活社／2016年5月

感じる科学／さくら剛著／サンクチュアリ出版（sanctuary books）／2011年12月

未来につながるよみきかせSDGsのお話17／ささきあり作秋山宏次郎監修／西東社／2023年6月

ぼくらがつくった学校：大槌の子どもたちが夢見た復興のシンボル―感動ノンフィクションシリーズ／ささきあり文／偕成出版社／2017年7月

ボランティアをやりたい!：高校生ボランティア・アワードに集まれ／さだまさし編;風に立つライオン基金編／岩波書店（岩波ジュニア新書）／2019年12月

ゆるゆる絶滅生物図鑑／さのかけるまんが;今泉忠明監修／学研プラス／2021年11月

支える、支えられる、支え合う／サヘル・ローズ編著／岩波書店（岩波ジュニアスタートブックス）／2021年11月

科学哲学―哲学がわかる／サミール・オカーシャ著;直江清隆訳;廣瀬覚訳／岩波書店／2023年9月

家族をみつけたライオン―野生どうぶつを救え!本当にあった涙の物語／サラ・スターバック著;嶋田香訳／KADOKAWA／2017年7月

家族をみつけたライオン 愛蔵版―野生どうぶつを救え!本当にあった涙の物語／サラ・スターバック著;嶋田香訳／KADOKAWA／2017年9月

ふるさとに帰ったヒョウ―野生どうぶつを救え!本当にあった涙の物語／サラ・スターバック著;嶋田香訳／KADOKAWA／2017年12月

お金リテラシー超入門：だまされて大損しないために!15歳から知っておきたい／さんきゅう倉田著／主婦と生活社／2023年5月

超リテラシー大全 ＝LITERACY ENCYCLOPEDIA／サンクチュアリ出版編／サンクチュアリ出版（sanctuary books）／2021年7月

お金のしくみを知りかしこく扱う方法／ジェーン・ビンハム著;ホリー・バシー著;小寺敦子訳／東京書籍（U18 世の中ガイドブック）／2020年7月

さらわれたチンパンジー―野生どうぶつを救え!本当にあった涙の物語／ジェス・フレンチ著;嶋田香訳／KADOKAWA／2017年7月

さらわれたチンパンジー 愛蔵版―野生どうぶつを救え!本当にあった涙の物語／ジェス・フレンチ著;嶋田香訳／KADOKAWA／2017年9月

Webで学ぶ総合実践演習 改訂版／システム・フューチャー株式会社著／実教出版／2013年2月

海に帰れないイルカ―野生どうぶつを救え!本当にあった涙の物語／ジニー・ジョンソン著;嶋田香訳／KADOKAWA／2017年3月

海に帰れないイルカ 愛蔵版―野生どうぶつを救え!本当にあった涙の物語／ジニー・ジョンソン著;嶋田香訳／KADOKAWA／2017年6月

10代で知っておきたい「同意」の話：YES、NOを自分で決める12のヒント―14歳の世渡り術プラス／ジャスティン・ハンコック文;ヒューシャ・マクアリー絵;芹澤恵訳;高里ひろ訳／河出書房新社／2022年1月

フランス料理の歴史／ジャン=ピエール・プーラン著;エドモン・ネランク著;山内秀文訳・解説／KADOKAWA（角川ソフィア文庫）／2017年3月

だれも教えてくれなかったエネルギー問題と気候変動の本当の話―14歳の世渡り術プラス／ジャン=マルク・ジャンコヴィシ著;クリストフ・ブラン著;古舘恒介日本語版監訳;芹澤恵訳;高里ひろ訳／河出書房新社／2023年11月

進化をたどる7億年の旅：太古のいきものを探しにいこう／ジョン・ウッドワード作;クリス・バーカー監修;竹田純子訳／河出書房新社／2021年4月

こども大図鑑地球／ジョン・ウッドワード著;キム・ブライアン監修;ぷれす日本語版編集／河出書房新社／2011年5月

10代の時のつらい経験、私たちはこう乗り越えました／しろやぎ秋吾著／KADOKAWA（MF comic essay）／2021年6月

子どもに必要なソーシャルスキルのルールBEST99／スーザン・ダイアモンド著;上田勢子訳／黎明書房／2012年8月

子どもに必要なソーシャルスキルのルールBEST99 新装版／スーザン・ダイアモンド著;上田勢子訳／黎明書房／2021年3月

コアラ病院へようこそ：野生動物を救おう!―Rikuyosha Children & YA Books／スージー・エスターハス文と写真;海都洋子訳／六耀社／2016年12月

森のなかのオランウータン学園―Rikuyosha Children & YA Books. 野生動物を救おう!／スージー・エスターハス文と写真;海都洋子訳／六耀社／2017年3月

はなそうよ!恋とエッチ：みつけよう!からだときもち／すぎむらなおみ著;えすけん著／生活書院／2014年12月

ベルリン分断された都市／ズザンネ・ブッデンベルク著;トーマス・ヘンゼラー著・画;エドガー・フランツ訳;深見麻奈訳／彩流社／2013年9月

自閉症の世界：多様性に満ちた内面の真実／スティーブ・シルバーマン著;正高信男訳;入口真夕子訳／講談社（ブルーバックス）／2017年5月

潜入!世界のフィールドワーク岩石・鉱物―ナショジオキッズ／スティーブ・トムセック著;カーステン・ペーター著;梅田智世訳;西本昌司監修／エムディエヌコーポレーション;インプレス／2023年3月

自動車・バイク―最先端ビジュアル百科「モノ」の仕組み図鑑；2／スティーブ・パーカー著;五十嵐友子訳／ゆまに書房／2010年6月

デジタル機器―最先端ビジュアル百科「モノ」の仕組み図鑑；3／スティーブ・パーカー著;上原昌子訳／ゆまに書房／2010年7月

サメのなかま―100の知識／スティーブ・パーカー著;渡辺政隆日本語版監修／文研出版／2010年11月

スーパー・コンプリケーション：伝説の時計が生まれるまで／ステイシー・パーマン著;武藤陽生訳;黒木章人訳／太田出版（ヒストリカル・スタディーズ）／2014年2月

熱闘!激闘!スポーツクイズ選手権 3（野球クイズ 初級編） 図書館版／スポーツクイズ研究会編／ポプラ社／2014年4月

まんがスポーツで創る地域の未来 西日本編／スポーツ庁企画・監修／大日本印刷／2017年6月

まんがスポーツで創る地域の未来 東日本編／スポーツ庁企画・監修／大日本印刷／2017年6月

政治の絵本：現役東大生のお笑い芸人が偏差値44の高校の投票率を84%にした授業／たかまつなな著／弘文堂／2017年3月

政治の絵本：学校で教えてくれない選挙の話 新版／たかまつなな著／弘文堂／2019年7月

3・11後を生きるきみたちへ：福島からのメッセージ／たくきよしみつ著／岩波書店（岩波ジュニア新

書）／2012年4月

見えない壁をこえて：視覚障害者の自立を目ざした高橋豊治の物語／タケシタナカ文;タカハシコウコ絵;高橋知子取材・原案／桜雲会／2022年2月

バナナの世界史：歴史を変えた果物の数奇な運命／ダン・コッペル著;黒川由美訳／太田出版（ヒストリカル・スタディーズ）／2012年1月

はじめての絵画の歴史：「見る」「描く」「撮る」のひみつ／デイヴィッド・ホックニー著;マーティン・ゲイフォード著;ローズ・ブレイクイラスト;井上舞訳／青幻舎インターナショナル／2018年8月

世界史図鑑：みんなが知らない歴史の秘密／ティム・クーク著;増田ユリヤ監修;池内恵訳／主婦の友社／2012年11月

セルデンの中国地図：消えた古地図400年の謎を解く／ティモシー・ブルック著;藤井美佐子訳／太田出版（ヒストリカル・スタディーズ）／2015年4月

父と母がわが子に贈るお金の話：人生でもっとも大切な貯める力、増やす力／ディリン・レドリング著;アリソン・トム著;小野寺貴子訳／SBクリエイティブ／2022年9月

お父さんが教える13歳からの金融入門／デヴィッド・ビアンキ著;関美和訳／日本経済新聞出版社／2016年7月

せかいの絶滅危惧どうぶつ：守りたいいのち―ナショジオキッズ.PHOTO ARK／デビー・レビー著;ジョエル・サートレイ写真;新宅広二監修／エムディエヌコーポレーション／2022年12月

芸術ってどんなもの?:体験しよう!近代彫刻の歴史／デビッド・A・カーター作;ジェームス・ダイアズ作;みずしまあさこ訳／大日本絵画／2014年

数と図形について知っておきたいすべてのこと／デビッド・マコーレイ作;松野陽一郎監修／東京書籍／2023年3月

はじめてのフェミニズム／デボラ・キャメロン著;向井和美訳／筑摩書房（ちくまプリマー新書）／2023年9月

目で見る栄養：食べ物が作るわたしたちの体／ドーリング・キンダースリー編;大塚道子訳／さ・え・ら書房／2016年1月

10代の悩みに効くマンガ、あります!／トミヤマユキコ著／岩波書店（岩波ジュニア新書）／2023年3月

発明図鑑：世界をかえた100のひらめき!／トレーシー・ターナー文;アンドレア・ミルズ文;クライブ・ジフォード文;ジャック・チャロナー監修;飯田伴子訳;小笠原雅美訳;中尾悦子訳;主婦の友社編／主婦の友社／2015年12月

クリオネの灯り／ナチュラルレイン著／イースト・プレス／2012年6月

ミッション・シロクマ・レスキュー／ナンシー・F・キャスタルド著;カレン・デ・シーヴ著;田中直樹日本版企画監修;土居利光監修／ハーパーコリンズ・ジャパン（NATIONAL GEOGRAPHIC）／2019年2月

ONE WORLD たったひとつの地球：今この時間、世界では…／ニコラ・デイビス作;ジェニ・デズモンド絵;長友恵理訳／フレーベル館／2023年2月

色の消えた町：ヒューマンコミック／にしざきただし作画／人間と歴史社／2014年4月

宇宙のはじまり：138億年前、何がおきたのか―14歳からのニュートン超絵解本／ニュートン編集部編著／ニュートンプレス／2022年4月

三角関数：角度と長さを操る現代必須の数学―14歳からのニュートン超絵解本／ニュートン編集部編著／ニュートンプレス／2022年6月

絵と図でよくわかる地球大全：地球と生命の壮大な歴史をたどる―超絵解本／ニュートン編集部編著／ニュートンプレス／2023年6月

絵と図でよくわかる哲学のせかい：科学を生み、発展させた人類の知の結晶―超絵解本／ニュートン編集部編著／ニュートンプレス／2023年8月

トーアシュトラーセ：街並みに見るハンザ都市の歴史／ハインツ=ヨアヒム・ドレーガー作;中島大輔訳／朝日出版社／2013年10月

偽善のすすめ：10代からの倫理学講座―14歳の世渡り術／パオロ・マッツァリーノ著／河出書房新社／

2014年2月

10代のためのソーシャルシンキング・ライフ：場に合った行動の選択とその考え方／パメラ・クルーク著；ミシェル・ガルシア・ウィナー著；黒田美保監訳；稲田尚子訳；高岡佑壮訳／金子書房／2020年7月

かべ：鉄のカーテンのむこうに育って／ピーター・シス作福本友美子訳／BL出版／2010年11月

考えたことある?性的同意：知らないってダメかも／ピート・ワリス作タリア・ワリス作ジョセフ・ウィルキンズ絵；上田勢子訳；水野哲夫監修／子どもの未来社／2021年9月

地球はどこまで暑くなる?：気候をめぐる15の疑問—いざ!探Q；5／ピエルドメニコ・バッカラリオ著；フェデリーコ・タッディア著；クラウディア・パスクエーロ監修；グッド絵；猪熊隆之日本版監修；森敦子訳／太郎次郎社エディタス／2023年9月

世界一やさしいパソコンの本—Parade Books／ぴよひな著／パレード／2014年5月

共食いの博物誌 ＝A Natural and Unnatural History of Cannibalism：動物から人間まで／ビル・シャット著藤井美佐子訳／太田出版（ヒストリカル・スタディーズ）／2017年12月

「がんばらない」人生相談：南無そのまんま・そのまんま—14歳の世渡り術／ひろさちや著／河出書房新社／2014年6月

14歳から考えたい貧困／フィリップ・N・ジェファーソン著；神林邦明訳／すばる舎／2021年12月

ナチスに挑戦した少年たち／フィリップ・フーズ作金原瑞人訳／小学館／2018年7月

気をつけよう!ブラックバイト・ブラック企業：いまから知っておきたい働く人のルール 1／ブラックバイトから子どもたちを守る会編／汐文社／2016年11月

気をつけよう!ブラックバイト・ブラック企業：いまから知っておきたい働く人のルール 3／ブラックバイトから子どもたちを守る会編／汐文社／2017年2月

世界の女性問題 1(貧困、教育、保健)／プラン・ジャパン監修；関橋眞理著／汐文社／2013年10月

この人を見よ!歴史をつくった人びと伝 25 (渋沢栄一)／プロジェクト新・偉人伝著・編集／ポプラ社／2010年1月

ペク・ジョンウォンのめざせ!料理王：料理で味わう世界の歴史文化体験.韓国1／ペクジョンウォン文；ナムジウン文；イジョンテ絵；李ソラ訳／光文社／2023年3月

下着 ＝Underwear—ビジュアルでわかる世界ファッションの歴史／ヘレンレイノルズ著；徳井淑子監修／ほるぷ出版／2015年1月

くつ ＝Shoes—ビジュアルでわかる世界ファッションの歴史／ヘレンレイノルズ著；徳井淑子監修／ほるぷ出版／2015年2月

考える障害者／ホーキング青山著／新潮社（新潮新書）／2017年12月

マネーという名の犬：12歳からの「お金」入門／ボード・シェーファー著；田中順子訳；村上世彰監修／飛鳥新社／2017年11月

ことわざで!にゃんこ大戦争：一生に一コくらいは使えるにゃ。—BIG KOROTAN／ポノス株式会社監修／小学館／2021年4月

10代からのマネー図鑑／マーカス・ウィークス著；デレク・ブラッドン監修；加藤洋子訳／三省堂／2017年8月

子どもの心理臨床 4-2／マーゴット・サンダーランド著；ニッキー・アームストロング絵／誠信書房／2011年9月

マララ：教育のために立ち上がり、世界を変えた少女／マララ・ユスフザイ著；パトリシア・マコーミック著；道傳愛子訳／岩崎書店／2014年10月

今、世界はあぶないのか?文化と多様性／マリー・マーレイ文；ハナネ・カイ絵；大山泉訳／評論社（評論社の児童図書館・絵本の部屋）／2020年10月

雲じゃらしの時間／マロリー・ブラックマン作；千葉茂樹訳；平澤朋子画／あすなろ書房／2010年10月

世界の名画物語：子どもたちとたどる絵画の歴史—Rikuyosha Children & YA Books／ミック・マニング著；ブリタ・グランストローム著；BabelCorporation日本語版訳出；大森充香日本語版訳出／六耀社／2017年12月

消えゆく動物たちを救え：子どものための絶滅危惧種ガイド／ミリー・マロッタ著；鈴木素子訳／光文社／

2021年11月

東大生が日本を100人の島に例えたら面白いほど経済がわかった!／ムギタロー著;井上智洋監修;望月慎監修
／サンクチュアリ出版（sanctuary books）／2022年8月

答えのない道徳の問題どう解く?正解のない時代を生きるキミへ／やまざきひろしぶん;きむらようえ;にさわ
だいらはるひとえ／ポプラ社／2021年11月

散策&観賞沖縄本島編：体験学習スポットガイド／ユニプラン編集部編;一般財団法人沖縄観光コンベンシ
ョンビューロー他写真;おきなわワールド他写真／ユニプラン／2023年9月

地球で暮らすきみたちに知ってほしい50のこと／ラース・ヘンリク・オーゴード著;シモン・ヴェスイラス
トレーション;枇谷玲子訳／晶文社／2021年8月

図解はじめて学ぶみんなのビジネス／ララ・ブライアン文;ローズ・ホール文;ケラン・ストーバーイラスト;
ウィルソン・ターキントンオリジナル監修;ブライオニー・ヘンリーオリジナル監修;浜崎絵梨訳;髙橋郁夫
監修／晶文社／2021年1月

ホワット・イズ・ディス?：むずかしいことをシンプルに言ってみた／ランドール・マンロー著;吉田三知世
訳／早川書房／2016年11月

ソンジュの見た星：路上で生きぬいた少年／リソンジュ著;スーザン・マクレランド著;野沢佳織訳／徳間書
店／2019年5月

宇宙の未解明問題：宇宙の起源・量子重力理論・ワームホール…／リチャード・ハモンド著;大貫昌子訳／
講談社（ブルーバックス）／2010年6月

世界のミュージック図鑑／リチャード・マレット;アン・マリー・スタンレー総監修;神原雅之;塩原麻里日本
語版監修／ポプラ社／2011年8月

旅でみる世の中のしくみ大図解／リビー・ドイチュ作;バルプリ・ケルトゥラ絵;小川浩一翻訳協力;トランネ
ット翻訳協力／ポプラ社／2020年2月

イラスト版世界のスポーツ競技図鑑／リャンリーナ文;ファンションラン文;ヤンモン絵;宮坂宏美訳／あすな
ろ書房／2023年12月

セルマの行進：リンダ十四歳投票権を求めた戦い／リンダ・ブラックモン・ロワリー原作;エルズペス・リ
ーコック原作;スーザン・バックリー原作;PJ ローラン絵;渋谷弘子訳／汐文社／2015年7月

今、世界はあぶないのか?ルールと責任／ルイーズ・スピルズベリー文;ハナネ・カイ絵;大山泉訳／評論社
（評論社の児童図書館・絵本の部屋）／2020年12月

ネットとSNSを安全に使いこなす方法／ルーイ・ストウェル著;小寺敦子訳／東京書籍（U18世の中ガイ
ドブック）／2020年4月

宇宙への扉をあけよう：ホーキング博士の宇宙ノンフィクション／ルーシー・ホーキング著;スティーヴ
ン・ホーキング著;さくまゆみこ訳;佐藤勝彦日本語版監修／岩崎書店／2021年9月

子どもを守る言葉『同意』って何?：バウンダリー(境界線)人への思いやりと尊重、そしてYES、NOは自
分で決める!ってことを考えよう!／レイチェル・ブライアン作;中井はるの訳／集英社／2020年10月

やってはいけない「長男」の相続：日本一相続を見てきてわかった円満解決の秘訣／レガシィ著／青春出
版社（青春新書INTELLIGENCE）／2018年8月

自分をまもる本 新版／ローズマリー・ストーンズ著;小島希里訳／晶文社／2013年11月

パワーブック：世界を変えてやるチカラ／ロクサーヌ・ゲイ著;クレア・サンダース著;ヘイゼル・ソングハ
ースト著;ジョージア・アムソン＝ブラッドショー著;ミナ・サラミ著;ミック・スカーレット著;ジョエル・
アベリーノイラスト;デビッド・ブロードベントイラスト;水島ぱぎい訳／東京書籍／2020年8月

ポーポキ友情物語 ＝Popoki's Friendship Story：東日本大震災で生まれた私たちの平和の旅／ロニー・ア
レキサンダー文・絵／エピック／2012年1月

地球進化46億年の物語：「青い惑星」はいかにしてできたのか／ロバート・ヘイゼン著;円城寺守監訳;渡
会圭子訳／講談社（ブルーバックス）／2014年5月

日本古典と感染症／ロバートキャンベル編著／KADOKAWA（角川ソフィア文庫）／2021年3月

中絶がわかる本―Ajuma books／ロビン・スティーブンソン訳;塚原久美訳;福田和子解説;北原みのり監修／
アジュマ／2022年1月

よごされた地球たのしく学ぶ、これからの環境問題 1／ロビン・ツイッディ著;小島亜佳莉訳／創元社／
　2019 年 12 月

「和食」って何?／阿古真理著／筑摩書房（ちくまプリマー新書）／2015 年 5 月

楽しいバレエ図鑑／阿部さや子監修／小学館／2021 年 12 月

きみもなれる!家事の達人 4 (かいもの)／阿部絢子監修;こどもくらぶ編／少年写真新聞社／2016 年 2 月

外来生物はなぜこわい? 2／阿部浩志著;丸山貴史著;小宮輝之監修;向田智也イラスト／ミネルヴァ書房／
　2018 年 1 月

子どもの貧困 2 (解決策を考える)／阿部彩著／岩波書店（岩波新書 新赤版）／2014 年 1 月

明日話したくなるお金の歴史／阿部泉執筆・監修／清水書院／2020 年 8 月

この場所なあに?:岩手町豊岡地区での不思議な思い出／阿部栞奈著;竹内千尋著;髙橋彩乃著;角田帆乃香著;
　役重眞喜子著／岩手教育総合研究所 盛岡出版コミュニティー／2023 年 11 月

未成年のための法律入門／愛甲栄治著／毎日コミュニケーションズ（マイコミ新書）／2011 年 8 月

学校では教えてくれない差別と排除の話／安田浩一著／皓星社／2017 年 10 月

それでも、海へ―陸前高田に生きる―シリーズ◎自然いのちひと；17／安田菜津紀写真・文／ポプラ社／
　2016 年 2 月

写真で伝える仕事：世界の子どもたちと向き合って／安田菜津紀著／日本写真企画／2017 年 3 月

「私」をつくる：近代小説の試み／安藤宏著／岩波書店（岩波新書 新赤版）／2015 年 11 月

脳からみた認知症：不安を取り除き、介護の負担を軽くする／伊古田俊夫著／講談社（ブルーバックス）
　／2012 年 10 月

社会脳からみた認知症：徴候を見抜き、重症化をくい止める／伊古田俊夫著／講談社（ブルーバックス）
　／2014 年 11 月

国際貢献のウソ／伊勢崎賢治著／筑摩書房（ちくまプリマー新書）／2010 年 8 月

最強に面白い哲学―ニュートン超図解新書／伊勢田哲治監修／ニュートンプレス／2023 年 10 月

2050 年の地球を予測する：科学でわかる環境の未来／伊勢武史著／筑摩書房（ちくまプリマー新書）／
　2022 年 1 月

世界の人びとに聞いた 100 通りの平和 シリーズ 2／伊勢﨑賢治監修／かもがわ出版／2015 年 11 月

世界の人びとに聞いた 100 通りの平和 シリーズ 4／伊勢﨑賢治監修／かもがわ出版／2016 年 3 月

特別授業"死"について話そう―14 歳の世渡り術／伊沢正名著;遠藤秀紀著;角幡唯介著;川口有美子著;最果タヒ
　著;酒井順子著;佐々涼子著;佐治晴夫著;島田裕巳著;園子温著;徳永進著;中森明夫著;畑正憲著;本郷和人著;元
　村有希子著;森川すいめい著;湯山玲子著;和合亮一著／河出書房新社／2013 年 9 月

お金のコンパス ＝ The Money Navigator：学校でもおうちでも教えてくれない「お金のリアル」：人生を
　豊かにする大事なお金のはなし／伊藤みんご漫画;八木陽子監修／講談社／2023 年 12 月

自然災害で変わる歴史が変わる!／伊藤賀一監修／国書刊行会／2023 年 5 月

10 代の憲法な毎日／伊藤真著／岩波書店（岩波ジュニア新書）／2014 年 11 月

憲法は誰のもの?:自民党改憲案の検証／伊藤真著／岩波書店（岩波ブックレット）／2013 年 7 月

日本国憲法ってなに? 2／伊藤真著／新日本出版社／2017 年 4 月

日本経済はなぜ衰退したのか：再生への道を探る／伊藤誠著／平凡社（平凡社新書）／2013 年 4 月

経済学からなにを学ぶか：その 500 年の歩み／伊藤誠著／平凡社（平凡社新書）／2015 年 3 月

40 億年、いのちの旅／伊藤明夫著／岩波書店（岩波ジュニア新書）／2018 年 8 月

人権は国境を越えて／伊藤和子著／岩波書店（岩波ジュニア新書）／2013 年 10 月

日本の津波災害／伊藤和明著／岩波書店（岩波ジュニア新書）／2011 年 12 月

財政から読みとく日本社会：君たちの未来のために／井手英策著／岩波書店（岩波ジュニア新書）／2017
　年 3 月

『礼記』にまなぶ人間の礼―10 代からよむ中国古典／井出元監修／ポプラ社／2010 年 1 月

食品ロスをなくそう!―SDGs 地球のためにできること；1／井出留美監修／国土社／2023 年 6 月

食べものが足りない!：食料危機問題がわかる本／井出留美著;手塚雅恵絵／旬報社／2022 年 1 月

野馬追の少年、震災をこえて―PHP 心のノンフィクション／井上こみち著／PHP 研究所／2015 年 3 月

10

井上ひさしの言葉を継ぐために／井上ひさし著;井上ユリ著;梅原猛著;大江健三郎著;奥平康弘著;澤地久枝著;鶴見俊輔著／岩波書店（岩波ブックレット）／2010 年 12 月

はじめての昭和史／井上寿一著／筑摩書房（ちくまプリマー新書）／2020 年 8 月

ビジュアル日本のお金の歴史 飛鳥時代～戦国時代／井上正夫著／ゆまに書房／2015 年 11 月

知らずにまちがえている敬語／井上明美著／祥伝社（祥伝社新書）／2013 年 8 月

実験犬シロのねがい――ハンカチぶんこ／井上夕香作葉祥明画／ハート出版／2012 年 8 月

ホームヘルパー犬ミルキー／井上夕香文川崎芳子監修／国土社／2014 年 1 月

追いつめられる海／井田徹治著／岩波書店（岩波科学ライブラリー）／2020 年 4 月

次なるパンデミックを回避せよ：環境破壊と新興感染症／井田徹治著／岩波書店（岩波科学ライブラリー）／2021 年 2 月

環境負債：次世代にこれ以上ツケを回さないために／井田徹治著／筑摩書房（ちくまプリマー新書）／2012 年 5 月

理系のための法律入門：デキる社会人に不可欠な知識と倫理 第 2 版／井野邊陽著／講談社（ブルーバックス）／2016 年 2 月

文学に描かれた「橋」：詩歌・小説・絵画を読む／磯辺勝著／平凡社（平凡社新書）／2019 年 9 月

よくわかる米の事典 3／稲垣栄洋監修;谷本雄治指導／小峰書店／2016 年 4 月

はずれ者が進化をつくる：生き物をめぐる個性の秘密／稲垣栄洋著／筑摩書房（ちくまプリマー新書）／2020 年 6 月

教室でチャレンジ!SDGs ワークショップ.5／稲葉茂勝著／ポプラ社／2023 年 4 月

気づくことで未来がかわる新しい人権学習.1／稲葉茂勝著;こどもくらぶ編／岩崎書店／2023 年 11 月

気づくことで未来がかわる新しい人権学習.4／稲葉茂勝著;こどもくらぶ編／岩崎書店／2023 年 12 月

発見・体験!地球儀の魅力 1(地球儀について調べよう!)／稲葉茂勝著;こどもくらぶ編;佐藤正志監修／少年写真新聞社／2012 年 2 月

シリーズ・貧困を考える 3／稲葉茂勝著;池上彰監修／ミネルヴァ書房／2017 年 3 月

福祉がわかるシリーズ 1／稲葉茂勝著;池上彰監修／ミネルヴァ書房／2020 年 2 月

福祉がわかるシリーズ 3／稲葉茂勝著;池上彰監修／ミネルヴァ書房／2020 年 4 月

シリーズ・「変わる!キャリア教育」 1／稲葉茂勝著;長田徹監修／ミネルヴァ書房／2017 年 3 月

これならわかる!SDGs のターゲット 169 徹底解説／稲葉茂勝著;渡邉優著／ポプラ社／2022 年 4 月

著作権って何?：現代人なら知っておきたい最低限の著作権ルール／稲葉茂勝著;渡邉優著;こどもくらぶ編／あすなろ書房／2023 年 1 月

池上彰のニュースに登場する世界の環境問題 6(動物の多様性)／稲葉茂勝訳・文;アンジェラ・ロイストン原著;池上彰監修／さ・え・ら書房／2010 年 12 月

池上彰のニュースに登場する世界の環境問題 8(貧困)／稲葉茂勝訳・文;キャサリン・チャンバーズ原著;池上彰監修／さ・え・ら書房／2011 年 3 月

池上彰のニュースに登場する世界の環境問題 3(食糧)／稲葉茂勝訳・文;サラ・レベーテ原著;池上彰監修／さ・え・ら書房／2010 年 4 月

池上彰のニュースに登場する世界の環境問題 5(健康・病気)／稲葉茂勝訳・文;サラ・レベーテ原著;池上彰監修／さ・え・ら書房／2010 年 4 月

農はいのちをつなぐ／宇根豊著／岩波書店（岩波ジュニア新書）／2023 年 11 月

気候崩壊：次世代とともに考える／宇佐美誠著／岩波書店（岩波ブックレット）／2021 年 6 月

天皇制ってなんだろう?：あなたと考えたい民主主義からみた天皇制―中学生の質問箱／宇都宮健児著／平凡社／2018 年 12 月

〈私〉時代のデモクラシー／宇野重規著／岩波書店（岩波新書 新赤版）／2010 年 4 月

ぼくは縄文大工：石斧でつくる丸木舟と小屋／雨宮国広著／平凡社（平凡社新書）／2020 年 9 月

14 歳からの原発問題――14 歳の世渡り術／雨宮処凛著／河出書房新社／2011 年 9 月

14 歳からわかる生活保護――14 歳の世渡り術／雨宮処凛著／河出書房新社／2012 年 10 月

14 歳からわかる生命倫理――14 歳の世渡り術／雨宮処凛著／河出書房新社／2014 年 5 月

14歳からの戦争のリアル—14歳の世渡り術／雨宮処凛著／河出書房新社／2015年7月

学校、行かなきゃいけないの?：これからの不登校ガイド—14歳の世渡り術／雨宮処凛著／河出書房新社／2021年1月

学校では教えてくれない生活保護—14歳の世渡り術／雨宮処凛著;ハラユキイラスト／河出書房新社／2023年1月

お寺の日本地図：名刹古刹でめぐる47都道府県／鵜飼秀徳著／文藝春秋（文春新書）／2021年4月

あなたのキャリアのつくり方：NPOを手がかりに／浦坂純子著／筑摩書房（ちくまプリマー新書）／2017年2月

憲法に緊急事態条項は必要か／永井幸寿著／岩波書店（岩波ブックレット）／2016年3月

気をつけよう!情報モラル 3（著作権・肖像権編）／永坂武城監修;秋山浩子文;平田美咲イラスト／汐文社／2013年3月

歴史ごはん：食事から日本の歴史を調べる：食べられる歴史ごはんレシピつき 第1巻／永山久夫監修;山本博文監修／くもん出版／2018年12月

大津波のあとの生きものたち／永幡嘉之写真・文／少年写真新聞社／2015年2月

巨大津波は生態系をどう変えたか：生きものたちの東日本大震災／永幡嘉之著／講談社（ブルーバックス）／2012年4月

金融がやっていること／永野良佑著／筑摩書房（ちくまプリマー新書）／2012年6月

中学生でもわかる経済学／永濱利廣著／ベストセラーズ／2011年12月

エコノミストの父が、子どもたちにこれだけは教えておきたい大切なお金の話／永濱利廣著／ワニ・プラス／2017年10月

エコノミストの父が、子どもたちにこれだけは教えておきたい大切なお金の話／永濱利廣著／ワニ・プラス ワニブックス／2023年4月

素粒子はおもしろい／益川敏英著／岩波書店（岩波ジュニア新書）／2011年11月

科学者は戦争で何をしたか／益川敏英著／集英社（集英社新書）／2015年8月

イギリス肉食革命：胃袋から生まれた近代／越智敏之著／平凡社（平凡社新書）／2018年3月

10代のうちに知っておきたい政治のこと／越智敏夫監修;本作り空Sola編／あかね書房／2022年10月

イヤな気持ちにならずに話す・聞く：アサーション-ピンチを解決!10歳からのライフスキル／園田雅代監修／合同出版／2018年3月

津波は怖い!：みんなで知ろう!津波の怖さ 改訂版／沿岸技術研究センター編;港湾空港技術研究所監修／丸善プラネット／2012年2月

連鎖する大地震／遠田晋次著／岩波書店（岩波科学ライブラリー）／2013年2月

活断層地震はどこまで予測できるか：日本列島で今起きていること／遠田晋次著／講談社（ブルーバックス）／2016年12月

食卓の世界史／遠藤雅司著／筑摩書房（ちくまプリマー新書）／2023年11月

12歳までに身につけたい社会と法の超きほん—未来のキミのためシリーズ／遠藤研一郎監修／朝日新聞出版／2022年8月

僕らが生きているよのなかのしくみは「法」でわかる：13歳からの法学入門／遠藤研一郎著／大和書房／2019年6月

本当に怖いスマホの話：次はキミの番かもしれない……／遠藤美季監修／金の星社／2015年3月

江戸の貧民／塩見鮮一郎著／文藝春秋（文春新書）／2014年8月

地球環境から学ぼう!私たちの未来 第6巻（環境立国へ向けて、日本の未来）／塩瀬治編／星の環会／2011年3月

地球環境から学ぼう!私たちの未来 第2巻（このままでは地球はどうなる?）／塩瀬治編／星の環会／2011年4月

サケが帰ってきた!：福島県木戸川漁協震災復興へのみちのり／奥山文弥著;木戸川漁業協同組合監修／小学館／2017年10月

経済学は死んだのか／奥村宏著／平凡社（平凡社新書）／2010年4月

麺の歴史：ラーメンはどこから来たか／奥村彪生著;安藤百福監修／KADOKAWA（角川ソフィア文庫）／
　2017 年 11 月

明るい不登校：創造性は「学校」外でひらく／奥地圭子著／NHK 出版（NHK 出版新書）／2019 年 8 月

高校入試合格でる順 5 教科／旺文社編／旺文社／2011 年 12 月

行儀作法の教科書／横山驗也著／岩波書店（岩波ジュニア新書）／2010 年 8 月

ミュージアムを知ろう：中高生からの美術館・博物館入門―なるにはBOOKS／横山佐紀著／ぺりかん社
　／2020 年 8 月

15 歳からの社会保障：人生のピンチに備えて知っておこう！／横山北斗著／日本評論社／2022 年 11 月

世界に通じるマナーとコミュニケーション：つながる心、英語は翼／横手尚子著;横山カズ著／岩波書店
　（岩波ジュニア新書）／2017 年 7 月

イラスト版からだに障害のある人へのサポート：子どもとマスターする 40 のボランティア／横藤雅人編;
　北海道生活科・総合的な学習教育連盟ネット研究会著／合同出版／2010 年 3 月

中学生のための礼儀・作法読本：これだけは身につけたい：大人への入り口／横浜市教育委員会事務局編
　／ぎょうせい／2010 年 9 月

人の心に働きかける経済政策／翁邦雄著／岩波書店（岩波新書 新赤版）／2022 年 1 月

日本人の歴史観：黒船来航から集団的自衛権まで／岡崎久彦著;北岡伸一著;坂本多加雄著／文藝春秋（文春
　新書）／2015 年 9 月

三島由紀夫が愛した美女たち／岡山典弘著／エムディエヌコーポレーション（MdN 新書）／2022 年 10 月

キリストと性：西洋美術の想像力と多様性／岡田温司著／岩波書店（岩波新書 新赤版）／2023 年 10 月

虹の西洋美術史／岡田温司著／筑摩書房（ちくまプリマー新書）／2012 年 12 月

エネルギーあなたはどれを選ぶ? 1（これまでのエネルギー）／岡田久典監修／さ・え・ら書房／2012 年 4 月

エネルギーあなたはどれを選ぶ? 2（太陽、風力、地熱エネルギー）／岡田久典監修／さ・え・ら書房／2012
　年 6 月

カマラ・ハリス物語 ＝THE KAMALA HARRIS STORY／岡田好惠著;藤本たみこイラスト／講談社／
　2022 年 4 月

海のクライシス：地球環境／岡田康則まんが・構成甲谷保和監修／小学館（科学学習まんがクライシス・
　シリーズ）／2018 年 1 月

13 歳から考えるまちづくり／岡田知弘監修／かもがわ出版／2023 年 10 月

特別な一ぴき：いのちの授業：どうして、犬って捨てられちゃうと思う?／岡田朋子文／国土社／2014 年
　10 月

なりたい自分との出会い方：世界に飛び出したボクが伝えたいこと／岡本啓史著／岩波書店（岩波ジュニ
　アスタートブックス）／2022 年 8 月

しあわせ持ちになれる「お金,仕事,投資,生き方」の授業：実況!「ハッピー・マネー教室」／岡本和久著／
　創成社／2015 年 7 月

経済ナゾ解き隊：お金のホントを知る―あさがく選書；2／岡野進著／朝日学生新聞社／2012 年 5 月

15 歳から身につける経済リテラシー／岡野進著／朝日学生新聞社／2017 年 4 月

水の未来：グローバルリスクと日本／沖大幹著／岩波書店（岩波新書 新赤版）／2016 年 3 月

10 年後破綻する人、幸福な人／荻原博子著／新潮社（新潮新書）／2016 年 1 月

女子サッカー選手です。そして、彼女がいます―みんなの研究／下山田志帆著／偕成社／2022 年 7 月

「生き場」を探す日本人／下川裕治著／平凡社（平凡社新書）／2011 年 6 月

マンガでわかる世の中の「ウソ」から身を守る：情報との正しい接し方／下村健一監修／学研プラス／
　2021 年 2 月

「ハーフ」ってなんだろう?：あなたと考えたいイメージと現実―中学生の質問箱／下地ローレンス吉孝著
　／平凡社／2021 年 4 月

高校生からの統計入門／加藤久和著／筑摩書房（ちくまプリマー新書）／2016 年 5 月

オペラでわかるヨーロッパ史／加藤浩子著／平凡社（平凡社新書）／2015 年 12 月

下級武士の米日記：桑名・柏崎の仕事と暮らし／加藤淳子著／平凡社（平凡社新書）／2011 年 6 月

よくわかる盛岡の歴史／加藤章著;高橋知己著;藤井茂著;八木光則著／東京書籍／2016年8月

もしもトイレがなかったら／加藤篤著／少年写真新聞社（ちしきのもり）／2020年11月

フェミニズム＝feminism：『伊藤野枝集』加藤陽子／アトウッド『侍女の物語』『誓願』鴻巣友季子 ハーマン『心的外傷と回復』上間陽子／セジウィック『男同士の絆』上野千鶴子─教養・文化シリーズ. 別冊NHK100分de名著／加藤陽子著;鴻巣友季子著;上間陽子著;上野千鶴子著／NHK出版／2023年7月

13歳からのテロ問題リアルな「正義論」の話／加藤朗著／かもがわ出版／2011年9月

大人になる前に知る命のこと：心と体の変化・思春期・自分らしく生きる─なるにはBOOKS／加納尚美編著／ぺりかん社／2019年5月

15歳から、社長になれる。：ぼくらの時代の起業入門─よりみちパン!セ；P060／家入一真著／イースト・プレス／2013年11月

異常気象と温暖化がわかる：どうなる?気候変動による未来／河宮未知生監修／技術評論社（知りたい!サイエンスiLLUSTRATED）／2016年6月

人口減少で日本はどうなる?：未来の社会について考えよう!／河合雅司著／PHP研究所（楽しい調べ学習シリーズ）／2020年12月

コロナ後を生きる逆転戦略：縮小ニッポンで勝つための30カ条／河合雅司著／文藝春秋（文春新書）／2021年6月

河合敦先生と行く歴史がよくわかる京都の本／河合敦監修・著／JTBパブリッシング／2011年4月

河合敦先生と行く歴史がよくわかる江戸・東京の本／河合敦監修・著／JTBパブリッシング／2011年4月

河合敦先生と行く歴史がよくわかる奈良の本／河合敦監修・著／JTBパブリッシング／2011年4月

河合敦先生の特別授業日本史人物68／河合敦著／毎日学生新聞社／2013年6月

知っておきたい障がいのある人のSOS 別巻（被災地の人のSOS）／河東田博著／ゆまに書房／2015年5月

13歳からの経済のしくみ・ことば図鑑／花岡幸子著;matsuイラスト／WAVE出版／2018年2月

コーポレート・ガバナンス／花崎正晴著／岩波書店（岩波新書 新赤版）／2014年11月

生態系は誰のため?／花里孝幸著／筑摩書房（ちくまプリマー新書）／2011年3月

ウソみたいだけど実在する!世界のめっちゃスゴい国／海外情報事業部著／JTBパブリッシング／2020年11月

12歳までに身につけたいSDGsの超きほん─未来のキミのためシリーズ／蟹江憲史監修／朝日新聞出版／2021年7月

SDGs入門：未来を変えるみんなのために／蟹江憲史著／岩波書店（岩波ジュニアスタートブックス）／2021年9月

地球の仲間たち：スリランカ／ニジェール／開発教育を考える会編／ひだまり舎／2019年8月

人は見た目!と言うけれど：私の顔で、自分らしく／外川浩子著／岩波書店（岩波ジュニア新書）／2020年11月

劉備と諸葛亮：カネ勘定の『三国志』／柿沼陽平著／文藝春秋（文春新書）／2018年5月

13歳からの「差がつく!言葉えらび」レッスン：きちんと伝わる言い回し450─コツがわかる本. ジュニアシリーズ／覚来ゆか里著／メイツ出版／2019年5月

東日本大震災伝えなければならない100の物語 第10巻（未来へ）／学研教育出版著／学研教育出版／2013年2月

東日本大震災伝えなければならない100の物語 第1巻（その日）／学研教育出版著／学研教育出版／2013年2月

東日本大震災伝えなければならない100の物語 第2巻（明けない夜はない）／学研教育出版著／学研教育出版／2013年2月

東日本大震災伝えなければならない100の物語 第3巻（生きることを、生きるために）／学研教育出版著／学研教育出版／2013年2月

東日本大震災伝えなければならない100の物語 第4巻（助け合うこと）／学研教育出版著／学研教育出版／2013年2月

東日本大震災伝えなければならない100の物語 第5巻（放射能との格闘）／学研教育出版著／学研教育出版

／2013 年 2 月

東日本大震災伝えなければならない 100 の物語 第 6 巻 (絆)／学研教育出版著／学研教育出版／2013 年 2 月

東日本大震災伝えなければならない 100 の物語 第 7 巻 (希望をつむぐ)／学研教育出版著／学研教育出版／2013 年 2 月

東日本大震災伝えなければならない 100 の物語 第 8 巻 (広がりゆく支援の輪)／学研教育出版著／学研教育出版／2013 年 2 月

東日本大震災伝えなければならない 100 の物語 第 9 巻 (再生と復興に向かって)／学研教育出版著／学研教育出版／2013 年 2 月

マンガ教科書に出てくる美術・建築物語 1／学研編集部編集／学研プラス／2022 年 3 月

マンガ教科書に出てくる美術・建築物語 2／学研編集部編集／学研プラス／2022 年 3 月

マンガ教科書に出てくる美術・建築物語 3／学研編集部編集／学研プラス／2022 年 3 月

マンガ教科書に出てくる美術・建築物語 4／学研編集部編集／学研プラス／2022 年 3 月

マンガ教科書に出てくる美術・建築物語 5／学研編集部編集／学研プラス／2022 年 3 月

科学者の卵たちに贈る言葉：江上不二夫が伝えたかったこと／笠井献一著／岩波書店 (岩波科学ライブラリー)／2013 年 7 月

論語君はどう生きるか?：だから私はこう生きる!／樫野紀元著／三和書籍／2020 年 9 月

ブラームス―マンガ音楽家ストーリー；7／葛城まどか作画;芦塚陽二監修／ドレミ楽譜出版社／2015 年 1 月

13 歳から考える住まいの権利：多様な生き方を実現する「家」のはなし／葛西リサ著／かもがわ出版／2022 年 12 月

走れ!移動図書館：本でよりそう復興支援／鎌倉幸子著／筑摩書房 (ちくまプリマー新書)／2014 年 1 月

さようなら原発／鎌田慧編／岩波書店 (岩波ブックレット)／2011 年 12 月

日本の大地つくりと変化 1／鎌田浩毅監修／岩崎書店／2021 年 9 月

次に来る自然災害：地震・噴火・異常気象―地球科学入門；1／鎌田浩毅著／PHP 研究所 (PHP 新書)／2012 年 5 月

資源がわかればエネルギー問題が見える：環境と国益をどう両立させるか―地球科学入門；2／鎌田浩毅著／PHP 研究所 (PHP 新書)／2012 年 6 月

日本の地下で何が起きているのか／鎌田浩毅著／岩波書店 (岩波科学ライブラリー)／2017 年 10 月

地学ノススメ：「日本列島のいま」を知るために／鎌田浩毅著／講談社 (ブルーバックス)／2017 年 2 月

富士山噴火と南海トラフ：海が揺さぶる陸のマグマ／鎌田浩毅著／講談社 (ブルーバックス)／2019 年 5 月

日本の自動車工業：生産・環境・福祉 4 (環境にやさしい自動車づくり)／鎌田実監修／岩崎書店／2015 年 3 月

16 歳からのはじめてのゲーム理論："世の中の意思決定"を解き明かす 6.5 個の物語／鎌田雄一郎著／ダイヤモンド社／2020 年 7 月

昭和のことば／鴨下信一著／文藝春秋 (文春新書)／2016 年 10 月

東京大学の先生が教える海洋のはなし／茅根創編著;丹羽淑博編著／成山堂書店／2023 年 3 月

暴力はいけないことだと誰もがいうけれど―14 歳の世渡り術／萱野稔人著／河出書房新社／2010 年 2 月

世界の女性問題 3／関橋眞理著／汐文社／2014 年 2 月

瞬間接着剤で目をふさがれた犬純平 新装改訂版／関朝之さく;nanako え／ハート出版／2017 年 6 月

神様のおつかい犬純平／関朝之作／天乃壽絵／ハート出版／2023 年 6 月

地域を豊かにする働き方：被災地復興から見えてきたこと／関満博著／筑摩書房 (ちくまプリマー新書)／2012 年 8 月

大統領の大事典／関眞興監修／くもん出版／2021 年 10 月

96%の大絶滅：地球史におきた環境大変動／丸岡照幸著／技術評論社 (知りたい!サイエンス)／2010 年 4 月

必ず役立つ吹奏楽ハンドブック ジャズ&ポップス編／丸谷明夫監修／ヤマハミュージックメディア／2014年2月

はじめての沖縄―よりみちパン!セ／岸政彦著／新曜社／2018年5月

ロボットが日本を救う／岸宣仁著／文藝春秋（文春新書）／2011年8月

生きのびるための流域思考／岸由二著／筑摩書房（ちくまプリマー新書）／2021年7月

未来をはこぶオーケストラ：福島に奇跡を届けたエル・システマ／岩島光子著／汐文社／2017年3月

イラストでわかる13歳から自立できるマナーの基本／岩下宣子監修／PHP研究所／2018年9月

13歳からの日本人の「作法」と「しきたり」：育ちのいい人は知っている／岩下宣子監修；「日本人の作法としきたり」研究会編著／PHP研究所／2022年10月

12歳までに身につけたいルール・マナーの超きほん―未来のキミのためシリーズ／岩下宣子監修；梅澤真一監修／朝日新聞出版／2022年7月

ビジュアル日本のお金の歴史 江戸時代／岩橋勝著／ゆまに書房／2015年10月

消えゆくくらしのモノ事典／岩崎書店編集部編／岩崎書店／2021年2月

桜がなくなる日：生物の絶滅と多様性を考える／岩槻邦男著／平凡社（平凡社新書）／2013年6月

感染症医が教える性の話／岩田健太郎著／筑摩書房（ちくまプリマー新書）／2016年12月

キャッシュレスで得する!お金の新常識：電子マネー、スマホ決済…／岩田昭男著／青春出版社（青春新書INTELLIGENCE）／2018年7月

10代が考えるウクライナ戦争／岩波ジュニア新書編集部編／岩波書店（岩波ジュニア新書）／2023年2月

3.11を心に刻んで 2013／岩波書店編集部編／岩波書店（岩波ブックレット）／2013年3月

3.11を心に刻んで 2014／岩波書店編集部編／岩波書店（岩波ブックレット）／2014年3月

3.11を心に刻んで 2015／岩波書店編集部編／岩波書店（岩波ブックレット）／2015年3月

3.11を心に刻んで 2016／岩波書店編集部編／岩波書店（岩波ブックレット）／2016年3月

3.11を心に刻んで 2017／岩波書店編集部編／岩波書店（岩波ブックレット）／2017年3月

3.11を心に刻んで 2018／岩波書店編集部編／岩波書店（岩波ブックレット）／2018年3月

3.11を心に刻んで 2019／岩波書店編集部編／岩波書店（岩波ブックレット）／2019年3月

3.11を心に刻んで 2020／岩波書店編集部編／岩波書店（岩波ブックレット）／2020年3月

3.11を心に刻んで 2021／岩波書店編集部編／岩波書店（岩波ブックレット）／2021年3月

出羽三山：山岳信仰の歴史を歩く／岩鼻通明著／岩波書店（岩波新書 新赤版）／2017年10月

図解・感覚器の進化：原始動物からヒトへ水中から陸上へ／岩堀修明著／講談社（ブルーバックス）／2011年1月

図解・内臓の進化：形と機能に刻まれた激動の歴史／岩堀修明著／講談社（ブルーバックス）／2014年2月

世論調査とは何だろうか／岩本裕著／岩波書店（岩波新書 新赤版）／2015年5月

トラブル回避!中・高生のための法律ガイドブック／喜成清重著／日本加除出版／2010年11月

きみはどう考える?人権ってなんだろう 2／喜多明人監修／汐文社／2021年3月

少子高齢社会-世界と日本の人口問題／鬼頭宏監修／文研出版／2013年11月

人口問題にたちむかう―世界と日本の人口問題／鬼頭宏監修／文研出版／2014年2月

図解地球温暖化の科学：面白いほどSDGsの大切さが身につく／鬼頭昭雄監修／宝島社／2022年3月

モラルの起源：実験社会科学からの問い／亀田達也著／岩波書店（岩波新書 新赤版）／2017年3月

君に伝えたい!学校や友達とのルール／義家弘介著／シーアンドアール研究所／2011年5月

日本の地方財閥30家：知られざる経済名門／菊地浩之著／平凡社（平凡社新書）／2012年2月

47都道府県別日本の地方財閥／菊地浩之著／平凡社（平凡社新書）／2014年2月

日本の長者番付：戦後億万長者の盛衰／菊地浩之著／平凡社（平凡社新書）／2015年2月

学校で育てる緑のカーテン大百科 2（はじめての栽培と観察）／菊本るり子監修／学研教育出版／2013年2月

米―おいしく安心な食と農業／吉永悟志監修;小泉光久制作・文／文研出版／2021年9月

はじめて学ぶ環境倫理：未来のために「しくみ」を問う／吉永明弘著／筑摩書房（ちくまプリマー新書）

／2021 年 12 月

沖縄を知る本：現地の記者が伝える／吉岡攻監修／WAVE 出版／2014 年 3 月

まんがで読む防衛白書 平成 23 年版／吉岡佐和子著;防衛省監修;MCH イラスト／防衛省／2012 年 3 月

コンビニおいしい進化史：売れるトレンドのつくり方／吉岡秀子著／平凡社（平凡社新書）／2019 年 12 月

原発 決めるのは誰か／吉岡斉著;寿楽浩太著;宮台真司著;杉田敦著／岩波書店（岩波ブックレット）／2015 年 5 月

原発と日本の未来：原子力は温暖化対策の切り札か／吉岡斉編／岩波書店（岩波ブックレット）／2011 年 2 月

日本古代国家形成史の研究：制度・文化・社会／吉村武彦著／岩波書店／2023 年 4 月

94 歳から 10 代のあなたへ伝えたい大切なこと／吉沢久子著／海竜社／2012 年 4 月

地球はどうしてできたのか：マントル対流と超大陸の謎／吉田晶樹著／講談社（ブルーバックス）／2014 年 9 月

政治のキホン 100／吉田文和著／岩波書店（岩波ジュニア新書）／2014 年 9 月

語り伝えるアジア・太平洋戦争：ビジュアルブック 第 3 巻（戦時下、銃後の国民生活）／吉田裕文・監修／新日本出版社／2012 年 1 月

確率・統計でわかる「金融リスク」のからくり：「想定外の損失」をどう避けるか／吉本佳生著／講談社（ブルーバックス）／2012 年 8 月

高校生からの経済データ入門／吉本佳生著／筑摩書房（ちくま新書）／2013 年 3 月

暗号が通貨(カネ)になる「ビットコイン」のからくり：「良貨」になりうる 3 つの理由／吉本佳生著;西田宗千佳著／講談社（ブルーバックス）／2014 年 5 月

日本の教育格差／橘木俊詔著／岩波書店（岩波新書 新赤版）／2010 年 7 月

遺伝か、能力か、環境か、努力か、運なのか：人生は何で決まるのか／橘木俊詔著／平凡社（平凡社新書）／2017 年 12 月

これならわかる!科学の基礎のキソ 地球—ジュニアサイエンス／杵島正洋監修;こどもくらぶ編／丸善出版／2014 年 12 月

まんがでわかる日本の歴史：わかりやすい!おもしろい!楽しく読める! 大正デモクラシー編—Goma books／久松文雄画／ゴマブックス／2018 年 3 月

14 歳からの新しい音楽入門：どうして私たちには音楽が必要なのか／久保田慶一著／スタイルノート／2021 年 7 月

ジュニアのための貧困問題入門：人として生きるために／久保田貢編／平和文化／2010 年 10 月

日本文学の古典 50 選 改版／久保田淳著／岩波書店（岩波ジュニア新書）／2013 年 2 月

13 歳からの著作権：正しく使う・作る・発信するための「権利」とのつきあい方がわかる本—コツがわかる本. ジュニアシリーズ／久保田裕監修／メイツユニバーサルコンテンツ／2022 年 5 月

持続可能な発展の話：「みんなのもの」の経済学／宮永健太郎著／岩波書店（岩波新書 新赤版）／2023 年 5 月

一枚の絵で学ぶ美術史カラヴァッジョ《聖マタイの召命》／宮下規久朗著／筑摩書房（ちくまプリマー新書）／2020 年 2 月

看護師という生き方／宮子あずさ著／筑摩書房（ちくまプリマー新書）／2013 年 9 月

漫画から学ぶ生きる力 災害編／宮川総一郎監修／ほるぷ出版／2016 年 10 月

14 歳からの社会学：これからの社会を生きる君に／宮台真司著／筑摩書房（ちくま文庫）／2013 年 1 月

震災トラウマと復興ストレス／宮地尚子著／岩波書店（岩波ブックレット）／2011 年 8 月

東日本大震災と子ども：3・11 あの日から何が変わったか—コミュニティ・ブックス／宮田美恵子著／日本地域社会研究所／2016 年 2 月

分子からみた生物進化：DNA が明かす生物の歴史／宮田隆著／講談社（ブルーバックス）／2014 年 1 月

外国人労働者受け入れを問う／宮島喬著;鈴木江理子著／岩波書店（岩波ブックレット）／2014 年 12 月

歩く、見る、聞く人びとの自然再生／宮内泰介著／岩波書店（岩波新書 新赤版）／2017 年 2 月

中学生にもわかる会社の創り方・拡げ方・売り方／宮嵜太郎著／クロスメディア・パブリッシング／2021年10月

人生を豊かにしたい人のための世界遺産／宮澤光著／マイナビ出版（マイナビ新書）／2022年3月

将来が見えてくる!日本の給料&職業図鑑Special／給料BANK著;スタディサプリ進路著／宝島社／2021年5月

大人になったら何になりたい?日本の給料&職業図鑑：こども編／給料BANK著;スタディサプリ進路著／宝島社／2023年3月

みんなでかんがえよう!生物多様性と地球環境2（日本の多様な生きものと環境）／京極徹編／岩崎書店／2010年10月

森のくま半といく!お茶・コーヒー探検：学校では教えてくれないお茶・コーヒーのこと／共栄製茶株式会社原著／共栄製茶／2022年8月

ルポ虐待の連鎖は止められるか／共同通信「虐待」取材班著／岩波書店（岩波ブックレット）／2014年11月

30代記者たちが出会った戦争：激戦地を歩く／共同通信社会部編／岩波書店（岩波ジュニア新書）／2016年7月

政治を選ぶ力／橋下徹著;三浦瑠麗著／文藝春秋（文春新書）／2019年6月

〈働く〉ときの完全装備：15歳から学ぶ労働者の権利／橋口昌治;肥下彰男;伊田広行著／解放出版社／2010年9月

〈働く〉ときの完全装備：15歳から学ぶ労働者の権利 新版／橋口昌治著;肥下彰男著;伊田広行著／解放出版社／2016年11月

図説科学史入門／橋本毅彦著／筑摩書房（ちくま新書）／2016年11月

古典を読んでみましょう／橋本治著／筑摩書房（ちくまプリマー新書）／2014年7月

国家を考えてみよう／橋本治著／筑摩書房（ちくまプリマー新書）／2016年6月

水と環境問題—世界と日本の水問題／橋本淳司著／文研出版／2010年11月

ぼくらの裁判をはじめよう—14歳の世渡り術 ＝ WORLDLY WISDOM FOR 14 YEARS OLD／郷田マモラ著／河出書房新社／2011年11月

ニホンという滅び行く国に生まれた若い君たちへ：15歳から始める生き残るための社会学／響堂雪乃著／白馬社／2017年3月

いじめと戦おう!／玉聞伸啓著／小学館／2011年11月

いじめから脱出しよう!：自分をまもる方法12か月分／玉聞伸啓著／小学館／2017年1月

中学生のための学校生活のマナー 改訂版／桐蔭学園中学校・中等教育学校編／開隆堂出版／2014年3月

高校生と考える日本の論点2020-2030／桐光学園中学校・高等学校編／左右社（桐光学園大学訪問授業）／2020年4月

ニュースタンダード資料現代社会 2012／近津経史ほか著／実教出版／2012年1月

保育園「改革」のゆくえ：「新たな保育の仕組み」を考える／近藤幹生著／岩波書店（岩波ブックレット）／2010年1月

武具の日本史／近藤好和著／平凡社（平凡社新書）／2010年8月

ものがたり西洋音楽史／近藤譲著／岩波書店（岩波ジュニア新書）／2019年3月

グローバル資本主義と日本の選択：富と貧困の拡大のなかで／金子勝;橘木俊詔著;武者陵司著／岩波書店（岩波ブックレット）／2010年3月

日本病：長期衰退のダイナミクス／金子勝;児玉龍彦著／岩波書店（岩波新書 新赤版）／2016年1月

学校では教えてくれないお金の話—14歳の世渡り術／金子哲雄著／河出書房新社／2011年7月

指と耳で見る、目と手で聞く：視覚障害・聴覚障害のある人の暮らす世界—なるにはBOOKS；別巻／金治直美著／ぺりかん社／2023年1月

科学の危機／金森修著／集英社（集英社新書）／2015年4月

平清盛と28人の男と女の裏表。：清盛は悪党か?改革者か?：45分でわかる!—Magazine house 45 minutes series；#21／金谷俊一郎著／マガジンハウス／2011年12月

18

日本の年金／駒村康平著／岩波書店（岩波新書 新赤版）／2014年9月

通じない日本語：世代差・地域差からみる言葉の不思議／窪薗晴夫著／平凡社（平凡社新書）／2017年12月

ニホンカワウソはつくづく運がわるかった?!：ひらめき動物保全学／熊谷さとし著／偕成社／2015年10月

加藤清正と小西行長 前編―くまもとの歴史；1／熊本県小学校教育研究会社会科部会監修;熊本県中学校教育研究会社会科部会監修;松島利昭原作;大塚真由美原作;中島健志漫画／熊本県教科書供給所／2015年3月

起業家になりたい!：自分でつくる未来の仕事.[3]／熊野正樹監修／保育社／2023年10月

起業家になりたい!：自分でつくる未来の仕事.[1]／熊野正樹監修／保育社／2023年11月

起業家になりたい!：自分でつくる未来の仕事.[2]／熊野正樹監修／保育社／2023年11月

小さな建築／隈研吾著／岩波書店（岩波新書 新赤版）／2013年1月

CO2がわかる事典：性質・はたらきから環境への影響まで：もっとよく知りたい!／栗岡誠司監修／PHP研究所／2010年3月

なんにもないけどやってみた：プラ子のアフリカボランティア日記／栗山さやか著／岩波書店（岩波ジュニア新書）／2011年10月

ウォーレン・バフェットお金の秘密を教えよう―偉人のことば／桑原晃弥著／PHP研究所／2013年12月

影絵＝SHADOW ART／劇団かかし座監修;後藤圭主文／文溪堂／2012年4月

介護職がいなくなる：ケアの現場で何が起きているのか／結城康博著／岩波書店（岩波ブックレット）／2019年9月

プロ野球で1億円稼いだ男のお金の話―TOKYO NEWS BOOKS／元永知宏著／東京ニュース通信社 講談社／2023年10月

18歳選挙世代は日本を変えるか／原田曜平著／ポプラ社（ポプラ選書. 未来へのトビラ ）／2018年4月

知の訓練：日本にとって政治とは何か／原武史著／新潮社（新潮新書）／2014年7月

希望のつくり方／玄田有史著／岩波書店（岩波新書 新赤版）／2010年10月

現代社会ライブラリーへようこそ!2019-20／現代社会ライブラリーへようこそ！編集委員会著／清水書院／2019年8月

現代社会ライブラリーへようこそ!2018-19／現代社会ライブラリーへようこそ!編集委員会著／清水書院／2018年4月

現代社会ライブラリーへようこそ!2021-22／現代社会ライブラリーへようこそ!編集委員会著・編集／清水書院／2021年8月

現代社会ライブラリーへようこそ!2020-21／現代社会ライブラリーへようこそ！編集委員会編集／清水書院／2020年8月

現代社会ライブラリーへようこそ!2022-23／現代社会ライブラリーへようこそ！編集委員会編集／清水書院／2022年8月

現代社会ライブラリーへようこそ!2017／現代社会ライブラリーへようこそ!編集委員著／清水書院／2016年9月

現代社会ライブラリーへようこそ!2018／現代社会ライブラリーへようこそ!編集委員著／清水書院／2017年7月

現代社会用語集／現代社会教科書研究会編／山川出版社／2014年10月

現代用語の基礎知識学習版 2010→2011／現代用語検定協会監修／自由国民社／2010年2月

現代用語の基礎知識学習版 2011→2012／現代用語検定協会監修／自由国民社／2011年3月

現代用語の基礎知識学習版 2012→2013／現代用語検定協会監修／自由国民社／2012年2月

現代用語の基礎知識学習版：大人はもちろん子どもにも。 2013→2014／現代用語検定協会監修／自由国民社／2013年2月

現代用語の基礎知識学習版：子どもはもちろん大人にも。 2014→2015／現代用語検定協会監修／自由国民社／2014年2月

現代用語の基礎知識：学習版 2018／現代用語検定協会監修／自由国民社／2017年5月

現代用語の基礎知識：学習版 2019-2020／現代用語検定協会監修／自由国民社／2019 年 7 月

現代用語の基礎知識：学習版. 2023-2024／現代用語検定協会監修／自由国民社／2023 年 7 月

秘密諜報員ベートーヴェン／古山和男著／新潮社（新潮新書）／2010 年 5 月

きみがもし選挙に行くならば：息子と考える 18 歳選挙権／古川元久著／集英社／2016 年 5 月

図解・天気予報入門：ゲリラ豪雨や巨大台風をどう予測するのか／古川武彦;大木勇人著／講談社（ブルーバックス）／2021 年 9 月

お金でほんとうに幸せになれる?／古沢良太原作;NHKEテレ「Q～こどものための哲学」制作班編／ほるぷ出版（Q こどものための哲学）／2020 年 2 月

高校生のための「いのち」の授業：書下ろし／古田晴彦著／祥伝社（祥伝社黄金文庫）／2013 年 3 月

きっといいことあるよ!：東日本大震災と人々の歩み／戸塚真弓作／清風堂書店／2015 年 12 月

探検!ものづくりと仕事人：「これが好き!」と思ったら、読む本 チョコレート菓子・ポテトチップス・アイス／戸田恭子著／ぺりかん社／2013 年 11 月

日本の歴史を旅する／五味文彦著／岩波書店（岩波新書 新赤版）／2017 年 9 月

人生の正解をつくるお金のセンス：17 歳までに知っておきたい「使う」「貯める」「稼ぐ」「守る」「増やす」の考え方／午堂登紀雄著／技術評論社／2023 年 2 月

ドキュメント平成政治史. 4／後藤謙次著／岩波書店／2023 年 6 月

食の街道を行く／向笠千恵子著／平凡社（平凡社新書）／2010 年 7 月

差別ってなんだろう? 1／好井裕明監修／新日本出版社／2023 年 2 月

「感動ポルノ」と向き合う：障害者像にひそむ差別と排除／好井裕明著／岩波書店（岩波ブックレット）／2022 年 1 月

「今、ここ」から考える社会学／好井裕明著／筑摩書房（ちくまプリマー新書）／2017 年 1 月

他者を感じる社会学：差別から考える／好井裕明著／筑摩書房（ちくまプリマー新書）／2020 年 11 月

ポスト資本主義：科学・人間・社会の未来／広井良典著／岩波書店（岩波新書 新赤版）／2015 年 6 月

持続可能な医療：超高齢化時代の科学・公共性・死生観―シリーズケアを考える／広井良典著／筑摩書房（ちくま新書）／2018 年 6 月

ユニバーサル・ミュージアムへのいざない：思考と実践のフィールドから／広瀬浩二郎著／三元社／2023 年 10 月

学校はなぜ退屈でなぜ大切なのか／広田照幸著／筑摩書房（ちくまプリマー新書）／2022 年 5 月

学問の自由と大学の危機／広田照幸著;石川健治著;橋本伸也著;山口二郎著／岩波書店（岩波ブックレット）／2016 年 2 月

人類の進化大百科：おどろきの 700 万年／更科功監修;川崎悟司絵;フクイサチヨ絵;おかやまたかとし絵／偕成社／2023 年 1 月

地図で読み解く江戸・東京：江戸の暮らしが見えてくる／江戸風土研究会編・著;津川康雄監修／技術評論社（ビジュアルはてなマップ）／2015 年 5 月

アフリカで、バッグの会社はじめました：寄り道多め仲本千津の進んできた道／江口絵理著／さ・え・ら書房／2023 年 6 月

議会制民主主義の活かし方：未来を選ぶために／糠塚康江著／岩波書店（岩波ジュニア新書）／2020 年 5 月

えーっ!バイト高校生も有給休暇とれるンだって!―シリーズ|Law☆Do|;1／航薫平著／フォーラム・A／2012 年 9 月

今あるもので「あか抜けた」部屋になる。／荒井詩万著／サンクチュアリ出版（sanctuary books）／2019 年 2 月

障害者ってだれのこと?：「わからない」からはじめよう―中学生の質問箱／荒井裕樹著／平凡社／2022 年 7 月

いじめ 2.0：新しいいじめとの戦い方／荒井隆一著／愛育出版／2018 年 12 月

妖怪は海にいる!?アラマタ式海の博物教室―みんなの研究／荒俣宏著／偕成社／2022 年 10 月

すごすぎる天気の図鑑雲の超図鑑 ＝The Super-Visual Dictionary of Clouds／荒木健太郎著／

KADOKAWA／2023 年 3 月

近未来科学ファイル 20XX 1／荒舩良孝著:田川秀樹イラスト;つぼいひろきイラスト／岩崎書店／2016 年 2 月

わたしの沖縄戦 4／行田稔彦著／新日本出版社／2014 年 3 月

深海のふしぎ：追跡!深海生物と巨大ザメの巻—講談社の動く学習漫画 MOVE COMICS／講談社編;高橋拓真漫画;滋野修一監修／講談社／2016 年 7 月

NHK ダーウィンが来た!：生きもの新伝説 [10]—発見!マンガ図鑑／講談社編纂;NHK「ダーウィンが来た!」原作戸井原和巳漫画／講談社／2016 年 3 月

生物多様性と私たち：COP10 から未来へ／香坂玲著／岩波書店（岩波ジュニア新書）／2011 年 5 月

地域再生：逆境から生まれる新たな試み／香坂玲著／岩波書店（岩波ブックレット）／2012 年 10 月

「いじめ」や「差別」をなくすためにできること／香山リカ著／筑摩書房（ちくまプリマー新書）／2017 年 8 月

保護ねこ活動ねこかつ!：ずっとのおうちが救えるいのち／高橋うらら著／岩崎書店／2022 年 10 月

おかえり!アンジー：東日本大震災を生きぬいた犬の物語／高橋うらら著／集英社（集英社みらい文庫）／2014 年 3 月

まもりたい、この小さな命：動物保護団体アークの物語／高橋うらら文;原田京子写真／集英社（集英社みらい文庫）／2016 年 10 月

気をつけよう!課金トラブル. 1／高橋暁子監修／汐文社／2023 年 10 月

恋ではなく愛で学ぶ政治と経済：すべての中学生・高校生・大学生に贈る：みんなが幸せになる／高橋勝也著／清水書院／2019 年 6 月

こども気候変動アクション 30：未来のためにできること／高橋真樹著／かもがわ出版／2022 年 1 月

ご当地電力はじめました!／高橋真樹著／岩波書店（岩波ジュニア新書）／2015 年 1 月

受験算数：難問の四千年をたどる／高橋誠著／岩波書店（岩波科学ライブラリー）／2012 年 3 月

「あの日」、そしてこれから：東日本大震災 2011・3・11／高橋邦典写真・文／ポプラ社／2012 年 11 月

知ってる?認知症マンガニンチショウ大使れも参上!—スクールコミック／高橋由為子作・マンガ;菊地蔵乃介解説・監修／子どもの未来社／2017 年 12 月

60 の用語でわかる!福祉なるほど解説 下巻（生活と福祉・福祉の国際化・福祉にかかわる仕事）／高橋利一監修・著／フレーベル館／2010 年 2 月

国際協力ってなんだろう：現場に生きる開発経済学／高橋和志;山形辰史編著／岩波書店（岩波ジュニア新書）／2010 年 11 月

私たちがつくる社会：おとなになるための法教育／高作正博編／法律文化社／2012 年 3 月

生きるための「お金」のはなし／高取しづか著／サンマーク出版／2010 年 10 月

野生動物への 2 つの視点："虫の目"と"鳥の目"／高槻成紀;南正人著／筑摩書房（ちくまプリマー新書）／2010 年 5 月

動物を守りたい君へ／高槻成紀著／岩波書店（岩波ジュニア新書）／2013 年 10 月

中高生からの平和憲法 Q&A／高田健;舘正彦著／晶文社／2011 年 8 月

源氏物語入門／高木和子著／岩波書店（岩波ジュニア新書）／2023 年 9 月

源氏物語の作者を知っていますか／高木和子著／大和書房（だいわ文庫）／2023 年 12 月

平安文学でわかる恋の法則／高木和子著／筑摩書房（ちくまプリマー新書）／2011 年 10 月

思春期のしんどさってなんだろう?：あなたと考えたいあなたを苦しめる社会の問題—中学生の質問箱／鴻巣麻里香著／平凡社／2023 年 6 月

教えて合田先生!18 歳までに知っておきたいお金の授業／合田菜実子著／シーアンドアール研究所／2023 年 3 月

トキよ未来へはばたけ：ニッポニア・ニッポンを守る人たち／国松俊英著／くもん出版／2011 年 3 月

ライチョウを絶滅から救え—ノンフィクション・いまを変えるチカラ／国松俊英著／小峰書店／2018 年 12 月

南極から地球環境を考える 1（南極観測のひみつ Q&A）—ジュニアサイエンス／国立極地研究所監修;こども

21

くらぶ編さん／丸善出版／2014年10月

南極から地球環境を考える 3（南極と北極のふしぎ Q&A）—ジュニアサイエンス／国立極地研究所監修;こどもくらぶ編さん／丸善出版／2014年12月

ドヴォルジャーク：その人と音楽・祖国／黒沼ユリ子著／冨山房インターナショナル／2018年9月

ヒトは7年で脱皮する：近未来を予測する脳科学／黒川伊保子著／朝日新聞出版（朝日新書）／2018年12月

身近な地名で知る日本 4（地名で知る歴史）／黒田祐一著／小峰書店／2011年4月

身近な地名で知る日本 6（総索引）／黒田祐一著／小峰書店／2011年4月

海に生きる!ウミガメの花子／黒部ゆみ写真・文;奥山隼一監修／偕成社／2022年9月

国をつなぐ奇跡の鳥クロツラヘラサギ：日本・韓国・朝鮮の架け橋／今関信子著／汐文社／2015年11月

津波をこえたひまわりさん：小さな連絡船で大島を救った菅原進—感動ノンフィクション／今関信子文／佼成出版社／2012年7月

デニムさん：気仙沼・オイカワデニムが作る復興のジーンズ—感動ノンフィクションシリーズ／今関信子文／佼成出版社／2018年7月

さくら猫と生きる：殺処分をなくすためにできること—ポプラ社ノンフィクション；23／今西乃子著;浜田一男写真／ポプラ社／2015年6月

ゆれるシッポの子犬・きらら／今西乃子著;浜田一男写真／岩崎書店／2012年5月

ゆれるシッポ、ふんじゃった!：子犬のきららと捨て犬・未来／今西乃子著;浜田一男写真／岩崎書店／2021年7月

命のバトンタッチ：捨て犬・未来ものがたり：障がいを負った犬・未来／今西乃子著;浜田一男写真／岩崎書店（フォア文庫）／2013年12月

しあわせのバトンタッチ：障がいを負った犬・未来、学校へ行く—捨て犬・未来ものがたり／今西乃子著;浜田一男写真／岩崎書店（フォア文庫）／2014年6月

捨て犬・未来と子犬のマーチ—捨て犬・未来ものがたり／今西乃子著;浜田一男写真／岩崎書店（フォア文庫）／2014年12月

心のおくりびと東日本大震災復元納棺師：思い出が動きだす日—ノンフィクション知られざる世界／今西乃子著;浜田一男写真／金の星社／2011年12月

捨て犬たちとめざす明日—ノンフィクション知られざる世界／今西乃子著;浜田一男写真／金の星社／2016年9月

犬たちをおくる日：この命、灰になるために生まれてきたんじゃない／今西乃子著;浜田一男写真／金の星社（フォア文庫）／2015年9月

命の境界線：保護されるシカと駆除される鹿／今西乃子著;浜田一男写真;滋賀県多賀町役場取材協力;奈良の鹿愛護会取材協力／合同出版／2021年5月

命がこぼれおちる前に：収容された犬猫の命をつなぐ人びと—感動ノンフィクション／今西乃子文;浜田一男写真／佼成出版社／2012年4月

危険動物との戦い方マニュアル＝How to survive the dangerous animals.—「もしも?」の図鑑／今泉忠明監修・著／実業之日本社／2014年6月

学校と暴力：いじめ・体罰問題の本質／今津孝次郎著／平凡社（平凡社新書）／2014年10月

地名の楽しみ／今尾恵介著／筑摩書房（ちくまプリマー新書）／2016年1月

震災が教えてくれたこと：津波で家族3人を亡くした新聞記者の記録／今野公美子著／朝日学生新聞社／2012年2月

リメイクの日本文学史／今野真二著／平凡社（平凡社新書）／2016年4月

ブラックバイト：学生が危ない／今野晴貴著／岩波書店（岩波新書 新赤版）／2016年4月

ブラック企業のない社会へ：教育・福祉・医療・企業にできること／今野晴貴著;棗一郎著;藤田孝典著;上西充子著;大内裕和著;嶋崎量著;常見陽平著;ハリス鈴木絵美著／岩波書店（岩波ブックレット）／2014年7月

20世紀をつくった経済学：シュンペーター、ハイエク、ケインズ／根井雅弘著／筑摩書房（ちくまプリマ

一新書）／2011 年 12 月

経済学の 3 つの基本：経済成長、バブル、競争／根井雅弘著／筑摩書房（ちくまプリマー新書）／2013 年
10 月

数学の自由研究：第 2 回作品コンクール優秀作品集：中・高校生向 図形・統計・確率編／根上生也監修；
理数教育研究所編／文研出版／2015 年 4 月

ビルマ独立への道：バモオ博士とアウンサン将軍—15 歳からの「伝記で知るアジアの近現代史」シリー
ズ；2／根本敬著／彩流社／2012 年 4 月

日本らしい自然と多様性：身近な環境から考える／根本正之著／岩波書店（岩波ジュニア新書）／2010 年
5 月

在来植物の多様性がカギになる：日本らしい自然を守りたい／根本正之著／岩波書店（岩波ジュニア新
書）／2023 年 6 月

お金の話を 13 歳でもわかるように一流のプロに聞いたら超カッキ的な経済本ができちゃいました！：これか
らの世界で生き残っていくためのリテラシー：子どもでもわかるお金の本／佐々木かをり編著／ダイヤ
モンド社／2013 年 3 月

新だれにも聞けないなやみ相談の本：自分で、自分にアドバイス 4／佐々木正美著；春日井敏之著／学研教
育出版／2014 年 2 月

学校では教えない！お金を増やす授業：「金持ち生活」をつくる資産運用の勘どころ／佐々木裕平著／ぱる
出版／2019 年 3 月

科学の横道：サイエンス・マインドを探る 12 の対話／佐倉統編著／中央公論新社（中公新書）／2011 年
3 月

安倍政権で教育はどう変わるか／佐藤学著；勝野正章著／岩波書店（岩波ブックレット）／2013 年 6 月

憲法と君たち 復刻新装版／佐藤功著／時事通信出版局／2016 年 10 月

大学で大人気の先生が語る〈失敗〉〈挑戦〉〈成長〉の自立学／佐藤剛史著／岩波書店（岩波ジュニア新書）
／2013 年 6 月

さがせ！宇宙の生命探査大百科 ＝ Encyclopedia of Astrobiology／佐藤勝彦総監修；鳴沢真也監修；長沼毅監修；
松井孝典監修；井田茂監修；川口淳一郎監修／偕成社／2016 年 2 月

プーチンと G8 の終焉／佐藤親賢著／岩波書店（岩波新書 新赤版）／2016 年 3 月

故郷の風景：もの神・たま神と三つの時空／佐藤正英著／筑摩書房（ちくまプリマー新書）／2010 年 9 月

社会でがんばるロボットたち 1／佐藤知正監修／鈴木出版／2017 年 10 月

科学技術の現代史：システム、リスク、イノベーション／佐藤靖著／中央公論新社（中公新書）／2019 年
6 月

お金に強くなる生き方／佐藤優著／青春出版社（青春新書 INTELLIGENCE）／2015 年 10 月

教養としてのダンテ「神曲」 地獄篇／佐藤優著／青春出版社（青春新書 INTELLIGENCE）／2022 年 9
月

子どもを守る仕事／佐藤優著；遠藤久江著；池上和子著／筑摩書房（ちくまプリマー新書）／2020 年 10 月

和食の文化史：各地に息づくさまざまな食／佐藤洋一郎著／平凡社（平凡社新書）／2023 年 10 月

知ろう！防ごう！自然災害 1（地震・津波・火山噴火）増補改訂版／佐藤隆雄監修／岩崎書店／2012 年 3 月

AI vs 法：世界で進む AI 規制と遅れる日本／佐藤光一著／マイナビ出版（マイナビ新書）／2023 年 8 月

震災と言葉／佐伯一麦著／岩波書店（岩波ブックレット）／2012 年 9 月

月はぼくらの宇宙港／佐伯和人作／新日本出版社／2016 年 10 月

海に沈んだ大陸の謎：最新科学が解き明かす激動の地球史／佐野貴司著／講談社（ブルーバックス）／
2017 年 7 月

中学生にもわかる化学史／左巻健男著／筑摩書房（ちくま新書）／2019 年 2 月

マンガストップいじめノーモア自殺！：いじめ・自殺のない国をめざして／再チャレンジ東京編／学事出版
／2015 年 1 月

高校生のための選挙入門 ＝ An Introduction to Election for High School Students／斎藤一久編著／三省堂
／2016 年 7 月

23

高校生のための憲法入門 ＝An Introduction to Constitutional Law for High School Students／斎藤一久編著／三省堂／2017 年 5 月

いじめ加害者にどう対応するか：処罰と被害者優先のケア／斎藤環著;内田良著／岩波書店（岩波ブックレット）／2022 年 7 月

ちゃんとわかる消費税─14 歳の世渡り術／斎藤貴男著／河出書房新社／2014 年 3 月

安倍改憲政権の正体／斎藤貴男著／岩波書店（岩波ブックレット）／2013 年 6 月

中学生の君におくる哲学／斎藤慶典著／講談社／2013 年 1 月

5 アンペア生活をやってみた／斎藤健一郎著／岩波書店（岩波ジュニア新書）／2014 年 9 月

日本列島人の歴史─〈知の航海〉シリーズ／斎藤成也著／岩波書店（岩波ジュニア新書）／2015 年 8 月

学校が教えないほんとうの政治の話／斎藤美奈子著／筑摩書房（ちくまプリマー新書）／2016 年 7 月

教養として知っておくべき 20 の科学理論：この世界はどのようにつくられているのか?／細川博昭著;竹内薫監修／SB クリエイティブ（サイエンス・アイ新書）／2016 年 5 月

さよなら、子ども虐待／細川貂々著;今一生著／創元社／2023 年 7 月

13 歳から鍛える具体と抽象／細谷功著／東洋経済新報社／2023 年 10 月

きみは「3.11」をしっていますか?：東日本大震災から 10 年後の物語／細野不二彦まんが;平塚真一郎ノンフィクション;井出明まとめ／小学館／2021 年 2 月

裁判の中の在日コリアン：日本社会の人種主義・ヘイトを超えて 増補改訂版／在日コリアン弁護士協会編著／現代人文社／2022 年 3 月

新幹線大百科：決定版 第 3 巻（新幹線の歴史と未来）／坂正博監修／岩崎書店／2015 年 2 月

守ろう・育てよう日本の水産業 4（大震災と水産業）／坂本一男監修／岩崎書店／2016 年 2 月

図説地図とあらすじでわかる!万葉集 新版／坂本勝監修／青春出版社（青春新書 INTELLIGENCE）／2019 年 6 月

ウルトラマラソンのすすめ：100 キロを走るための極意／坂本雄次著／平凡社（平凡社新書）／2014 年 9 月

坂茂の家の作り方 ＝How to make Houses-くうねるところにすむところ：家を伝える本シリーズ；30／坂茂著／平凡社／2013 年 3 月

「維新」する覚悟／堺屋太一著／文藝春秋（文春新書）／2013 年 1 月

将来お金で苦労しない 7 つの方法-マンガでわかる!10 代からのビジネスブック／榊原正幸監修;古本ゆうやマンガ／河出書房新社／2020 年 4 月

社会科学からみる SDGs ＝REACHING THE SUSTAINABLE DEVELOPMENT GOALS:PERSPECTIVES FROM THE SOCIAL SCIENCES／桜井愛子編著;平体由美編著／小鳥遊書房／2022 年 4 月

昭和天皇にあいたい 2（皇居勤労奉仕団涙の『君が代』）／桜多吾作構成・作画／ふるさと日本プロジェクト／2013 年 9 月

野良猫たちの命をつなぐ：獣医モコ先生の決意／笹井恵里子著／金の星社／2023 年 7 月

方言漢字事典／笹原宏之編著／研究社／2023 年 10 月

パワハラに負けない!：労働安全衛生法指南／笹山尚人著／岩波書店（岩波ジュニア新書）／2013 年 11 月

人権と自然をまもる法ときまり 1／笹本潤法律監修;藤田千枝編／大月書店／2020 年 6 月

人権と自然をまもる法ときまり 2／笹本潤法律監修;藤田千枝編／大月書店／2020 年 9 月

人権と自然をまもる法ときまり 3／笹本潤法律監修;藤田千枝編／大月書店／2020 年 11 月

人権と自然をまもる法ときまり 4／笹本潤法律監修;藤田千枝編／大月書店／2021 年 3 月

総合リース会社図鑑─未来をつくる仕事がここにある／三井住友ファイナンス&リース監修;青山邦彦絵;日経 BP コンサルティング編集／日経 BP 社／2017 年 10 月

さらば、男性政治／三浦まり著／岩波書店（岩波新書 新赤版）／2023 年 1 月

人里に現れるクマ─野生動物被害から考える環境破壊今、動物たちに何が起きているのか／三浦慎悟監修／金の星社／2012 年 2 月

植物を食べつくすシカ─野生動物被害から考える環境破壊今、動物たちに何が起きているのか／三浦慎悟監

修／金の星社／2012 年 3 月

生ごみをあさるカラス―野生動物被害から考える環境破壊今、動物たちに何が起きているのか／三浦慎悟監修／金の星社／2012 年 3 月

日本にすみつくアライグマ―野生動物被害から考える環境破壊今、動物たちに何が起きているのか／三浦慎悟監修／金の星社／2012 年 3 月

畑をあらすイノシシやサル―野生動物被害から考える環境破壊今、動物たちに何が起きているのか／三浦慎悟監修／金の星社／2012 年 3 月

3・11 後の建築と社会デザイン／三浦展編著;藤村龍至編著／平凡社（平凡社新書）／2011 年 11 月

どうしていじめるのかな?／三浦美喜子著／文芸社／2013 年 7 月

風土記の世界／三浦佑之著／岩波書店（岩波新書 新赤版）／2016 年 4 月

子どもに語る日本の神話／三浦佑之訳;茨木啓子再話／こぐま社／2013 年 10 月

あなたに伝えたい政治の話／三浦瑠麗著／文藝春秋（文春新書）／2018 年 10 月

介護のススメ!：希望と創造の老人ケア入門／三好春樹著／筑摩書房（ちくまプリマー新書）／2016 年 12 月

〈萌えすぎて〉絶対忘れない!妄想古文―14 歳の世渡り術／三宅香帆著;睦月ムンクイラスト／河出書房新社／2022 年 10 月

クラゲの不思議：全身が脳になる?謎の浮遊生命体／三宅裕志著／誠文堂新光社／2014 年 12 月

知っておきたい電子マネーと仮想通貨／三菱総合研究所編／マイナビ出版（マイナビ新書）／2018 年 2 月

人を見捨てない国、スウェーデン／三瓶恵子著／岩波書店（岩波ジュニア新書）／2013 年 2 月

13 歳からの税／三木義一監修／かもがわ出版／2020 年 1 月

南海トラフ地震／山岡耕春著／岩波書店（岩波新書 新赤版）／2016 年 1 月

難病の子猫クロといつもいっしょ：小さな命も重さは同じ／山岡睦美作／ハート出版／2010 年 5 月

ジュニア楽典／山下薫子著／音楽之友社／2018 年 7 月

男女平等はどこまで進んだか：女性差別撤廃条約から考える／山下泰子監修;矢澤澄子監修;国際女性の地位協会編／岩波書店（岩波ジュニア新書 ）／2018 年 6 月

どうなってるんだろう?子どもの法律：一人で悩まないで!／山下敏雅編著;渡辺雅之編著／高文研／2017 年 4 月

どうなってるんだろう?子どもの法律：一人で悩まないで! 新版／山下敏雅編著;渡辺雅之編著／高文研／2022 年 9 月

地域学をはじめよう／山下祐介著／岩波書店（岩波ジュニア新書）／2020 年 12 月

アベノミクスと暮らしのゆくえ／山家悠紀夫著／岩波書店（岩波ブックレット）／2014 年 10 月

東大生に挑戦!47 都道府県なぞ解き&学習 BOOK：なぞ解きしながら日本一周!楽しく・ぐんぐん知識が身につく／山賀愛監修;本田祐吾監修;東京大学謎解き制作集団 AnotherVision なぞ解き制作／主婦と生活社／2023 年 10 月

なぜ地球は人間が住める星になったのか?／山賀進著／筑摩書房（ちくまプリマー新書）／2022 年 3 月

「しがらみ」を科学する：高校生からの社会心理学入門／山岸俊男著／筑摩書房（ちくまプリマー新書）／2011 年 11 月

人が人を罰するということ：自由と責任の哲学入門／山口尚著／筑摩書房（ちくま新書）／2023 年 12 月

被災犬「じゃがいも」の挑戦：めざせ!災害救助犬／山口常夫文／岩崎書店／2014 年 12 月

災害救助犬じゃがいも 11 回の挑戦：あきらめない!／山口常夫文／岩崎書店／2019 年 11 月

日本語の古典／山口仲美著／岩波書店（岩波新書 新赤版）／2011 年 1 月

新しい時代のお金の教科書／山口揚平著／筑摩書房（ちくまプリマー新書）／2017 年 12 月

今こそ知りたい!三権分立 1／山根祥利監修;平塚晶人監修;こどもくらぶ編／あすなろ書房／2017 年 1 月

ファイナンシャル・ウェルビーイング：幸せになる人のお金の考え方／山崎俊輔著／青春出版社（青春新書 INTELLIGENCE）／2023 年 7 月

日本列島 100 万年史：大地に刻まれた壮大な物語／山崎晴雄著;久保純子著／講談社（ブルーバックス）／2017 年 1 月

10代の君に伝えたい学校で悩むぼくが見つけた未来を切りひらく思考／山崎聡一郎著／朝日新聞出版／2021年8月

こども六法＝THE STATUTE BOOKS FOR CHILDREN／山崎聡一郎著;伊藤ハムスター絵／弘文堂／2019年8月

こども六法練習帳／山崎聡一郎著;真下麻里子著／永岡書店／2022年1月

まっすぐ人間関係術＝Happy Interpersonal Strategy：きみと世界をつなぐ―1時間で一生分の「生きる力」；2／山崎聡一郎著;藤川大祐監修;茅なやイラスト・まんが／講談社／2021年8月

ふるさとを元気にする仕事／山崎亮著／筑摩書房（ちくまプリマー新書）／2015年11月

地図で見る日本の地震／山川徹文;寒川旭監修／偕成社／2020年1月

探検!ものづくりと仕事人 マヨネーズ・ケチャップ・しょうゆ／山中伊知郎著／ぺりかん社／2012年8月

まんが護国神社へ行こう!／山中浩市原作;そやままい漫画／かざひの文庫／2021年11月

災害からの暮らし再生：いま考えたい／山中茂樹著／岩波書店（岩波ブックレット）／2010年1月

コロナ敗戦後の世界／山田順著／エムディエヌコーポレーション（MdN新書）／2020年12月

まんがと図解でわかる裁判の本：こんなとき、どうする?どうなる?1（くらしのなかの大事件）／山田勝彦監修／岩崎書店／2014年2月

まんがと図解でわかる裁判の本：こんなとき、どうする?どうなる?3（家族や親せきのもめごと）／山田勝彦監修／岩崎書店／2014年2月

まんがと図解でわかる裁判の本：こんなとき、どうする?どうなる?2（学校でトラブル発生）／山田勝彦監修／岩崎書店／2014年3月

まんがと図解でわかる裁判の本：こんなとき、どうする?どうなる?4（お金のことで困ったら）／山田勝彦監修／岩崎書店／2014年3月

まんがと図解でわかる裁判の本：こんなとき、どうする?どうなる?5（危険がいっぱい!インターネット）／山田勝彦監修／岩崎書店／2014年3月

まんがと図解でわかる裁判の本：こんなとき、どうする?どうなる?6（環境・いのち・権利を守る）／山田勝彦監修／岩崎書店／2014年3月

何が問題?格差のはなし：「おいてけぼりの誰か」をつくらない世界のために／山田昌弘監修／Gakken／2023年2月

女性活躍後進国ニッポン／山田昌弘著／岩波書店（岩波ブックレット）／2015年9月

くらす、はたらく、経済のはなし 1／山田博文文;赤池佳江子絵／大月書店／2019年9月

くらす、はたらく、経済のはなし 2／山田博文文;赤池佳江子絵／大月書店／2019年10月

くらす、はたらく、経済のはなし 3／山田博文文;赤池佳江子絵／大月書店／2019年11月

くらす、はたらく、経済のはなし 4／山田博文文;赤池佳江子絵／大月書店／2020年1月

くらす、はたらく、経済のはなし 5／山田博文文;赤池佳江子絵／大月書店／2020年2月

事前学習に役立つみんなの修学旅行 京都／山田邦和監修／小峰書店／2014年2月

事前学習に役立つみんなの修学旅行 奈良・大阪／山田邦和監修／小峰書店／2014年2月

南極と北極：地球温暖化の視点から／山内恭著／丸善出版（サイエンス・パレット）／2020年11月

こども東北学─よりみちパン!セ：P020／山内明美著／イースト・プレス／2011年11月

子どもコンプライアンス／山本一宗著;どんぐり。イラスト／ワニブックス／2023年4月

近代日本一五〇年：科学技術総力戦体制の破綻／山本義隆著／岩波書店（岩波新書 新赤版）／2018年1月

いただきます図鑑：食べもの"ぺろっと"まるわかり!／山本謙治監修;ぼうずコンニャク監修;長澤真緒理イラスト／池田書店／2017年6月

温暖化で日本の海に何が起こるのか：水面下で変わりゆく海の生態系／山本智之著／講談社（ブルーバックス）／2020年8月

気候危機／山本良一著／岩波書店（岩波ブックレット）／2020年1月

大都市はどうやってできるのか／山本和博著／筑摩書房（ちくまプリマー新書）／2022年9月

「家訓」から見えるこの国の姿／山本眞功著／平凡社（平凡社新書）／2013年5月

大震災日本列島が揺れた：高校生・高等専修学校生75人の記録／仕事への架け橋編；まどみちお画／小峰書店／2012年7月

ひとりだちするためのビジネスマナー&コミュニケーション／子どもたちの自立を支援する会編／日本教育研究出版／2013年12月

ひとりだちするためのトラブル対策：予防・回避・対処が学べる 改訂版／子どもたちの自立を支援する会編／日本教育研究出版／2016年7月

中学生から身につけておきたい賢く生きるための金融リテラシー／子どもの学び編集部著／ジャムハウス／2022年9月

子ども大学：シリーズ見てみよう・考えよう！1／子ども大学かわごえ監修；こどもくらぶ編／フレーベル館／2018年10月

子ども大学：シリーズ見てみよう・考えよう！2／子ども大学かわごえ監修；こどもくらぶ編／フレーベル館／2018年12月

増えるものたちの進化生物学／市橋伯一著／筑摩書房（ちくまプリマー新書）／2023年4月

再発見！くらしのなかの伝統文化 2（食事と日本人）／市川寛明監修／ポプラ社／2015年4月

ゲンゴロウ—田んぼの生きものたち／市川憲平文・写真；北添伸夫写真／農山漁村文化協会／2010年3月

「学力格差」の実態：調査報告／志水宏吉著；伊佐夏実著；知念渉著；芝野淳一著／岩波書店（岩波ブックレット）／2014年6月

図説そんなルーツがあったのか！妖怪の日本地図／志村有弘監修／青春出版社（青春新書 INTELLIGENCE）／2013年7月

13歳からの環境問題：「気候正義」の声を上げ始めた若者たち／志葉玲著／かもがわ出版／2020年4月

プラスチック汚染とは何か／枝廣淳子著／岩波書店（岩波ブックレット）／2019年6月

好循環のまちづくり！／枝廣淳子著／岩波書店（岩波新書 新赤版）／2021年4月

家族に「イヤなこと」をされているあなたにお願い：今すぐこの本を持って保健室に行こう／獅城けい著／高文研／2022年8月

ラスト・チャンス！：ぼくに家族ができた日／児玉小枝著／WAVE出版／2013年11月

日本の歴史の道具事典／児玉祥一監修／岩崎書店／2013年11月

フィリピンの独立と日本：リカルテ将軍とラウレル大統領—15歳からの「伝記で知るアジアの近現代史」シリーズ；3／寺見元恵著／彩流社／2014年12月

写真とデータでわかる平成時代 1／時事通信社編／ポプラ社／2019年4月

写真とデータでわかる平成時代 2／時事通信社編／ポプラ社／2019年4月

写真とデータでわかる平成時代 4／時事通信社編／ポプラ社／2019年4月

滋賀の子どものたからばこ 続／滋賀県児童図書研究会編／サンライズ出版／2015年3月

12歳から学ぶ滋賀県の歴史 改訂版／滋賀県中学校教育研究会社会科部会編；木村至宏監修／サンライズ出版／2011年8月

改憲問題Q&A／自由人権協会編／岩波書店（岩波ブックレット）／2014年2月

新だれにも聞けないなやみ相談の本：自分で、自分にアドバイス 3／汐見稔幸著；梨屋アリエ著／学研教育出版／2014年2月

図解・超高層ビルのしくみ：建設から解体までの全技術／鹿島編／講談社（ブルーバックス）／2010年5月

偉人たちの少年少女時代 1（政治・教育にもえた偉人）／漆原智良作／ゆまに書房／2011年3月

かがやけ！虹の架け橋：3.11大津波で3人の子どもを失った夫妻の物語／漆原智良著／アリス館／2019年3月

ズームアップ現代社会資料 2013／実教出版編修部編／実教出版／2013年4月

生活と福祉学習ノート／実教出版編修部編／実教出版／2023年12月

ゲームで学ぶ経済のしくみ 1（市場のしくみ）／篠原総一監修／学研教育出版／2010年2月

ゲームで学ぶ経済のしくみ 2（家計のしくみ）／篠原総一監修／学研教育出版／2010年2月

ゲームで学ぶ経済のしくみ 3（会社のしくみ）／篠原総一監修／学研教育出版／2010年2月

ゲームで学ぶ経済のしくみ 4（金融のしくみ）／篠原総一監修／学研教育出版／2010 年 2 月

ゲームで学ぶ経済のしくみ 5（貿易と世界経済のしくみ）／篠原総一監修／学研教育出版／2010 年 2 月

ゲームで学ぶ経済のしくみ 6（税金と財政のしくみ）／篠原総一監修／学研教育出版／2010 年 2 月

はじめての憲法／篠田英朗著／筑摩書房（ちくまプリマー新書）／2019 年 12 月

身近な美鉱物のふしぎ：川原や海辺で探せるきれいな石、おもしろい石のルーツに迫る／柴山元彦著／SB クリエイティブ（サイエンス・アイ新書）／2019 年 10 月

図解でわかる 14 歳からの自然災害と防災／社会応援ネットワーク 著；諏訪清二 監修／太田出版／2022 年 2 月

図解でわかる 14 歳からの金融リテラシー／社会応援ネットワーク著／太田出版／2023 年 1 月

社会を究める-スタディサプリ三賢人の学問探究ノート：今を生きる学問の最前線読本；2／若新雄純著；水無田気流著；小川仁志著／ポプラ社／2020 年 3 月

こども論語と算盤：お金と生き方の大切なことがわかる!／守屋淳訳／祥伝社／2018 年 8 月

デジタル世界の歩き方：デジタル機器を自分らしく、自信をもって使うためのガイド―いま・生きる・ちからシリーズ／狩野さやか著／ほるぷ出版／2023 年 12 月

高校生からわかる社会科学の基礎知識／酒井峻一著／ベレ出版／2016 年 11 月

マンガと図解でよくわかるお金の基本：高校生から理解できる資産形成&金融知識／酒井富士子著／インプレス／2023 年 1 月

織物を未来の色に染めて：カンボジアの二人の少女／秋山浩子文／汐文社／2014 年 3 月

気をつけよう!消費者トラブル 3（契約編）／秋山浩子文；納田繁絵／汐文社／2012 年 2 月

ニホンという滅び行く国に生まれた若い君たちへ OUTBREAK：17 歳から始める反抗するための社会学／秋嶋亮著／白馬社／2021 年 7 月

ルールはそもそもなんのためにあるのか／住吉雅美著／筑摩書房（ちくまプリマー新書）／2023 年 11 月

ケミ太郎とベジ子の食から学ぶ理科・社会：台所サイエンス&食の社会科見学／渋川祥子；朝日小学生新聞編集部著／朝日学生新聞社／2011 年 7 月

僕らが学校に行く理由―ワイド版ポプラ社ノンフィクション；42. 生きかた／渋谷敦志写真・文／ポプラ社／2022 年 8 月

みんなのなやみ―よりみちパン!セ；P009／重松清著／イースト・プレス／2011 年 7 月

死ぬのは"復讐"した後で ＝After you die you were revenge：いじめられっ子への起業のススメ／重松豊著／エベイユ／2015 年 11 月

城と宮殿でたどる!名門家の悲劇の顛末／祝田秀全監修／青春出版社（青春新書 INTELLIGENCE）／2015 年 10 月

昔のくらし昔の道具これなあに?／春風亭昇太著;小林克監修／幻冬舎／2021 年 1 月

いじめているきみへ／春名風花ぶん；みきぐちえ／朝日新聞出版／2018 年 8 月

低炭素経済への道／諸富徹著;浅岡美恵編／岩波書店（岩波新書 新赤版）／2010 年 4 月

日韓でいっしょに読みたい韓国史：未来に開かれた共通の歴史認識に向けて／徐毅植著;安智源著;李元淳著;鄭在貞著;君島和彦訳;國分麻里訳;山﨑雅稔訳／明石書店／2014 年 1 月

きみのまちに未来はあるか?：「根っこ」から地域をつくる／除本理史著;佐無田光著／岩波書店（岩波ジュニア新書）／2020 年 3 月

明治天皇：近代日本の基を定められて―まほろばシリーズ；8／勝岡寛次著／明成社／2014 年 1 月

娘と話す世界の貧困と格差ってなに?／勝俣誠著／現代企画室／2016 年 10 月

従順さのどこがいけないのか／将基面貴巳著／筑摩書房（ちくまプリマー新書）／2021 年 9 月

日本の音日本の音楽―シリーズ音楽はともだち；2／小塩さとみ著／アリス館／2015 年 4 月

世界遺産 ＝THE SHOGAKUKAN CHILDREN'S ENCYCLOPEDIA OF WORLD HERITAGE SITES：キッズペディア 改訂新版／小学館編集／小学館／2021 年 9 月

法は君のためにある：みんなとうまく生きるには?／小貫篤著／筑摩書房（ちくま Q ブックス）／2021 年 10 月

中高生からの法と学校・社会：法の視点で学校生活・社会生活をみる：中学社会・高校公民・総合／小貫

篤著;加納隆徳著;江口勇治著;齋藤宙治著／清水書院／2023 年 9 月

宇宙と生命の起源 2／小久保英一郎編著;嶺重慎編著／岩波書店（岩波ジュニア新書）／2014 年 6 月

寿命のクイズ図鑑／小宮輝之監修／学研プラス（学研の図鑑 LIVE）／2020 年 10 月

じぶんリセット：つまらない大人にならないために—14 歳の世渡り術／小山薫堂著／河出書房新社／2014 年 6 月

夢をそだてる科学の伝記 120 人：決定版／小山慶太監修／講談社／2022 年 11 月

マンガおはなし物理学史：物理学 400 年の流れを概観する／小山慶太原作佐々木ケン漫画／講談社（ブルーバックス）／2015 年 4 月

高校世界史でわかる科学史の核心／小山慶太著／NHK 出版（NHK 出版新書）／2020 年 1 月

ノーベル賞でつかむ現代科学／小山慶太著／岩波書店（岩波ジュニア新書）／2016 年 9 月

科学史年表 増補版／小山慶太著／中央公論新社（中公新書）／2011 年 2 月

科学史人物事典：150 のエピソードが語る天才たち／小山慶太著／中央公論新社（中公新書）／2013 年 2 月

〈どんでん返し〉の科学史：蘇る錬金術、天動説、自然発生説／小山慶太著／中央公論新社（中公新書）／2018 年 2 月

いじめ＝bullying／小山田たかし作・絵／文芸社／2017 年 9 月

気をつけよう!ネット動画 3／小寺信良監修／汐文社／2020 年 3 月

気をつけよう!SNS 2（ソーシャルゲームってどんなもの?）／小寺信良著／汐文社／2013 年 12 月

学校で知っておきたい著作権 1 改訂新版／小寺信良著;上沼紫野監修;インターネットユーザー協会監修／汐文社／2021 年 12 月

学校で知っておきたい著作権 2 改訂新版／小寺信良著;上沼紫野監修;インターネットユーザー協会監修／汐文社／2022 年 1 月

学校で知っておきたい著作権 3 改訂新版／小寺信良著;上沼紫野監修;インターネットユーザー協会監修／汐文社／2022 年 1 月

ぶどう畑で見る夢は：こころみ学園の子どもたち／小手鞠るい著／原書房／2018 年 4 月

日本のエネルギー、これからどうすればいいの?—中学生の質問箱／小出裕章著／平凡社（sanctuary books）／2012 年 5 月

地方を生きる／小松理虔著／筑摩書房（ちくまプリマー新書）／2021 年 1 月

音楽に自然を聴く／小沼純一著／平凡社（平凡社新書）／2016 年 4 月

地球温暖化を解決したい：エネルギーをどう選ぶ?／小西雅子著／岩波書店（岩波ジュニアスタートブックス）／2021 年 3 月

地球温暖化は解決できるのか：パリ協定から未来へ!／小西雅子著／岩波書店（岩波ジュニア新書）／2016 年 7 月

生命デザイン学入門／小川(西秋)葉子編著;太田邦史編著／岩波書店（岩波ジュニア新書）／2016 年 3 月

3・11 後の水俣MINAMATA—歴史総合パートナーズ；7／小川輝光著／清水書院／2019 年 1 月

徒然草をよみなおす／小川剛生著／筑摩書房（ちくまプリマー新書）／2020 年 10 月

学術研究者になるには：人文・社会科学系 改訂版—なるには books／小川秀樹編著／ぺりかん社／2010 年 1 月

学術研究者になるには：人文・社会科学系 改訂版—なるには books；27／小川秀樹編著／ぺりかん社／2010 年 1 月

日本人が知らない集団的自衛権／小川和久著／文藝春秋（文春新書）／2014 年 12 月

コメの歴史を変えたコシヒカリ—農業に奇跡を起こした人たち；第 1 巻／小泉光久著;根本博監修／汐文社／2013 年 7 月

モンスターと呼ばれたリンゴふじ—農業に奇跡を起こした人たち／小泉光久著;土屋七郎監修／汐文社／2013 年 12 月

日本の農林水産業 農林水産業の未来／小泉光久編;白石正彦監修／鈴木出版／2011 年 3 月

生物多様性の大研究：なぜいろいろな生き物がいるの?：地球でともにくらす知恵をさぐろう!／小泉武栄監

修／PHP 研究所／2011 年 6 月

発酵食品の大研究：みそ、しょうゆからパン、チーズまで：おどろきの栄養パワー／小泉武夫監修／PHP
研究所／2010 年 1 月

発酵食品と戦争／小泉武夫著／文藝春秋（文春新書）／2023 年 8 月

音楽のあゆみと音の不思議 1／小村公次著／大月書店／2018 年 7 月

だれが墓を守るのか：多死・人口減少社会のなかで／小谷みどり著／岩波書店（岩波ブックレット）／
2015 年 9 月

原子力災害からいのちを守る科学／小谷正博著;小林秀明著;山岸悦子著;渡辺範夫著／岩波書店（岩波ジュニ
ア新書）／2013 年 2 月

本当に偉いのか：あまのじゃく偉人伝／小谷野敦著／新潮社（新潮新書）／2016 年 10 月

ニッポン再発見：ジャポニスムと印象派―美術っておもしろい！；1／小池寿子監修／彩流社／2015 年 7 月

美しすぎる女神：神話の世界とルネサンス―美術っておもしろい！；2／小池寿子監修／彩流社／2015 年 8
月

自分史のすすめ：未来を生きるための文章術／小池新著／平凡社（平凡社新書）／2018 年 5 月

高校生のための税金入門 ＝An Introduction to Tax for High School Students／小塚真啓編著／三省堂／
2020 年 6 月

AI の時代と法／小塚荘一郎著／岩波書店（岩波新書 新赤版）／2019 年 11 月

図書館図鑑／小田光宏監修／金の星社／2021 年 12 月

農山村は消滅しない／小田切徳美著／岩波書店（岩波新書 新赤版）／2014 年 12 月

小島よしおのボクといっしょに考えよう：同じ目線で寄り添う子どものお悩み相談／小島よしお著／朝日
新聞出版／2023 年 9 月

子どもたちに語る日中二千年史／小島毅著／筑摩書房（ちくまプリマー新書）／2020 年 3 月

屈折万歳！／小島慶子著／岩波書店（岩波ジュニア新書）／2015 年 9 月

高校生が知っておきたい投資の教養／小島五郎著／幻冬舎メディアコンサルティング（幻冬舎ルネッサンス
新書）／2015 年 7 月

国境なき助産師が行く：難民救助の活動から見えてきたこと／小島毬奈著／筑摩書房（ちくまプリマー新
書）／2018 年 10 月

音律と音階の科学：ドレミ…はどのように生まれたか 新装版／小方厚著／講談社（ブルーバックス）／
2018 年 5 月

津波の日の絆：地球深部探査船「ちきゅう」で過ごした子どもたち／小俣珠乃文;田中利枝絵／冨山房イン
ターナショナル／2019 年 3 月

13 歳からの「ネットのルール」：誰も傷つけないためのスマホリテラシーを身につける本―コツがわかる
本．ジュニアシリーズ／小木曽健監修／メイツユニバーサルコンテンツ／2020 年 11 月

天手力男：古事記／小野孝男著／多気ブックセンター／2014 年 1 月

日本手話へのパスポート：日本語を飛び出して日本手話の世界に行こう：アヤ・セナ・ユイと学ぼう／小
野広祐著;岡典栄著／バイリンガル・バイカルチュラルろう教育センター編／小学館／2023 年 11 月

イチから学ぶビジネス：高校生・大学生の経営学入門／小野正人著／創成社／2016 年 5 月

黒田日銀最後の賭け／小野展克著／文藝春秋（文春新書）／2015 年 10 月

マンガでわかる高校生からのお金の教科書／小柳順治原作;漫画工房樹本村塾画;十屋つぐみ画／河出書房新
社／2021 年 3 月

恐竜時代 1（起源から巨大化へ）／小林快次著／岩波書店（岩波ジュニア新書）／2012 年 6 月

日本プラモデル六〇年史／小林昇著／文藝春秋（文春新書）／2018 年 12 月

ボクたちに殺されるいのち―14 歳の世渡り術／小林照幸著／河出書房新社／2010 年 11 月

京都の歴史を歩く／小林丈広著;高木博志著;三枝暁子著／岩波書店（岩波新書 新赤版）／2016 年 1 月

知ることからはじめよう感染症教室 4／小林寅喆監修／ポプラ社／2021 年 4 月

食品ロスはなぜ減らないの？／小林富雄著／岩波書店（岩波ジュニアスタートブックス）／2022 年 6 月

ぼくがエベレストに登ったわけ：いじめっ子にはまけないぞ／小林佑三著／チップトン／2015 年 10 月

君たちはどう乗り越える?世界の対立に挑戦! 1／小林亮監修／かもがわ出版／2023 年 12 月

なるほど知図帳日本 2021／昭文社地図編集部編集／昭文社／2020 年 12 月

高校生からのゲーム理論／松井彰彦著／筑摩書房（ちくまプリマー新書）／2010 年 4 月

新だれにも聞けないなやみ相談の本：自分で、自分にアドバイス 2／松岡素子著;松岡洋一著／学研教育出版／2014 年 2 月

憲法くん／松元ヒロ作武田美穂絵／講談社／2016 年 12 月

音のない世界と音のある世界をつなぐ：ユニバーサルデザインで世界をかえたい!／松森果林著／岩波書店（岩波ジュニア新書）／2014 年 6 月

生きづらい明治社会：不安と競争の時代／松沢裕作著／岩波書店（岩波ジュニア新書 ）／2018 年 9 月

集団的自衛権の深層／松竹伸幸著／平凡社（平凡社新書）／2013 年 9 月

花と昆虫の大研究：生きるための知恵くらべ：進化と多様性のひみつをさぐる!／松田喬著;鷲谷いづみ監修／PHP 研究所／2013 年 6 月

介護施設で働く人たち：しごとの現場としくみがわかる!―しごと場見学!／松田尚之著／ぺりかん社／2011 年 2 月

中学生までに読んでおきたい哲学 2（悪のしくみ）／松田哲夫編／あすなろ書房／2012 年 7 月

中村哲物語：大地をうるおし平和につくした医師／松島恵利子著／汐文社／2022 年 7 月

東国文化副読本：古代ぐんまを探検しよう 2021 年度版／松島榮治監修;群馬県文化振興課企画・編集／群馬県／2021 年 4 月

破戒と男色の仏教史／松尾剛次著／平凡社（平凡社ライブラリー）／2023 年 10 月

長崎を識らずして江戸を語るなかれ／松尾龍之介著／平凡社（平凡社新書）／2011 年 1 月

スマホアプリはなぜ無料?：10 代からのマーケティング入門―14 歳の世渡り術／松本健太郎著／河出書房新社／2023 年 10 月

中高生からのライフ＆セックスサバイバルガイド／松本俊彦編;岩室紳也編;古川潤哉編／日本評論社／2016 年 8 月

マンガおはなし化学史：驚きと感動のエピソード満載!／松本泉原作;佐々木ケン漫画／講談社（ブルーバックス）／2010 年 12 月

音楽の革命児ワーグナー 新版／松本零士著／復刊ドットコム／2018 年 6 月

クマゼミから温暖化を考える／沼田英治著／岩波書店（岩波ジュニア新書）／2016 年 6 月

学校のふしぎなぜ?どうして?／沼田晶弘監修／高橋書店／2020 年 6 月

18 歳成人になる前に学ぶ契約とお金の基本ルール：かしこい消費者になろう!／消費者教育支援センター監修;さかなこうじマンガ／旬報社／2022 年 6 月

生きのびるための犯罪(みち)―よりみちパン!セ；P052／上岡陽江著;ダルク女性ハウス著／イースト・プレス／2012 年 10 月

路地の教室：部落差別を考える／上原善広著／筑摩書房（ちくまプリマー新書）／2014 年 1 月

空を飛ばない鳥たち：泳ぐペンギン、走るダチョウ翼のかわりになにが進化したのか?―子供の科学★サイエンスブックス／上田恵介監修／誠文堂新光社／2015 年 2 月

13 歳からの日本国憲法／上田勝美監修／かもがわ出版／2017 年 3 月

図解・台風の科学：発生・発達のしくみから地球温暖化の影響まで／上野充著;山口宗彦著／講談社（ブルーバックス）／2012 年 7 月

入門万葉集／上野誠著／筑摩書房（ちくまプリマー新書）／2019 年 9 月

お札で学ぶ 1／植村峻監修／くもん出版／2021 年 10 月

お札で学ぶ 2／植村峻監修／くもん出版／2021 年 10 月

お札で学ぶ 3／植村峻監修／くもん出版／2021 年 10 月

どうぶつ園のじゅうい [3]／植田美弥監修／金の星社／2017 年 3 月

国連で働く：世界を支える仕事／植木安弘編著／岩波書店（岩波ジュニア新書）／2023 年 10 月

地震前兆現象を科学する／織原義明著;長尾年恭著／祥伝社（祥伝社新書）／2015 年 12 月

あたらしいお金の教科書：ありがとうをはこぶお金、やさしさがめぐる社会／新井和宏著／山川出版社／

2021 年 7 月

ふるさと新見庄：新見庄検定公式テキスト／新見庄ロマンの里づくり実行委員会編／備北民報／2010 年 8 月

日本にとって沖縄とは何か／新崎盛暉著／岩波書店（岩波新書 新赤版）／2016 年 1 月

沖縄のはなし：読み語り読本／新城俊昭著／編集工房東洋企画／2011 年 4 月

琉球・沖縄史：沖縄をよく知るための歴史教科書：ジュニア版 改訂／新城俊昭著／編集工房東洋企画／2014 年 12 月

これだけは知っておきたいよねおきなわのこと：少年・少女のためのウチナー総合学習書／新城俊昭著／編集工房東洋企画／2021 年 3 月

歴史さんぽ：歩く見る琉球・沖縄／新城俊昭著;西銘章著;高良由加利著;比嘉悦子著;仲村顕著／琉球新報社／2015 年 4 月

人ものがたり：琉球・沖縄の先人たち／新城俊昭著;仲村顕著;西銘章著;高良由加利著;金城睦著／琉球新報社／2015 年 4 月

くらべる 100 年「もの」がたり：昔のくらしと道具がわかる 1（家庭の道具）／新田太郎監修／学研教育出版／2015 年 2 月

くらべる 100 年「もの」がたり：昔のくらしと道具がわかる 2（遊びと学校の道具）／新田太郎監修／学研教育出版／2015 年 2 月

くらべる 100 年「もの」がたり：昔のくらしと道具がわかる 3（仕事の道具）／新田太郎監修／学研教育出版／2015 年 2 月

くらべる 100 年「もの」がたり：昔のくらしと道具がわかる 4（町の道具と乗り物）／新田太郎監修／学研教育出版／2015 年 2 月

「主権者教育」を問う／新藤宗幸著／岩波書店（岩波ブックレット）／2016 年 6 月

金融サービスの未来：社会的責任を問う／新保恵志著／岩波書店（岩波新書 新赤版）／2021 年 12 月

いま、この惑星で起きていること：気象予報士の眼に映る世界／森さやか著／岩波書店（岩波ジュニア新書）／2022 年 7 月

震災日録：記憶を記録する／森まゆみ著／岩波書店（岩波新書 新赤版）／2013 年 2 月

森永先生、僕らが強く賢く生きるためのお金の知識を教えてください！＝ Money Literacy for Living Smart and Well ／森永康平著／アルク／2023 年 4 月

日本（にっぽん）のもと 円／森永卓郎監修／講談社／2011 年 4 月

名воре裁判あの犯人をどう裁く?—未来へのトビラ ; File No.009 ／森炎著／ポプラ社（ポプラ選書）／2019 年 4 月

裁判所ってどんなところ?：司法の仕組みがわかる本／森炎著／筑摩書房（ちくまプリマー新書）／2016 年 11 月

就職とは何か：〈まともな働き方〉の条件／森岡孝二著／岩波書店（岩波新書 新赤版）／2011 年 11 月

いのちが危ない残業代ゼロ制度／森岡孝二著;今野晴貴著;佐々木亮著／岩波書店（岩波ブックレット）／2014 年 11 月

就活とブラック企業：現代の若者の働きかた事情／森岡孝二編／岩波書店（岩波ブックレット）／2011 年 3 月

名字のひみつ 3（名字と歴史のはなし）／森岡浩監修／フレーベル館／2013 年 1 月

スポーツビジネス 15 兆円時代の到来／森貴信著／平凡社（平凡社新書）／2019 年 6 月

つなみ：被災地の子どもたちの作文集：完全版／森健編／文藝春秋／2012 年 6 月

身近な野菜の奇妙な話：もとは雑草?薬草?不思議なルーツと驚きの活用法があふれる世界へようこそ／森昭彦著／SB クリエイティブ（サイエンス・アイ新書）／2018 年 3 月

友だちは永遠じゃない：社会学でつながりを考える／森真一著／筑摩書房（ちくまプリマー新書）／2014 年 11 月

イラストで読む AI 入門／森川幸人著／筑摩書房（ちくまプリマー新書 ）／2019 年 3 月

ぼくらの時代の罪と罰：きみが選んだ死刑のスイッチ 増補新版／森達也／ミツイパブリッシング／2021

年12月

きみが選んだ死刑のスイッチ 増補―よりみちパン!セ；P021／森達也著／イースト・プレス／2011年11月

「テロに屈するな!」に屈するな／森達也著／岩波書店（岩波ブックレット）／2015年9月

政治のしくみを知るための日本の府省しごと事典 2／森田朗監修 こどもくらぶ編／岩崎書店／2018年3月

政治のしくみを知るための日本の府省しごと事典 5／森田朗監修 こどもくらぶ編／岩崎書店／2018年3月

政治のしくみを知るための日本の府省しごと事典 6／森田朗監修 こどもくらぶ編／岩崎書店／2018年3月

地球はもう温暖化していない：科学と政治の大転換へ／深井有著／平凡社（平凡社新書）／2015年10月

明治維新がわかる事典：新しい日本のはじまり：政治、文化、くらしが見えてくる／深光富士男著；松田博康監修／PHP研究所／2010年8月

あかりの大研究：くらしを変えてきた：たき火、ろうそくからLEDまで／深光富士男著；坪内富士夫；藤原工監修／PHP研究所／2010年11月

毎日新聞社記事づくりの現場―このプロジェクトを追え!／深光富士男文／佼成出版社／2013年8月

アドベンチャーワールドパンダをふやせ!―このプロジェクトを追え!／深光富士男文／佼成出版社／2015年1月

「おじぎ」の日本文化／神崎宣武著／KADOKAWA（角川ソフィア文庫）／2016年3月

強欲資本主義を超えて：17歳からのルネサンス／神谷秀樹著／ディスカヴァー・トゥエンティワン（ディスカヴァー携書）／2010年5月

18歳までに知っておきたい法のはなし／神坪浩喜著／みらいパブリッシング／2020年1月

安全な建物とは何か：地震のたび気になる"建築基準"／神田順著／技術評論社（知りたい!サイエンス）／2010年3月

ネット検索が怖い：ネット被害に遭わないために／神田知宏著／ポプラ社（ポプラ選書. 未来へのトビラ）／2019年4月

大人になるってどういうこと?：みんなで考えよう18歳成人／神内聡著／くもん出版／2022年1月

世界を読み解く!こどもと学ぶなるほど地政学―DIA Collection／神野正史監修／ダイアプレス／2023年1月

税金の大事典／神野直彦監修／くもん出版／2017年1月

図解・カメラの歴史：ダゲールからデジカメの登場まで／神立尚紀著／講談社（ブルーバックス）／2012年8月

高校生、災害と向き合う：舞子高等学校環境防災科の10年／諏訪清二著／岩波書店（岩波ジュニア新書）／2011年11月

中学生・高校生のためのDV、暴力予防教育プログラム／須賀朋子著／かりん舎／2020年1月

コロナ後の日本経済／須田慎一郎著／エムディエヌコーポレーション（MdN新書）／2020年8月

一億総下流社会／須田慎一郎著／エムディエヌコーポレーション（MdN新書）／2022年8月

海底ごりごり地球史発掘／須藤斎著／PHP研究所（PHPサイエンス・ワールド新書）／2011年12月

海と陸をつなぐ進化論：気候変動と微生物がもたらした驚きの共進化／須藤斎著／講談社（ブルーバックス）／2018年12月

21歳男子、過疎の山村に住むことにしました／水柿大地著／岩波書店（岩波ジュニア新書）／2014年5月

夏目漱石と戦争／水川隆夫著／平凡社（平凡社新書）／2010年6月

10代のうちに知っておきたい折れない心の作り方／水島広子著／紀伊國屋書店／2014年7月

14歳からのSDGs：あなたが創る未来の地球／水野谷優編著；國井修著；井本直歩子著；林佐和美著；加藤正寛著；高木超著／明石書店／2022年9月

ポイント整理情報モラル 第8版／数研出版編集部編／数研出版／2016年10月

新しい公民教科書：中学社会：市販本／杉原誠四郎ほか著／自由社／2011年5月

憲法読本 第4版／杉原泰雄著／岩波書店（岩波ジュニア新書）／2014年3月

南極の氷に何が起きているか：気候変動と氷床の科学／杉山慎著／中央公論新社（中公新書）／2021年11月

15歳からの地球温暖化：学校では教えてくれないファクトフルネス／杉山大志著／育鵬社／2022年1月

高校生のための政治学：現代政治のしくみをやさしく紐解く／杉山眞木著／東洋出版／2011年6月

天才たちの科学史：発見にかくされた虚像と実像／杉晴夫著／平凡社（平凡社新書）／2011年5月

政治的思考／杉田敦著／岩波書店（岩波新書 新赤版）／2013年1月

はじめて学ぶ憲法教室 第1巻（憲法はだれに向けて書かれているの?）／菅間正道著／新日本出版社／2014年6月

はじめて学ぶ憲法教室 第2巻（人の心に国は立ち入れない）／菅間正道著／新日本出版社／2014年11月

はじめて学ぶ憲法教室 第3巻（人間らしく生きるために）／菅間正道著／新日本出版社／2015年2月

はじめて学ぶ憲法教室 第4巻（憲法9条と沖縄）／菅間正道著／新日本出版社／2015年2月

高校生からのマクロ・ミクロ経済学入門 2／菅原晃著／ブイツーソリューション／2010年6月

高校生からわかるマクロ・ミクロ経済学／菅原晃著／河出書房新社／2013年9月

教育幻想：クールティーチャー宣言／菅野仁著／筑摩書房（ちくまプリマー新書）／2010年3月

いじめられっ子だった弁護士が教える自分の身のまもり方／菅野朋子著／草思社／2023年9月

チャとともに：茶農家村松二六─農家になろう；7／瀬戸山玄写真／農山漁村文化協会／2015年1月

いじめからの逃げ方／瀬尾りお著／瀬尾りお／2012年8月

ロボットとの付き合い方、おしえます。─14歳の世渡り術／瀬名秀明著／河出書房新社／2010年10月

マンガ版自閉症日常生活おたすけじてん：すぐわかるこんなときどーする?／成沢真介著／合同出版／2016年5月

世界がわかる国旗じてん／成美堂出版編集部編／成美堂出版／2016年8月

政治・経済用語集／政治・経済教育研究会編／山川出版社／2014年10月

投票に行きたくなる国会の話／政野淳子著／筑摩書房（ちくまプリマー新書）／2016年6月

13歳からの図解でやさしい国会：政治や選挙から社会のしくみが学べる本─コツがわかる本．ジュニアシリーズ／清水雅博監修／メイツユニバーサルコンテンツ／2022年5月

子どものスポーツ格差：体力二極化の原因を問う／清水紀宏編著／大修館書店／2021年12月

英語は「語源×世界史」を知ると面白い／清水建二著／青春出版社（青春新書INTELLIGENCE）／2023年7月

大人になるっておもしろい?／清水真砂子著／岩波書店（岩波ジュニア新書）／2015年4月

「マイナンバー法」を問う／清水勉著;桐山桂一著／岩波書店（岩波ブックレット）／2012年8月

証券・保険業界で働く─なるにはBOOKS／生島典子著／ぺりかん社／2019年6月

こころの教育と生き方講話集／聖パウロ学園光泉中学・高等学校編／ジューン・ファースト出版部／2014年5月

低炭素社会のデザイン：ゼロ排出は可能か／西岡秀三著／岩波書店（岩波新書 新赤版）／2011年8月

地球環境がわかる：自然の一員としてどう生きていくか エコを考える現代人必携の入門書 改訂新版／西岡秀三著;宮﨑忠國著;村野健太郎著／技術評論社（ファーストブック）／2015年3月

やさしくわかる食品ロス：捨てられる食べ物を減らすために知っておきたいこと─未来につなげる・みつける SDGs／西岡真由美著;小野﨑理香絵／技術評論社／2023年12月

うさぎのヤスヒコ、憲法と出会う：サル山共和国が守るみんなの権利─「なるほどパワー」の法律講座／西原博史著;山中正大絵／太郎次郎社エディタス／2014年4月

この世でいちばん大事な「カネ」の話 新装版／西原理恵子著／ユーメイド／2011年5月

この世でいちばん大事な「カネ」の話─よりみちパン!セ；P051／西原理恵子著・装画・挿画／イースト・プレス／2012年9月

保護犬の星フリスビー犬(ドッグ)ハカセ／西松宏作／ハート出版／2022年3月

京都千二百年 下（世界の歴史都市へ）新装版─日本人はどのように建造物をつくってきたか／西川幸治著;高橋徹著;穂積和夫イラストレーション／草思社／2014年8月

京都千二百年 上（平安京から町衆の都市へ）新装版─日本人はどのように建造物をつくってきたか／西川幸治著;高橋徹著;穂積和夫イラストレーション／草思社／2014年8月

新・世界経済入門／西川潤著／岩波書店（岩波新書 新赤版）／2014年4月

源氏物語とその作者たち／西村亨著／文藝春秋（文春新書）／2010 年 3 月
中国の歴史★現在がわかる本 第 1 期 2／西村成雄監修／かもがわ出版／2017 年 3 月
秋吉敏子と渡辺貞夫／西田浩著／新潮社（新潮新書）／2019 年 8 月
ぶっちゃけ、誰が国を動かしているのか教えてください：17 歳からの民主主義とメディアの授業／西田亮介著／日本実業出版社／2022 年 4 月
絵で見て楽しい!はじめての相撲―イチから知りたい日本のすごい伝統文化／西尾克洋著;錣山瑛一監修／すばる舎／2023 年 9 月
そろそろ子供と「本当の話」をしよう／西部邁著／ベストブック／2012 年 8 月
事前学習に役立つみんなの修学旅行 広島・山口／西別府元日監修／小峰書店／2015 年 4 月
さんりく海の勉強室 ＝Marine science and culture of Sanriku／青山潤編;玄田有史編／岩手日報社／2021 年 4 月
これがわたしの生きる道!伝記日本の女性たち. 2／青山由紀監修／汐文社／2023 年 2 月
文部科学省：揺らぐ日本の教育と学術／青木栄一著／中央公論新社（中公新書）／2021 年 3 月
ぼくらの中の「トラウマ」：いたみを癒すということ／青木省三著／筑摩書房（ちくまプリマー新書）／2020 年 1 月
地球の不思議を科学する：地球の「なぜ?」がわかるビジュアルブック―子供の科学・サイエンスブックス／青木正博監修／誠文堂新光社／2011 年 12 月
世界の美しさをひとつでも多く見つけたい―未来へのトビラ；File No.007／石井光太著／ポプラ社（ポプラ選書）／2019 年 4 月
格差と分断の社会地図：16 歳からの〈日本のリアル〉／石井光太著／日本実業出版社／2021 年 9 月
虐待された少年はなぜ、事件を起こしたのか／石井光太著／平凡社（平凡社新書）／2019 年 5 月
東日本大震災石巻災害医療の全記録：「最大被災地」を医療崩壊から救った医師の 7 カ月／石井正著／講談社（ブルーバックス）／2012 年 2 月
ただいま、おかえり。：3.11 からのあのこたち／石井麻木写真・文／世界文化ブックス 世界文化社／2023 年 3 月
哲学するタネ：高校倫理が教える 70 章 西洋思想編 1／石浦昌之著／明月堂書店／2020 年 10 月
哲学するタネ：高校倫理が教える 70 章 西洋思想編 2／石浦昌之著／明月堂書店／2020 年 10 月
ともだち音楽史／石丸由理著／ドレミ楽譜出版社／2014 年 3 月
原発を終わらせる／石橋克彦編／岩波書店（岩波新書 新赤版）／2011 年 7 月
戦後日本の経済と社会：平和共生のアジアへ／石原享一著／岩波書店（岩波ジュニア新書）／2015 年 11 月
生き延びるための作文教室―14 歳の世渡り術／石原千秋著／河出書房新社／2015 年 7 月
地球環境の事件簿／石弘之著／岩波書店（岩波科学ライブラリー）／2010 年 5 月
なぜ疑似科学が社会を動かすのか：ヒトはあやしげな理論に騙されたがる／石川幹人著／PHP 研究所（PHP 新書）／2016 年 2 月
大阪の逆襲：万博・IR で見えてくる 5 年後の日本／石川智久著;多賀谷克彦著;関西近未来研究会著／青春出版社（青春新書 INTELLIGENCE）／2020 年 6 月
カレーの教科書―調べる学習百科／石倉ヒロユキ編著;シャンカール・ノグチ監修／岩崎書店／2017 年 8 月
地形と歴史から探る福岡／石村智著／エムディエヌコーポレーション（MdN 新書）／2020 年 10 月
くらしに役立つ保健体育／石塚謙二監修;太田正己監修／東洋館出版社／2013 年 7 月
くらしに役立つ音楽／石塚謙二監修;明官茂監修／東洋館出版社／2021 年 1 月
18 歳からの投票心得 10 カ条／石田尊昭著／世論時報社／2016 年 6 月
渋沢栄一：道徳をもとに日本の近代化を進めた―まほろばシリーズ；11／石田學著／明成社／2023 年 4 月
日本人のための「集団的自衛権」入門／石破茂著／新潮社（新潮新書）／2014 年 2 月
15 歳からはじめる成功哲学：お金は知恵に群がる。―Nana ブックス；0115／千田琢哉著／ナナ・コーポレート・コミュニケーション／2012 年 6 月
おはなし千葉の歴史／千葉県歴史教育者協議会編／岩崎書店／2012 年 8 月

作家たちの17歳／千葉俊二著／岩波書店（岩波ジュニア新書）／2022年4月

遠くの人と手をつなぐ：SOSの届け方―世界をカエル10代からの羅針盤／千葉望著／理論社／2023年7月

大切な人は今もそこにいる：ひびきあう賢治と東日本大震災／千葉望著;マット和子イラスト／理論社（世界をカエル10代からの羅針盤）／2020年11月

社会を生きるための教科書／川井龍介著／岩波書店（岩波ジュニア新書）／2010年2月

よくわかる改憲問題：高校生と語りあう日本の未来：かわはら先生の憲法出前授業／川原茂雄著／明石書店／2016年9月

漢詩のレッスン／川合康三著／岩波書店（岩波ジュニア新書）／2014年11月

生まれてくるってどんなこと？：あなたと考えたい生と性のこと―中学生の質問箱／川松泰美著／平凡社／2013年3月

最強に面白い地球46億年―ニュートン超図解新書／川上紳一監修／ニュートンプレス／2023年10月

宇宙137億年のなかの地球史／川上紳一著／PHP研究所（PHPサイエンス・ワールド新書）／2011年4月

新しいみんなの公民：こんな教科書で学びたい／川上和久ほか著／育鵬社／2011年5月

過労死しない働き方：働くリアルを考える／川人博著／岩波書店（岩波ジュニア新書）／2020年9月

清少納言と枕草子―ビジュアルでつかむ!古典文学の作家たち／川村裕子監修／ほるぷ出版／2022年12月

紀貫之と古今和歌集―ビジュアルでつかむ!古典文学の作家たち／川村裕子監修／ほるぷ出版／2023年2月

紫式部と源氏物語―ビジュアルでつかむ!古典文学の作家たち／川村裕子監修／ほるぷ出版／2023年2月

見て味わう×読んで知る平安時代の古典と文化：源氏物語・枕草子・竹取物語・平家物語／川村裕子監修／童心社／2023年11月

平安男子の元気な!生活／川村裕子著／岩波書店（岩波ジュニア新書）／2021年2月

はじめての王朝文化辞典／川村裕子著;早川圭子絵／KADOKAWA（角川ソフィア文庫）／2022年8月

平安のステキな!女性作家たち／川村裕子著;早川圭子絵／岩波書店（岩波ジュニア新書）／2023年10月

会社に頼らず生きるために知っておくべきお金のこと／泉正人著／サンクチュアリ出版（sanctuary books）／2011年11月

12歳までに身につけたいお金の超きほん―未来のキミのためシリーズ／泉美智子監修／朝日新聞出版／2021年1月

15歳からの経済入門／泉美智子著;河原和之著／日本経済新聞出版社（日経ビジネス人文庫）／2012年9月

13歳からの平和教室／浅井基文著／かもがわ出版／2010年8月

小学館世界J文学館／浅田次郎編集;浅野栄子編集;金原瑞人編集;さくまゆみこ編集;沼野充義編集／小学館／2022年11月

三体問題：天才たちを悩ませた400年の未解決問題／浅田秀樹著／講談社（ブルーバックス）／2021年3月

10代の不安・悩みにこたえる「性」の本：心と体を守るために知っておきたい／染矢明日香監修／学研プラス／2022年2月

写真で見るオリンピック大百科 別巻（パラリンピックってなに?）／舛本直文監修／ポプラ社／2014年4月

大人になる前に知る老いと死―なるにはBOOKS;別巻／前沢政次著／ぺりかん社／2022年6月

中高生からの親子で学ぶおかね入門：暮らしとおかね Vol.9／前野彩著／ビジネス教育出版社／2021年4月

これからの時代に生き残るための経済学／倉山満著／PHP研究所（PHP新書）／2023年3月

13歳からの「くにまもり」／倉山満著／扶桑社（扶桑社新書）／2019年10月

だれか、ふつうを教えてくれ!―よりみちパン!セ;P044／倉本智明著／イースト・プレス／2012年5月

日本人は民主主義を捨てたがっているのか?／想田和弘著／岩波書店（岩波ブックレット）／2013年11月

プラハの子ども像：ナチス占領下の悲劇／早乙女勝元著／新日本出版社／2018年12月

立体地図で見る日本の国土とくらし 2／早川明夫監修;国土社編集部編集／国土社／2016年12月

国ってなんだろう?：あなたと考えたい「私と国」の関係―中学生の質問箱／早尾貴紀著／平凡社／2016年2月

ビジュアル日本のお金の歴史 明治時代～現代／草野正裕著／ゆまに書房／2016年1月

13歳からの法学部入門／荘司雅彦著／幻冬舎（幻冬舎新書）／2010年5月

仙台の町づくり四ツ谷用水／荘司貴喜著／金港堂出版部／2021年9月

高校生も分かる障がい者の特性と障がい者への社会福祉援助―健康と生活シリーズ；19／増山道康著／青森県立保健大学地域連携・国際センター制作／パブリック・ブレイン／2014年2月

世界にほこる和紙 [2]／増田勝彦監修／金の星社／2021年3月

知りたい!行ってみたい!なぞとき絶景図鑑／増田明代文・構成;山口耕生監修／講談社／2022年9月

都道府県のかたちを絵でおぼえる本／造事務所編／実務教育出版／2016年10月

沖縄の大研究：みりょくとふしぎにせまる!：自然・文化・歴史から人々のくらしまで／造事務所編集・構成;屋嘉宗彦監修／PHP研究所／2011年3月

考えよう!女性活躍社会 1／孫奈美編／汐文社／2017年2月

私の心は私のもの私のからだは私のもの「同意」を考えよう.1／孫奈美編;藤本たみこ絵／汐文社／2023年1月

私の心は私のもの私のからだは私のもの「同意」を考えよう.2／孫奈美編;藤本たみこ絵／汐文社／2023年2月

私の心は私のもの私のからだは私のもの「同意」を考えよう.3／孫奈美編;藤本たみこ絵／汐文社／2023年3月

13歳からの図解でなるほど地政学：世界の「これまで」と「これから」を読み解こう―コツがわかる本.ジュニアシリーズ／村山秀太郎監修／メイツユニバーサルコンテンツ／2022年12月

中学生から大人までよくわかる中東の世界史／村山秀太郎著／新人物往来社（新人物文庫）／2011年7月

ベルルスコーニの時代：崩れゆくイタリア政治／村上信一郎著／岩波書店（岩波新書 新赤版）／2018年2月

村上世彰、高校生に投資を教える。 ＝Murakami Yoshiaki teaches investment to high school students.／村上世彰著／KADOKAWA／2020年7月

いま君に伝えたいお金の話／村上世彰著／幻冬舎（幻冬舎文庫）／2020年4月

買い物難民対策で田舎を残す／村上稔著／岩波書店（岩波ブックレット）／2020年10月

客観性の落とし穴／村上靖彦著／筑摩書房（ちくまプリマー新書）／2023年6月

おばあちゃんが、ぼけた。―よりみちパン!セ；P15／村瀬孝生著／イースト・プレス／2011年10月

電気自動車：「燃やさない文明」への大転換／村沢義久著／筑摩書房（ちくまプリマー新書）／2010年2月

ぼくは地球を守りたい：二酸化炭素の研究所、始めました／村木風海著／岩崎書店／2023年7月

地方自治のしくみがわかる本／村林守著／岩波書店（岩波ジュニア新書）／2016年2月

男性の非暴力宣言：ホワイトリボン・キャンペーン／多賀太著;伊藤公雄著;安藤哲也著／岩波書店（岩波ブックレット）／2015年11月

12歳からの心理学／多湖輝著／新講社／2011年2月

12歳からのマナー集：インターネット・ケータイ電車内マナーからなぜ、「いじめ」てはいけないのかまで／多湖輝著／新講社（WIDE SHINSHO）／2012年10月

12歳からの「心の奥」がわかる本／多湖輝著／新講社（WIDE SHINSHO）／2014年10月

レイチェル・カーソンはこう考えた／多田満著／筑摩書房（ちくまプリマー新書）／2015年9月

私の職場はサバンナです!―14歳の世渡り術／太田ゆか著;児島衣里イラスト／河出書房新社／2023年5月

クマが出た!助けてベアドッグ：クマ対策犬のすごい能力／太田京子著／岩崎書店／2021年9月

爆笑問題と考えるいじめという怪物／太田光著;NHK「探検バクモン」取材班著／集英社（集英社新書）／2013年5月

レンアイ、基本のキ：好きになったらなんでもOK?／打越さく良著／岩波書店（岩波ジュニア新書）／2015年10月

司法の現場で働きたい！：弁護士・裁判官・検察官／打越さく良編;佐藤倫子編／岩波書店（岩波ジュニア新書）／2018年3月

北斎：カラー版／大久保純一著／岩波書店（岩波新書 新赤版）／2012年5月

13歳からの研究倫理：知っておこう！科学の世界のルール／大橋淳史著／化学同人／2018年8月

ひと目でわかる最新情報モラル：高校版：ネット社会を賢く生きる実践スタディ／大橋真也;森夏節;立田ルミ;小杉直美;橘孝博;早坂成人;曽我聰起;高瀬敏樹;石坂徹;辰島裕美;山田祐仁著／日経BP社／2010年1月

しらべよう！知っているようで知らない冬季オリンピック 3（氷の競技・種目の技やみかた）／大熊廣明監修;稲葉茂勝文／ベースボール・マガジン社／2013年12月

いま、憲法の魂を選びとる／大江健三郎著;奥平康弘著;澤地久枝著;三木睦子著;小森陽一著／岩波書店（岩波ブックレット）／2013年4月

江戸のお勘定／大石学監修;加唐亜紀執筆／エムディエヌコーポレーション（MdN新書）／2021年8月

世界の奇跡ニッポン！／大川半左衛門著／文芸社／2013年11月

10代のためのお金と投資 ＝The investment guide for teenagers：今の君から将来の君自身へ：世界を広げる知識を備える／大泉書店編集部編／大泉書店／2022年4月

リサとなかまたち、民法に挑む：サル山共和国で考えるルールの作り方―「なるほどパワー」の法律講座／大村敦志著;山中正大絵／太郎次郎社エディタス／2015年8月

法的思考の基礎：新・百万人の民法学 発展編下／大村敦志編著／商事法務／2022年7月

法的思考の基礎：新・百万人の民法学 発展編上／大村敦志編著／商事法務／2022年7月

いまこそ考えたい生活保障のしくみ／大沢真理著／岩波書店（岩波ブックレット）／2010年9月

万葉集に出会う／大谷雅夫著／岩波書店（岩波新書 新赤版）／2021年8月

ことばの宇宙への旅立ち：10代からの言語学 3／大津由紀雄編／ラボ国際交流センター／2010年3月

いつか帰りたいぼくのふるさと ＝Kitty's Journey from Fukushima：福島第一原発20キロ圏内から来たねこ／大塚敦子写真・文／小学館／2012年11月

〈刑務所〉で盲導犬を育てる／大塚敦子著／岩波書店（岩波ジュニア新書）／2015年2月

君たちが働き始める前に知っておいてほしいこと 改訂／大内伸哉著／労働調査会出版局／2011年8月

ソーシャルスキルとしてのあそび・ルール攻略ブック／大畑豊著／かもがわ出版／2015年5月

感情を"毒"にしないコツ：心と体の免疫力を高める「1日5分」の習慣／大平哲也著／青春出版社（青春新書INTELLIGENCE）／2020年11月

命をつなぐセラピードッグ物語：名犬チロリとその仲間たち／大木トオル著／講談社／2023年3月

チロリのまなざし：奇跡をおこすセラピードッグ／大木トオル著;森本ちか著／リーブル出版／2014年12月

世界の片隅で日本国憲法をたぐりよせる／大門正克著／岩波書店（岩波ブックレット）／2023年3月

イラストで学べる税金のしくみ 第1巻（税金とはなにか?）／大野一夫著／汐文社／2010年2月

イラストで学べる税金のしくみ 第2巻（日本の税制度）／大野一夫著／汐文社／2010年3月

イラストで学べる税金のしくみ 第3巻（くらしと税金）／大野一夫著／汐文社／2010年4月

イラストで学べる税金のしくみ 1 改訂新版／大野一夫著／汐文社／2016年10月

イラストで学べる税金のしくみ 2 改訂新版／大野一夫著／汐文社／2016年10月

イラストで学べる税金のしくみ 3 改訂新版／大野一夫著／汐文社／2016年10月

自治体のエネルギー戦略：アメリカと東京／大野輝之著／岩波書店（岩波新書 新赤版）／2013年5月

未来を読む：AIと格差は世界を滅ぼすか／大野和基インタビュー・編／PHP研究所（PHP新書）／2018年6月

発見！会社員の仕事：キャリア教育に役立つ! 2／大野髙裕監修／フレーベル館／2017年12月

3・11以後何が変わらないのか／大澤真幸著;松島泰勝著;山下祐介著;五十嵐武士著;水野和夫著／岩波書店（岩波ブックレット）／2013年2月

風土記から見る日本列島の古代史／瀧音能之著／平凡社（平凡社新書）／2018年6月

12歳から大人まで政治の基礎の基礎がよくわかる本／瀧澤中著／大和書房／2010年7月

サバンナで野生動物を守る ＝Protecting Wildlife in the Savanna／沢田俊子著／講談社／2022年7月

クマに森を返そうよ／沢田俊子著／汐文社／2013年3月

助かった命と、助からなかった命：動物の保護施設ハッピーハウス物語／沢田俊子文;野寺夕子写真／学研
　プラス（動物感動ノンフィクション）／2018年2月

見てわかる情報モラル：ディジタル世代のための情報社会の歩き方22 Lesson／辰己丈夫監修;能城茂雄他
　編著／日本文教出版／2012年3月

こういうときどうするんだっけ：自立のすすめ：マイルール／辰巳渚著;朝倉世界一まんが／毎日新聞社／
　2010年10月

マンガで読む学校に行きたくない君へ：不登校・いじめを経験した先輩たちが語る生き方のヒント／棚園
　正一著／ポプラ社／2022年8月

どう考える?憲法改正 中学生からの「知憲」 1／谷口真由美監修／文溪堂／2017年3月

どう考える?憲法改正 中学生からの「知憲」 2／谷口真由美監修／文溪堂／2017年3月

どう考える?憲法改正 中学生からの「知憲」 3／谷口真由美監修／文溪堂／2017年3月

どう考える?憲法改正 中学生からの「知憲」 4／谷口真由美監修／文溪堂／2017年3月

きみの人生はきみのもの：子どもが知っておきたい「権利」の話／谷口真由美著;荻上チキ著／NHK出版
　／2023年1月

アンネ・フランクに会いに行く／谷口長世著／岩波書店（岩波ジュニア新書）／2018年7月

地球・生命-138億年の進化：宇宙の誕生から人類の登場まで、進化の謎を解きほぐす／谷合稔著／SBク
　リエイティブ（サイエンス・アイ新書）／2014年7月

福島ゲンゴロウ物語：ぼくらは田んぼ応援団!／谷本雄治著／汐文社／2023年11月

中高生からの選挙入門―なるにはBOOKS；別巻／谷隆一著／ぺりかん社／2017年5月

日本をどのような国にするか：地球と世界の大問題／丹羽宇一郎著／岩波書店（岩波新書 新赤版）／
　2019年2月

大人が読むこどもの碁／丹野憲一著／ホビージャパン／2021年9月

世界がわかる図鑑：旅するように世界がわかる.1／地球の歩き方監修／Gakken／2023年2月

東日本大震災に学ぶ日本の防災／地震予知総合研究振興会監修／学研教育出版／2012年2月

人生の頂点(ピーク)は定年後：サードエイジ＝「人生最良の時間」をどう迎えるか／池口武志著／青春出版
　社（青春新書INTELLIGENCE）／2022年10月

西洋美術史入門／池上英洋著／筑摩書房（ちくまプリマー新書）／2012年2月

西洋美術史入門 実践編／池上英洋著／筑摩書房（ちくまプリマー新書）／2014年3月

少女は、なぜフランスを救えたのか：ジャンヌ・ダルクのオルレアン解放―教養・文化シリーズ. 世界史
　のリテラシー／池上俊一著／NHK出版／2023年6月

パスタでたどるイタリア史／池上俊一著／岩波書店（岩波ジュニア新書）／2011年11月

お菓子でたどるフランス史／池上俊一著／岩波書店（岩波ジュニア新書）／2013年11月

森と山と川でたどるドイツ史／池上俊一著／岩波書店（岩波ジュニア新書）／2015年11月

僕らの未来が変わるお金と生き方の教室：君が君らしく生きるために伝えておきたいこと―新時代の教養
　／池上彰監修／Gakken／2023年3月

池上彰と考える戦争の現代史 2／池上彰監修／ポプラ社／2016年4月

池上彰さんと学ぶ12歳からの政治 1／池上彰監修／学研プラス／2017年2月

池上彰さんと学ぶ12歳からの政治 2／池上彰監修／学研プラス／2017年2月

池上彰さんと学ぶ12歳からの政治 3／池上彰監修／学研プラス／2017年2月

池上彰さんと学ぶ12歳からの政治 4／池上彰監修／学研プラス／2017年2月

池上彰さんと学ぶ12歳からの政治 5／池上彰監修／学研プラス／2017年2月

僕たちはなぜ働くのか：これからのキャリア、生き方を考える本 上／池上彰監修／学研プラス／2019年
　2月

なぜ僕らは働くのか：君が幸せになるために考えてほしい大切なこと／池上彰監修／学研プラス／2020年
　3月

池上彰さんと学ぶみんなのメディアリテラシー：知っていると便利知らなきゃ怖いメディアのルールと落とし穴 3（スマホ・SNSとの正しい付き合い方）／池上彰監修／学研教育出版／2015年2月

ライブ!現代社会：世の中の動きに強くなる 2021／池上彰監修／帝国書院／2021年2月

ライブ!世の中の動きに強くなる 2022／池上彰監修／帝国書院／2022年2月

池上彰のみんなで考えよう18歳からの選挙 1（知れば知るほど面白い選挙）／池上彰監修／文溪堂／2016年3月

池上彰のみんなで考えよう18歳からの選挙 2／池上彰監修／文溪堂／2016年3月

池上彰のみんなで考えよう18歳からの選挙 3／池上彰監修／文溪堂／2016年3月

池上彰のみんなで考えよう18歳からの選挙 4／池上彰監修／文溪堂／2016年3月

池上彰の中学生から考える選挙と未来―知っておきたい10代からの教養／池上彰監修／文溪堂／2017年3月

池上彰と考える災害とメディア 4／池上彰監修／文溪堂／2021年3月

ニュース年鑑 2020／池上彰監修;こどもくらぶ編／ポプラ社／2020年2月

池上彰と考える「民主主義」 2／池上彰監修;こどもくらぶ編／岩崎書店／2019年1月

池上彰と考える「民主主義」 3／池上彰監修;こどもくらぶ編／岩崎書店／2019年3月

教えて!池上彰さんどうして戦争はなくならないの?：地政学で見る世界. 1／池上彰監修;タカダカズヤ本文イラスト／小峰書店／2023年4月

教えて!池上彰さんどうして戦争はなくならないの?：地政学で見る世界. 2／池上彰監修;タカダカズヤ本文イラスト／小峰書店／2023年4月

教えて!池上彰さんどうして戦争はなくならないの?：地政学で見る世界. 3／池上彰監修;タカダカズヤ本文イラスト／小峰書店／2023年4月

池上彰の現代史授業：21世紀を生きる若い人たちへ 昭和編2（昭和三十年代もはや戦後ではない!）／池上彰監修・著／ミネルヴァ書房／2014年10月

池上彰の現代史授業：21世紀を生きる若い人たちへ 平成編2（20世紀の終わりEU誕生・日本の新時代）／池上彰監修・著／ミネルヴァ書房／2015年2月

池上彰の現代史授業：21世紀を生きる若い人たちへ 平成編4（平成二十年代世界と日本の未来へ）／池上彰監修・著／ミネルヴァ書房／2015年3月

14歳からの政治入門 ＝Politics Introduction From 14 Years Old／池上彰著／マガジンハウス／2019年6月

君たちの日本国憲法／池上彰著／集英社（集英社文庫）／2022年1月

池上彰の世界の見方 ＝Akira Ikegami,How To See the World：15歳に語る現代世界の最前線／池上彰著／小学館／2015年11月

池上彰の世界の見方 ＝Akira Ikegami,How To See the World ドイツとEU／池上彰著／小学館／2017年11月

池上彰の世界の見方 ＝Akira Ikegami,How To See the World 中国／池上彰著／小学館／2021年10月

池上彰の世界の見方 ＝Akira Ikegami,How To See the World 東欧・旧ソ連の国々／池上彰著／小学館／2022年4月

なぜ世界を知るべきなのか／池上彰著／小学館（小学館YouthBooks）／2021年7月

教えて!池上さん：最新ニュース解説 2／池上彰著／毎日新聞社／2013年3月

図解池上彰の経済超入門／池上彰著／毎日新聞社／2014年5月

池上彰のはじめてのお金の教科書／池上彰著;ふじわらかずえ絵／幻冬舎／2018年9月

性について語ろう：子どもと一緒に考える／池上千寿子著／岩波書店（岩波ブックレット）／2013年6月

この思いを聞いてほしい!：10代のメッセージ／池田香代子編著／岩波書店（岩波ジュニア新書）／2014年9月

マンガde理解ココが変わった!!18歳成人. 法律編／池田純子文;南部義典監修;井出エミマンガ・イラスト／理論社／2023年2月

大災害サバイバルマニュアル ＝How to survive a natural disaster.―「もしも?」の図鑑／池内了著／実業

之日本社／2016 年 4 月

韓国内なる分断：葛藤する政治、疲弊する国民／池畑修平著／平凡社（平凡社新書）／2019 年 7 月

自治体の平和力／池尾靖志著／岩波書店（岩波ブックレット）／2012 年 8 月

文明の渚／池澤夏樹著／岩波書店（岩波ブックレット）／2013 年 3 月

しあわせに働ける社会へ／竹信三恵子著／岩波書店（岩波ジュニア新書）／2012 年 6 月

女性を活用する国、しない国／竹信三恵子著／岩波書店（岩波ブックレット）／2010 年 9 月

これを知らずに働けますか？：学生と考える、労働問題ソボクな疑問 30／竹信三恵子著／筑摩書房（ちくまプリマー新書）／2017 年 7 月

通貨「円」の謎／竹森俊平著／文藝春秋（文春新書）／2013 年 5 月

ケアしケアされ、生きていく／竹端寛著／筑摩書房（ちくまプリマー新書）／2023 年 10 月

千春先生の平和授業 2011～2012（未来は子どもたちがつくる）／竹中千春著／朝日学生新聞社／2012 年 6 月

花咲かじいさんが教える「人」と「お金」に愛される特別授業―心の友だち／竹田和平著／PHP 研究所／2015 年 9 月

ブレイクスルーの科学者たち／竹内薫著／PHP 研究所（PHP 新書）／2010 年 4 月

人物で語る化学入門／竹内敬人著／岩波書店（岩波新書 新赤版）／2010 年 3 月

物理を知れば世の中がわかる／竹内淳著／PHP 研究所（PHP サイエンス・ワールド新書）／2010 年 5 月

図説あらすじと地図で面白いほどわかる！源氏物語／竹内正彦監修／青春出版社（青春新書 INTELLIGENCE）／2018 年 4 月

落語でわかる江戸のくらし 2（江戸の社会のしくみ）／竹内誠;市川寛明監修／学研教育出版／2010 年 2 月

イラスト版 10 分で身につくネット・スマホの使い方：トラブルを回避する 34 のワーク／竹内和雄編著;吉川徹医学監修／合同出版／2022 年 8 月

パンの大研究：世界中で食べられている！：種類・作り方から歴史まで／竹野豊子監修／PHP 研究所／2010 年 4 月

いじめのある世界に生きる君たちへ：いじめられっ子だった精神科医の贈る言葉／中井久夫著／中央公論新社／2016 年 12 月

高校生からの経済入門 ＝ Introduction to Economics for Young Readers／中央大学経済学部編／中央大学出版部／2017 年 8 月

高校生からの商学入門 ＝ Introduction to Commerce for Young Readers／中央大学商学部編／中央大学出版部／2019 年 7 月

高校生からの法学入門 ＝ Introduction to Law for Young Readers／中央大学法学部編／中央大学出版部／2016 年 7 月

もっと知ろう！発酵のちから―食べものが大へんしん！発酵のひみつ／中居惠子著;小泉武夫監修／ほるぷ出版／2017 年 3 月

江戸の「水路」でたどる！水の都東京の歴史散歩／中江克己著／青春出版社（青春新書 INTELLIGENCE）／2018 年 11 月

未来につなごう身近ないのち：あなたに考えてほしいこと―よくわかる生物多様性；1／中山れいこ著;中井克樹監修／くろしお出版／2010 年 10 月

サッカーの歴史―世界のサッカー大百科；1／中西哲生監修／岩崎書店／2010 年 1 月

スポーツでひろげる国際理解 3／中西哲生監修／文溪堂／2018 年 2 月

自分で考える力が身につく！13 歳からの MBA／中川功一著／総合法令出版／2023 年 6 月

WTO：貿易自由化を超えて／中川淳司著／岩波書店（岩波新書 新赤版）／2013 年 3 月

わたしがリーダーシップについて語るなら―未来のおとなへ語る／中曽根康弘著／ポプラ社／2010 年 10 月

生きもの上陸大作戦：絶滅と進化の 5 億年／中村桂子著;板橋涼子著／PHP 研究所（PHP サイエンス・ワールド新書）／2010 年 8 月

世界が注目！凄ワザ大国ニッポン 2（産業と経済）／中村智彦監修／日本図書センター／2011 年 2 月

日本の食糧が危ない／中村靖彦著／岩波書店（岩波新書 新赤版）／2011年5月

知っとくナットク55(ゴーゴー)スポーツクイズ：クイズで楽しく新発見!スポーツの不思議と感動／中村和彦監修／日本標準／2010年6月

憲法の子：親から子へとつなぐ自由と希望の礎／中谷彰吾著;あおきてつお作画／自由国民社／2020年11月

リスク心理学：危機対応から心の本質を理解する／中谷内一也著／筑摩書房（ちくまプリマー新書）／2021年7月

正しく理解する気候の科学：論争の原点にたち帰る／中島映至著;田近英一著／技術評論社（知りたい!サイエンス）／2013年2月

日本列島の下では何が起きているのか：列島誕生から地震・火山噴火のメカニズムまで／中島淳一著／講談社（ブルーバックス）／2018年10月

お札で学ぶ 4／中島真志著／くもん出版／2021年10月

しらべよう!はたらく犬たち 4／中島眞理監修／ポプラ社／2010年3月

海のよごれは、みんなのよごれ海洋ごみ問題を考えよう!2／中嶋亮太監修／教育画劇／2021年4月

未来をつくるあなたへ／中満泉著／岩波書店（岩波ジュニアスタートブックス）／2021年3月

いまこそ民主主義の再生を!：新しい政治参加への希望／中野晃一著;コリン・クラウチ著;エイミー・グッドマン著／岩波書店（岩波ブックレット）／2015年12月

飛行機写真をはじめよう!：撮影テクからスポット選びまで完全マスター──コツがわかる本. ジュニアシリーズ／中野耕志監修・写真／メイツユニバーサルコンテンツ／2022年6月

高度成長 光と影─漫画家たちが描いた日本の歴史／中野晴行監修;秋本治著;西岸良平著;長谷川法世著;水木しげる著;つのだじろう著;ちばてつや著;手塚治虫著;尾瀬あきら著;萩尾望都著／金の星社／2014年3月

なぜ孫悟空のあたまには輪っかがあるのか?／中野美代子著／岩波書店（岩波ジュニア新書）／2013年9月

17歳からのドラッカー／中野明著／学研パブリッシング／2011年2月

学校の役割ってなんだろう／中澤渉著／筑摩書房（ちくまプリマー新書）／2021年9月

黒い風：わたしの友の〈3.11〉／中澤八千代原作;有我すずな作画／幻冬舎メディアコンサルティング／2016年10月

おさるのトーマス、刑法を知る：サル山共和国の事件簿─「なるほどパワー」の法律講座／仲道祐樹著;山中正大絵／太郎次郎社エディタス／2014年4月

海を越える日本文学／張競著／筑摩書房（ちくまプリマー新書）／2010年12月

羅針盤なき航海／張競著／論創社／2023年3月

報道写真でわかる朝日新聞必読ニュース：時事学習に最適の教材 2012年版／朝日新聞社教育総合センター企画・編集／朝日新聞社／2012年11月

報道写真でわかる朝日新聞必読ニュース：時事学習に最適の教材 2013年版／朝日新聞社教育総合センター企画・編集／朝日新聞社／2013年11月

いじめられている君へいじめている君へいじめを見ている君へ：完全版／朝日新聞社編／朝日新聞出版／2012年9月

イラストマップとデータでわかる日本の地理／朝日新聞出版生活・文化編集部編／朝日新聞出版／2016年3月

365DAYS かわいさアップ&ハッピーイベント BOOK／朝日新聞出版編著／朝日新聞出版（C・SCHOOL）／2018年11月

今解き教室サイエンス：JSEC junior：未来の科学技術を考える：入試にも役立つ教材 vol.3(2020)／朝日新聞著／朝日新聞社／2020年7月

今解き教室サイエンス：JSEC junior：未来の科学技術を考える：入試にも役立つ教材 vol.6(2020)／朝日新聞著／朝日新聞社／2021年1月

地域を変えるソーシャルワーカー／朝比奈ミカ編;菊池馨実編／岩波書店（岩波ブックレット）／2021年1月

探検!発見!わたしたちの地域デザイン：探し出して発表するまで／町田怜子編著;地主恵亮編著;矢野加奈子

編著;竹内将俊編著;茂木もも子編著;鈴木康平編著／東京農業大学出版会／2023年7月

お金ってなんだろう?：あなたと考えたいこれからの経済―中学生の質問箱／長岡慎介著／平凡社／2017年5月

はじめよう!ボランティア 1／長沼豊監修／廣済堂あかつき／2018年2月

お〜い、雲よ／長倉洋海著／岩崎書店／2013年9月

人がつくった川・荒川：水害からいのちを守り、暮らしを豊かにする／長谷川敦著／旬報社／2022年8月

超高齢社会と認知症について知る本. 1／長田乾監修;かわいちひろ表紙イラスト;日生マユ巻頭マンガ;矢部太郎クイズマンガ・キャラクター／Gakken／2023年2月

超高齢社会と認知症について知る本. 2／長田乾監修;かわいちひろ表紙イラスト;日生マユ巻頭マンガ;矢部太郎クイズマンガ・キャラクター／Gakken／2023年2月

超高齢社会と認知症について知る本. 3／長田乾監修;かわいちひろ表紙イラスト;日生マユ巻頭マンガ;矢部太郎クイズマンガ・キャラクター／Gakken／2023年2月

なつかしい時間／長田弘著／岩波書店（岩波新書 新赤版）／2013年2月

朝鮮半島がわかる本 1(古代から近代まで)／長田彰文監修;津久井恵文／かもがわ出版／2015年10月

朝鮮半島がわかる本 2(近代から第二次世界大戦まで)／長田彰文監修;津久井恵文／かもがわ出版／2015年12月

朝鮮半島がわかる本 3(第二次世界大戦後現在まで)／長田彰文監修;津久井恵文／かもがわ出版／2016年2月

じぶんプレゼン!：「キャリア・パスポート」で「これまで」を「これから」にいかせ!：キャリア教育に役立つ! 2／長田徹監修／フレーベル館／2020年11月

日本の文豪：こころに響く言葉 1(夏目漱石・森鴎外ほか)／長尾剛著／汐文社／2010年8月

日本の文豪：こころに響く言葉 2(芥川龍之介・谷崎潤一郎ほか)／長尾剛著／汐文社／2010年11月

日本の文豪：こころに響く言葉 3(太宰治・三島由紀夫ほか)／長尾剛著／汐文社／2010年12月

地域の力で自然エネルギー!／鳥越皓之著;小林久著;海江田秀志著;泊みゆき著;山崎淑行著;古谷桂信著／岩波書店（岩波ブックレット）／2010年7月

異文化コミュニケーション学／鳥飼玖美子著／岩波書店（岩波新書 新赤版）／2021年7月

アニメーション学入門 新版／津堅信之著／平凡社（平凡社新書）／2017年2月

知っておきたい津：ふるさと読本 改訂版／津商工会議所津の観光文化を発展させる委員会編;津観光ガイドネット合同プロジェクトチーム編／伊藤印刷出版部／2017年2月

コムギ―地球を救う!植物／津幡道夫著／大日本図書／2013年3月

トウモロコシ―地球を救う!植物／津幡道夫著／大日本図書／2013年3月

これからのエネルギー／槌屋治紀著／岩波書店（岩波ジュニア新書）／2013年6月

代理母問題を考える―〈知の航海〉シリーズ／辻村みよ子著／岩波書店（岩波ジュニア新書）／2012年9月

アクセス現代社会：世の中の動きに強くなる 2012／帝国書院編集部編／帝国書院／2012年2月

明解世界史図説エスカリエ 4訂版／帝国書院編集部編／帝国書院／2012年2月

世界の国々 10(資料編・総索引)―帝国書院地理シリーズ／帝国書院編集部編／帝国書院／2012年3月

明解世界史図説エスカリエ 9訂版／帝国書院編集部編／帝国書院／2017年2月

アドバンス中学公民資料 [2020]／帝国書院編集部編／帝国書院／2020年2月

地歴高等地図：現代世界とその歴史的背景 [2021]／帝国書院編集部編／帝国書院／2021年10月

中学校社会科地図 [2021]／帝国書院編集部編／帝国書院／2021年10月

標準高等地図：地図でよむ現代社会 [2021]／帝国書院編集部編／帝国書院／2021年10月

最新世界史図説タペストリー 10訂版／帝国書院編集部編;川北稔監修;桃木至朗監修／帝国書院／2012年2月

最新世界史図説タペストリー 14訂版／帝国書院編集部編;川北稔監修;桃木至朗監修／帝国書院／2016年2月

日本のすがた 6(東北地方)―帝国書院地理シリーズ／帝国書院編集部編集／帝国書院／2013年3月

わかる!取り組む!災害と防災 4／帝国書院編集部編集／帝国書院／2017年2月

世界の諸地域NOW：図説地理資料 2021／帝国書院編集部編集／帝国書院／2021年2月

明解世界史図説エスカリエ 13訂版／帝国書院編集部編集／帝国書院／2021年2月

新・日本のすがた ＝Japan by Region 7─帝国書院地理シリーズ／帝国書院編集部編集／帝国書院／2021年3月

大学生に語る資本主義の200年／的場昭弘著／祥伝社（祥伝社新書）／2015年2月

大気の進化46億年 O2(さんそ)とCO2(にさんかたんそ)：酸素と二酸化炭素の不思議な関係／田近英一著／技術評論社（知りたい!サイエンス）／2011年9月

100分でわかる!ホントはこうだった日本現代史 3(中曽根政権から豊かな時代の崩壊)／田原総一朗著／ポプラ社／2013年3月

100分でわかる!ホントはこうだった日本現代史 3(中曽根政権から豊かな時代の崩壊) 図書館版／田原総一朗著／ポプラ社／2013年4月

ヒロシマ、ナガサキ、フクシマ：原子力を受け入れた日本／田口ランディ著／筑摩書房（ちくまプリマー新書）／2011年9月

都会を出て田舎で0円生活はじめました／田村余一著;田村ゆに著／サンクチュアリ出版（sanctuary books）／2022年8月

地球の水SOS図鑑：もう危ない!未来はどうなる?：その実態から取り組みまで／田中賢治;浜口俊雄著／PHP研究所／2010年7月

13歳からの地政学：カイゾクとの地球儀航海／田中孝幸著／東洋経済新報社／2022年3月

思考理科：なぜ?からはじめよう SDGs. 1／田中幸著;結城千代子著;藤嶋昭監修／東京書籍／2023年9月

ニッポンの肉食：マタギから食肉処理施設まで／田中康弘著／筑摩書房（ちくまプリマー新書）／2017年12月

いま、「靖国」を問う意味／田中伸尚著／岩波書店（岩波ブックレット）／2015年7月

幸せを届けるボランティア不幸を招くボランティア─14歳の世渡り術／田中優著／河出書房新社／2010年7月

いますぐ考えよう!未来につなぐ資源・環境・エネルギー 2(石油エネルギーを考える)／田中優著;山田玲司画／岩崎書店／2012年4月

日本はじめて図鑑：身近な「もの」のはじまりがわかる─もっと知りたい!図鑑／田中裕二監修／ポプラ社／2012年3月

きみのお金は誰のため：ボスが教えてくれた「お金の謎」と「社会のしくみ」／田内学著／東洋経済新報社／2023年10月

マンガでわかる金融と投資の基礎知識：読めば得する!お金のしくみと財テクの心得／田渕直也著／SBクリエイティブ（サイエンス・アイ新書）／2015年10月

みんなで知りたいダイバーシティ. 1／電通ダイバーシティ・ラボ企画・原案／文研出版／2023年5月

みんなで知りたいダイバーシティ. 2／電通ダイバーシティ・ラボ企画・原案／文研出版／2023年6月

みんなで知りたいダイバーシティ. 3／電通ダイバーシティ・ラボ企画・原案／文研出版／2023年7月

みんなで知りたいダイバーシティ. 4／電通ダイバーシティ・ラボ企画・原案／文研出版／2023年8月

みんなで知りたいダイバーシティ. 5／電通ダイバーシティ・ラボ企画・原案／文研出版／2023年9月

日本人の誇りを伝える最新日本史／渡部昇一ほか著;小堀桂一郎ほか著;國武忠彦ほか著／明成社／2012年9月

ぼくは戦場カメラマン／渡部陽一作／角川書店（角川つばさ文庫）／2012年2月

なぜ人と人は支え合うのか：「障害」から考える／渡辺一史著／筑摩書房（ちくまプリマー新書）／2018年12月

マイクロアグレッションを吹っ飛ばせ：やさしく学ぶ人権の話／渡辺雅之著／高文研／2021年11月

性の多様性ってなんだろう?─中学生の質問箱／渡辺大輔著／平凡社／2018年6月

スギナの島留学日記／渡邊杉菜著／岩波書店（岩波ジュニア新書）／2014年12月

地学博士も驚いた!ヤバい「地球図鑑」／渡邉克晃著／青春出版社／2021年12月

つながりを煽られる子どもたち：ネット依存といじめ問題を考える／土井隆義著／岩波書店（岩波ブックレット）／2014年6月

「宿命」を生きる若者たち：格差と幸福をつなぐもの／土井隆義著／岩波書店（岩波ブックレット）／2019年6月

ジュゴン：海草帯からのメッセージ／土屋誠カンジャナ・アドゥンヤヌコソン監修／東海大学出版会／2010年10月

君たち中学生・高校生が学ぶ会計／土田義憲著／ロギカ書房／2023年3月

実験で学ぶ土砂災害／土木学会地盤工学委員会斜面工学研究小委員会編集／土木学会／2015年8月

授業が楽しくなる教科別マジック 1／土門トキオ編著／汐文社／2016年11月

授業が楽しくなる教科別マジック 2／土門トキオ編著／汐文社／2016年12月

授業が楽しくなる教科別マジック 3／土門トキオ編著／汐文社／2017年2月

地球はなぜ「水の惑星」なのか：水の「起源・分布・循環」から読み解く地球史／唐戸俊一郎著／講談社（ブルーバックス）／2017年3月

もっと知りたいしまねの歴史：ふるさと読本／島根県教育委員会編／島根県教育委員会／2012年11月

渋沢栄一：社会企業家の先駆者／島田昌和著／岩波書店（岩波新書 新赤版）／2011年7月

宗教の地政学／島田裕巳著／エムディエヌコーポレーション（MdN新書）／2022年10月

日本の首都「東京」まるわかり事典：社会科の勉強に役立つ!―まなぶっく／東京なんでも調査隊著／メイツ出版／2011年2月

18歳選挙権の担い手として：高校生は憲法・沖縄・核被災を学ぶ／東京高校生平和ゼミナール連絡会編／平和文化／2015年7月

東大生100人が教える成績をグングン伸ばす中学生の勉強法／東京大学「学習効率研究会」編／二見書房／2014年3月

高校生のための東大授業ライブ：学問からの挑戦／東京大学教養学部編／東京大学出版会／2015年12月

世界史のミュージアム ＝Museum of World History：歴史風景館／東京法令出版教育事業推進部編／東京法令出版／2019年3月

実物でたどるコンピュータの歴史：石ころからリンゴへ―東京理科大学坊ちゃん科学シリーズ；2／東京理科大学出版センター編:竹内伸著／東京書籍／2012年8月

太陽エネルギーがひらく未来―東京理科大学坊ちゃん科学シリーズ；1／東京理科大学出版センター編著／東京書籍／2012年6月

ふたりのママから、きみたちへ―よりみちパン!セ；P061／東小雪著:増原裕子著／イースト・プレス／2013年12月

世界史を変えた詐欺師たち／東谷暁著／文藝春秋（文春新書）／2018年7月

希望の大地：「祈り」と「知恵」をめぐる旅：フォトエッセイ／桃井和馬著／岩波書店（岩波ブックレット）／2012年6月

どんとこい、貧困!―よりみちパン!セ；P007／湯浅誠著／イースト・プレス／2011年7月

金融政策入門／湯本雅士著／岩波書店（岩波新書 新赤版）／2013年10月

未婚と少子化：この国で子どもを産みにくい理由／筒井淳也著／PHP研究所（PHP新書）／2023年12月

社会を知るためには／筒井淳也著／筑摩書房（ちくまプリマー新書）／2020年9月

街路樹は問いかける：温暖化に負けない〈緑〉のインフラ／藤井英二郎著:海老澤清也著:當内匡著:水眞洋子著／岩波書店（岩波ブックレット）／2021年8月

野鳥が集まる庭をつくろう：おうちでバードウオッチング／藤井幹共著:井上雅英共著／誠文堂新光社／2013年2月

障害者とともに働く／藤井克徳著:星川安之著／岩波書店（岩波ジュニア新書）／2020年10月

海はどうしてできたのか：壮大なスケールの地球進化史／藤岡換太郎著／講談社（ブルーバックス）／2013年2月

地雷をふんだゾウ／藤原幸一写真・文／岩崎書店／2014年11月

えんとつと北極のシロクマ／藤原幸一写真と文／少年写真新聞社／2016年7月

ぞうのなみだひとのなみだ／藤原幸一著／アリス館／2015年5月

給食の歴史／藤原辰史著／岩波書店（岩波新書 新赤版）／2018年11月

ビジネスマナーワークブック―高校生のためのヒューマンスキル；1／藤原由美著;鈴木浩子著／西文社／2012年6月

今、話したい「学校」のこと：15歳からの複眼思考／藤原和博著／ポプラ社／2013年3月

考えよう!話しあおう!これからの情報モラル：GIGAスクール時代に 2／藤川大祐監修／偕成社／2022年4月

深海・極限の世界：生命と地球の謎に迫る／藤倉克則編著;木村純一編著／講談社（ブルーバックス）／2019年5月

日本は世界で何番目? 2／藤田千枝編／大月書店／2013年12月

バブル経済とは何か／藤田勉著／平凡社（平凡社新書）／2018年9月

漢字文化の世界／藤堂明保著／KADOKAWA（角川ソフィア文庫）／2020年3月

いつも気分よく集中できる「必要なことだけ」勉強法／藤白りり著／KADOKAWA／2022年9月

親のことが嫌いじゃないのに「なんかイヤだな」と思ったときに読む本／藤木美奈子著／WAVE出版／2022年4月

「障害」ある人の「きょうだい」としての私／藤木和子著／岩波書店（岩波ブックレット）／2022年4月

14歳の自分に伝えたい「お金の話」＝Things I Wish I'd Known about Money When I was Fourteen／藤野英人著／マガジンハウス／2021年5月

今こそ考えよう!エネルギーの危機 第1巻／藤野純一総監修／文溪堂／2012年3月

いのちはどう生まれ、育つのか：医療、福祉、文化と子ども／道信良子編著／岩波書店（岩波ジュニア新書）／2015年3月

からだノート：中学生の相談箱／徳永桂子著／大月書店／2013年6月

ビジュアル日本の音楽の歴史.1／徳丸吉彦監修／ゆまに書房／2023年4月

ビジュアル日本の音楽の歴史.2／徳丸吉彦監修／ゆまに書房／2023年7月

ビジュアル日本の音楽の歴史.3／徳丸吉彦監修／ゆまに書房／2023年8月

ものがたり日本音楽史／徳丸吉彦著／岩波書店（岩波ジュニア新書）／2019年12月

値段がわかれば社会がわかる：はじめての経済学／徳田賢二著／筑摩書房（ちくまプリマー新書）／2021年2月

震災と情報：あのとき何が伝わったか／徳田雄洋著／岩波書店（岩波新書 新赤版）／2011年12月

読書バリアフリー＝Books for Everyone：見つけよう!自分にあった読書のカタチ／読書工房編著／国土社／2023年7月

勉強するのは何のため?：僕らの「答え」のつくり方／苫野一徳著／日本評論社／2013年8月

塩田の運動会／那須正幹作;田頭よしたか画／福音館書店／2017年1月

大震災のなかで：私たちは何をすべきか／内橋克人編／岩波書店（岩波新書 新赤版）／2011年6月

ホントに食べる?世界をすくう虫のすべて／内山昭一監修／文研出版／2020年4月

会社の数字を科学する：すっきりわかる財務・会計・投資／内山力著／PHP研究所（PHPサイエンス・ワールド新書）／2010年2月

高校生のための法学入門：法学とはどんな学問なのか―民法研究レクチャーシリーズ／内田貴著／信山社／2022年6月

転換期を生きるきみたちへ：中高生に伝えておきたいたいせつなこと―犀の教室 Liberal Arts Lab／内田樹編／晶文社／2016年7月

科学との正しい付き合い方：疑うことからはじめよう―Dis+cover science；2／内田麻理香著／ディスカヴァー・トゥエンティワン／2010年4月

迷走する教員の働き方改革：変形労働時間制を考える／内田良著;広田照幸著;高橋哲著;嶋﨑量著;斉藤ひでみ著／岩波書店（岩波ブックレット）／2020年3月

いじめの直し方／内藤朝雄;荻上チキ著／朝日新聞出版／2010年3月

転ばぬ先のこそだて：裁判官を辞めた今、どうしても伝えておきたいことそれは…20年後のわが子のための／内藤由佳著／エール出版社（Yell books）／2012年4月

アフガニスタン勇気と笑顔 新版／内堀タケシ写真・文／国土社／2020年11月

フクシマ：2011年3月11日から変わったくらし／内堀タケシ写真・文／国土社／2021年2月

ぼくはアホウドリの親になる：写真記ひな70羽引っこし大作戦／南俊夫文・写真;山階鳥類研究所監修／借成社／2015年11月

教えて南部先生!18歳成人Q&A／南部義典著／シーアンドアール研究所／2022年10月

シアワセなお金の使い方：新しい家庭科勉強法 2／南野忠晴著／岩波書店（岩波ジュニア新書）／2015年2月

ここから始まるマネーの世界／楠山正典著／日本橋出版／2021年8月

お札に描かれる偉人たち：渋沢栄一・津田梅子・北里柴三郎／楠木誠一郎著／講談社／2019年10月

家の理一くうねるところにすむところ：家を伝える本シリーズ;33／難波和彦著／平凡社／2014年2月

薬学教室へようこそ：いのちを守るクスリを知る旅／二井將光著／講談社（ブルーバックス）／2015年8月

基本地図帳 2021-2022／二宮書店編集部著／二宮書店／2021年3月

高等地図帳 2021-2022／二宮書店編集部著／二宮書店／2021年3月

詳解現代地図 2021-2022／二宮書店編集部著／二宮書店／2021年3月

高校生のための国際政治経済：都心で学ぼう 3／二松学舎大学国際政治経済学部編／戎光祥出版／2016年11月

やりくり一ぜちゃんと地球のまちづくり／日建設計総合研究所作・画／工作舎／2014年6月

もっと知りたい!話したい!セクシュアルマイノリティありのままのきみがいい 3／日高庸晴著;サカイノビーイラスト／汐文社／2016年3月

日本と世界のしくみがわかる!よのなかマップ 新版／日能研編;日本経済新聞出版社編／日本経済新聞出版社／2014年10月

すしのひみつ／日比野光敏著／金の星社／2015年7月

まんがで学ぶオンラインゲームールールを守って楽しもう!／日本オンラインゲーム協会カスタマーサポート・ワーキンググループ監修／保育社／2023年8月

社会に貢献する：Youth Philanthropy in Global Community／日本ファンドレイジング協会編／日本ファンドレイジング協会／2015年3月

未来につながる!ロボットの技術：歴史からしくみ、人工知能との関係までよくわかる一子供の科学サイエンスブックスNEXT／日本ロボット学会監修／誠文堂新光社／2023年1月

科学館 ＝SHOGAKUKAN ENCYCLOPEDIA OF SCIENCE FOR CHILDREN：キッズペディア／日本科学未来館監修筑波大学附属小学校理科部監修／小学館／2014年12月

天気の基本を知ろう!―天気でわかる四季のくらし;5／日本気象協会著／新日本出版社／2011年2月

冬の天気とくらし―天気でわかる四季のくらし;4／日本気象協会著／新日本出版社／2011年2月

ボランティアたちの物語 ＝THE STORY OF VOLUNTEERS：東京2020オリンピック・パラリンピックの記録／日本財団ボランティアセンター監修／小峰書店／2022年3月

徹底調査子供の貧困が日本を滅ぼす：社会的損失40兆円の衝撃／日本財団子どもの貧困対策チーム著／文藝春秋（文春新書）／2016年9月

新・どの本よもうかな?中学生版 日本編／日本子どもの本研究会編／金の星社／2014年3月

実技で学ぶ情報モラル／日本情報処理検定協会編集／日本情報処理検定協会／2022年4月

絶滅から救え!日本の動物園&水族館：滅びゆく動物図鑑 3(外来種・環境汚染のためにいなくなる動物たち)／日本動物園水族館協会監修／河出書房新社／2016年2月

狙われる18歳!?：消費者被害から身を守る18のQ&A／日本弁護士連合会消費者問題対策委員会著／岩波書店（岩波ブックレット）／2021年3月

〈必要〉から始める仕事おこし：「協同労働」の可能性／日本労働者協同組合連合会編／岩波書店（岩波ブックレット）／2022年2月

十代のきみたちへ：ぜひ読んでほしい憲法の本／日野原重明著／冨山房インターナショナル／2014 年 5 月

決定版日中戦争／波多野澄雄著;戸部良一著;松元崇著;庄司潤一郎著;川島真著／新潮社（新潮新書）／2018 年 11 月

憲法九条は私たちの安全保障です。／梅原猛著;大江健三郎著;奥平康弘著;鶴地久枝著;鶴見俊輔著;池田香代子著;金泳鎬著;阪田雅裕著／岩波書店（岩波ブックレット）／2015 年 1 月

DNA 鑑定：犯罪捜査から新種発見、日本人の起源まで／梅津和夫著／講談社（ブルーバックス）／2019 年 9 月

十四歳からのソコソコ武士道／柏耕一著／さくら舎／2021 年 9 月

海の教科書：波の不思議から海洋大循環まで／柏野祐二著／講談社（ブルーバックス）／2016 年 6 月

乱流と渦：日常に潜む不連続な"魔の流れ"／白鳥敬著／技術評論社（知りたい！サイエンス）／2010 年 3 月

竹細工＝TAKE-ZAIKU／畑野栄三文;全国郷土玩具館監修／文溪堂／2012 年 4 月

今日からみんなで環境調査隊！：未来のために身近でなにができる？3／倉佐代子監修／くもん出版／2022 年 11 月

女子高生が憲法学者小林節に聞いてみた。「憲法ってナニ!?」―ベストセレクト／畠山重篤著;スギヤマカナヨ絵／ベストブック／2018 年 5 月

おばあちゃんが、ぼけた。 増補新版―よりみちパン!セ／畠山重篤著;スギヤマカナヨ絵／新曜社／2018 年 5 月

人間の条件：そんなものない 増補新版―よりみちパン!セ／畠山重篤著;スギヤマカナヨ絵／新曜社／2018 年 5 月

イチから学ぶビジネス：高校生・大学生の経営学入門 改訂版／畠山重篤著;スギヤマカナヨ絵／創成社／2018 年 5 月

刑務所しか居場所がない人たち：学校では教えてくれない、障害と犯罪の話／畠山重篤著;スギヤマカナヨ絵／大月書店／2018 年 5 月

世界の王室うんちく大全／八幡和郎著／平凡社（平凡社新書）／2013 年 6 月

マンガで覚える図解おこづかいの基本／八木陽子監修／つちや書店／2020 年 11 月

世界史のなかの日本：1926～1945. 上―半藤先生の「昭和史」で学ぶ非戦と平和／半藤一利著／平凡社／2023 年 7 月

21 世紀の戦争論：昭和史から考える／半藤一利著;佐藤優著／文藝春秋（文春新書）／2016 年 5 月

もしキミが、人を傷つけたなら、傷つけられたなら：10 代から学んでほしい体と心の守り方／犯罪学教室のかなえ先生著／フォレスト出版／2022 年 8 月

世の中を知る、考える、変えていく：高校生からの社会科学講義／飯田高編;近藤絢子編;砂原庸介編;丸山里美編／有斐閣／2023 年 7 月

原発をどうするか、みんなで決める：国民投票へ向けて／飯田哲也著;今井一著;杉田敦著;マエキタミヤコ著;宮台真司著／岩波書店（岩波ブックレット）／2011 年 11 月

高校生と親の「お金の教科書」／飯田健二著／セルバ出版／2012 年 10 月

認知症の正体：診断・治療・予防の最前線／飯島裕一著;佐古泰司著／PHP 研究所（PHP サイエンス・ワールド新書）／2011 年 6 月

息子へ。／飯野賢治著／幻冬舎／2011 年 5 月

骨の戦世(イクサユ)：65 年目の沖縄戦：フォト・ドキュメント／比嘉豊光編;西谷修編／岩波書店（岩波ブックレット）／2010 年 10 月

音楽で人は輝く：愛と対立のクラシック／樋口裕一著／集英社（集英社新書）／2011 年 1 月

激変する世界で君だけの未来をつくる 4 つのルール／尾原和啓著／大和書房／2023 年 3 月

ものすごくわかりやすい民法の授業 第 2 版／尾崎哲夫著／自由国民社／2012 年 2 月

ものすごくわかりやすい民法の授業 第 3 版／尾崎哲夫著／自由国民社／2016 年 2 月

日本列島の巨大地震／尾池和夫著／岩波書店（岩波科学ライブラリー）／2011 年 10 月

四季の地球科学：日本列島の時空を歩く／尾池和夫著／岩波書店（岩波新書 新赤版）／2012 年 7 月

「学び」という希望：震災後の教育を考える／尾木直樹著／岩波書店（岩波ブックレット）／2012 年 6 月

いじめ問題をどう克服するか／尾木直樹著／岩波書店（岩波新書 新赤版）／2013 年 11 月

台風の大研究：最強の大気現象のひみつをさぐろう─楽しい調べ学習シリーズ／筆保弘徳編著／PHP 研究所／2020 年 9 月

死に至る地球経済／浜矩子著／岩波書店（岩波ブックレット）／2010 年 9 月

スカノミクスに蝕まれる日本経済／浜矩子著／青春出版社（青春新書 INTELLIGENCE）／2021 年 4 月

地球経済のまわり方／浜矩子著／筑摩書房（ちくまプリマー新書）／2014 年 4 月

「共に生きる」ための経済学／浜矩子著／平凡社（平凡社新書）／2020 年 9 月

民主主義をあきらめない／浜矩子著;柳澤協二著;内橋克人著／岩波書店（岩波ブックレット）／2015 年 10 月

リンゴの老木とフクロウ：カメラマンが見つけた人と野鳥の共生／浜田尚子著／文芸社／2011 年 3 月

できちゃいました!フツーの学校／富士晴英とゆかいな仲間たち著／岩波書店（岩波ジュニア新書）／2020 年 7 月

大災害と子どもの心：どう向き合い支えるか／冨永良喜著／岩波書店（岩波ブックレット）／2012 年 2 月

明日ともだちに自慢できる日本と世界のモノ歴史 113／冨本昌恵著;此林ミサ画／パルコエンタテインメント事業部／2017 年 12 月

地球温暖化図鑑／布村明彦;松尾一郎;垣内ユカ里著／文渓堂／2010 年 5 月

保育園は誰のもの：子どもの権利から考える／普光院亜紀著／岩波書店（岩波ブックレット）／2018 年 1 月

月 1000 円!のスマホ活用術／武井一巳著／青春出版社（青春新書 INTELLIGENCE）／2013 年 10 月

月 900 円!からの iPhone 活用術／武井一巳著／青春出版社（青春新書 INTELLIGENCE）／2014 年 12 月

スマートフォンその使い方では年 5 万円損してます／武井一巳著／青春出版社（青春新書 INTELLIGENCE）／2017 年 5 月

諏訪大社と武田信玄：戦国武将の謎に迫る!／武光誠著／青春出版社（青春新書 INTELLIGENCE）／2012 年 10 月

生物はウイルスが進化させた：巨大ウイルスが語る新たな生命像／武村政春著／講談社（ブルーバックス）／2017 年 4 月

気象予報士と学ぼう!天気のきほんがわかる本 6／武田康男監修;菊池真以監修／ポプラ社／2022 年 4 月

「桶狭間」は経済戦争だった：戦国史の謎は「経済」で解ける／武田知弘著／青春出版社（青春新書 INTELLIGENCE）／2014 年 6 月

経済で謎を解く関ケ原の戦い／武田知弘著／青春出版社（青春新書 INTELLIGENCE）／2018 年 2 月

君が地球を守る必要はありません─14 歳の世渡り術／武田邦彦著／河出書房新社／2010 年 5 月

海の中から地球を考える：プロダイバーが伝える気候危機／武本匡弘著／汐文社／2021 年 11 月

産業社会と人間：よりよき高校生活のために 3訂版／服部次郎編著／学事出版／2014 年 2 月

産業社会と人間：よりよき高校生活のために 4訂版／服部次郎編著／学事出版／2020 年 2 月

世界遺産になった食文化 7(わかちあいのキムジャン文化韓国料理)／服部津貴子監修;こどもくらぶ編／WAVE 出版／2015 年 3 月

お金に頼らず生きたい君へ：廃村「自力」生活記─14 歳の世渡り術／服部文祥著／河出書房新社／2022 年 10 月

著作権とは何か：文化と創造のゆくえ 改訂版／福井健策著／集英社（集英社新書）／2020 年 3 月

18 歳の著作権入門／福井健策著／筑摩書房（ちくまプリマー新書）／2015 年 1 月

生命科学の静かなる革命／福岡伸一著／集英社インターナショナル（インターナショナル新書）／2017 年 1 月

政治のしくみがよくわかる国会のしごと大研究 1／福岡政行監修;こどもくらぶ編／岩崎書店／2022 年 1 月

政治のしくみがよくわかる国会のしごと大研究 2／福岡政行監修;こどもくらぶ編／岩崎書店／2022 年 1 月

政治のしくみがよくわかる国会のしごと大研究 3／福岡政行監修;こどもくらぶ編／岩崎書店／2022 年 2 月

政治のしくみがよくわかる国会のしごと大研究 4／福岡政行監修;こどもくらぶ編／岩崎書店／2022 年 3 月

政治のしくみがよくわかる国会のしごと大研究 5／福岡政行監修・著;こどもくらぶ編／岩崎書店／2022 年

3月

その日本語仕事で恥かいてます／福田健監修／青春出版社（青春新書 INTELLIGENCE）／2014年4月

熊本市域地下水位変動：多様性と地域の発見：高校生読本／福田光治／熊日出版／2021年8月

17歳のあなたへ／福峯静香著／療育ファミリーサポートほほえみ／2013年12月

日々の教え・童蒙教え草：人としていかに生きるか：現代語抄訳／福澤諭吉著；金谷俊一郎訳／PHP研究所／2015年3月

企業買収の裏側：M&A入門／淵邊善彦著／新潮社（新潮新書）／2010年9月

放射線ってなあに？：science window／文化工房編／科学技術振興機構／2013年3月

食べものから学ぶ世界史：人も自然も壊さない経済とは？／平賀緑著／岩波書店（岩波ジュニア新書）／2021年7月

マンガ平生釟三郎：正しく強く朗らかに／平生漫画プロジェクト編著／幻冬舎メディアコンサルティング／2010年3月

Jr.日本の歴史 6／平川南；五味文彦；大石学；大門正克編／小学館／2011年4月

人とミルクの1万年／平田昌弘著／岩波書店（岩波ジュニア新書）／2014年11月

国際理解に役立つ世界のお金図鑑 1（アジア・オセアニア）／平田美咲編／汐文社／2013年9月

国際理解に役立つ世界のお金図鑑 2（ヨーロッパ・中東）／平田美咲編／汐文社／2013年10月

国際理解に役立つ世界のお金図鑑 3（北米・中南米・アフリカ）／平田美咲編／汐文社／2013年10月

高校生からの「憲法改正問題」入門／平和・国際教育研究会編；沖村民雄執筆；黒田千代執筆；佐貫浩執筆；澤野重男執筆；福岡公俊執筆；宮下与兵衛執筆／平和文化／2013年11月

その笑顔の向こう側：シリーズ知ってほしい！世界の子どもたち 1／米倉史隆写真・文／新日本出版社／2017年10月

電気がいちばんわかる本 5（電波のひみつ）／米村でんじろう監修／ポプラ社／2011年3月

身体が語る人間の歴史：人類学の冒険／片山一道著／筑摩書房（ちくまプリマー新書）／2016年10月

地球環境博士になれるピクチャーブック 2／片神貴子訳／合同出版／2021年4月

きみ江さん：ハンセン病を生きて／片野田斉著／偕成社／2015年2月

検証！首都直下地震：巨大地震は避けられない？最新想定と活断層／編集工房 SUPERNOVA 編著；木村政昭監修／技術評論社（知りたい！サイエンス）／2013年3月

いつでもどこでもきのこ―森の小さな生きもの紀行；2／保坂健太郎文；新井文彦写真／文一総合出版／2021年1月

海は地球のたからもの 1／保坂直紀著／ゆまに書房／2019年11月

びっくり！地球46億年史：地球におこった10大事件の謎―日能研クエスト：マルいアタマをもっとマルく！／保坂直紀著／講談社／2018年3月

海まるごと大研究 3（海が温暖化しているって、ほんと？）／保坂直紀著；こどもくらぶ編集／講談社／2016年1月

宝塚市の60年／宝塚市制作金斗鉉絵／宝塚市／2015年2月

中学総合的研究国語 新装版／峰高久明；葛西太郎；神田邦彦；矢口郁子著／旺文社／2010年1月

法むるーむ：高校生からの法律相談／法むるーむネット編集・執筆／清水書院／2016年3月

法むるーむ：社会と法がわかる15のストーリー：おとなになるあなたへ／法むるーむネット編集・執筆／清水書院／2022年7月

世界にほこる日本の先端科学技術 2（災害予知はどこまで可能？）／法政大学自然科学センター監修；こどもくらぶ編／岩崎書店／2014年3月

つしまっ子郷土読本 普及版／芳洲会執筆・編集／対馬市教育委員会／2016年3月

集団的自衛権と安全保障／豊下楢彦著；古関彰一著／岩波書店（岩波新書 新赤版）／2014年7月

福島に生きる凛ちゃんの10年：家や学校や村もいっぱい変わったけれど―それでも「ふるさと」．あの日から10年／豊田直巳写真・文／農山漁村文化協会／2021年2月

「負けてられねぇ」と今日も畑に：家族とともに土と生きる／豊田直巳写真・文／農山漁村文化協会（それでも「ふるさと」）／2018年2月

福島人なき「復興」の10年：フォト・ルポルタージュ／豊田直巳著／岩波書店（岩波ブックレット）／
2022年3月

もっと知りたい!微生物大図鑑 2（ヒントがいっぱい細菌の利用価値）／北元憲利著／ミネルヴァ書房／2015
年11月

こころとからだの不安によりそう性ってなんだろう? 1／北山ひと美監修:青野真澄指導協力／新日本出版社
／2021年12月

図解でわかる 14歳から知っておきたい中国／北村豊監修:インフォビジュアル研究所著／太田出版／2018
年7月

科学技術は日本を救うのか：「第4の価値」を目指して—Dis+cover science；1／北澤宏一著／ディスカヴ
ァー・トゥエンティワン／2010年4月

13歳からの天皇制：憲法の仕組みに照らして考えよう／堀新著／かもがわ出版／2020年2月

子どもの心の声を聴く：子どもアドボカシー入門／堀正嗣著／岩波書店（岩波ブックレット）／2020年9
月

地野菜/伝統野菜—47都道府県ビジュアル文化百科／堀知佐子監修;こどもくらぶ編／丸善出版／2016年12
月

産業とくらしを変える情報化 5（教育・福祉を変える情報ネットワーク）／堀田龍也監修／学研教育出版／
2012年2月

未来をつくる!日本の産業 7／堀田和彦監修;産業学会監修／ポプラ社／2021年4月

10代のうちに考えておきたいジェンダーの話／堀内かおる著／岩波書店（岩波ジュニア新書）／2023年
12月

あきらめないことにしたの／堀米薫作／新日本出版社／2015年6月

思い出をレスキューせよ!："記憶をつなぐ"被災地の紙本・書籍保存修復士／堀米薫文／くもん出版／2014
年2月

命のバトン：津波を生きぬいた奇跡の牛の物語—感動ノンフィクションシリーズ／堀米薫文／佼成出版社／
2013年3月

きずなを結ぶ震災学習列車：三陸鉄道、未来へ—感動ノンフィクションシリーズ／堀米薫文／佼成出版社
／2015年2月

わたしたちの地球環境と天然資源：環境学習に役立つ! 4／本間慎監修;こどもくらぶ編／新日本出版社／
2018年7月

お金でわかる!ザワつく!日本の歴史—1冊で流れがつかめる!好きになる!／本郷和人監修／学研プラス／
2021年10月

日本史のツボ／本郷和人著／文藝春秋（文春新書）／2018年1月

笑おうね生きようね＝Laugh!Live!：いじめられ体験乗り越えて／本多正識著／小学館／2018年12月

「日本」ってどんな国?：国際比較データで社会が見えてくる／本田由紀著／筑摩書房（ちくまプリマー新
書）／2021年10月

大研究お米の図鑑／本林隆監修;国土社編集部編集／国土社／2016年3月

「干天の慈雨」と呼ばれた西嶋八兵衛さんの挑戦／本條忠應著／文芸社／2023年9月

この世界からサイがいなくなってしまう：アフリカでサイを守る人たち—環境ノンフィクション／味田村
太郎文／学研プラス／2021年6月

地球が大変だ!：ぼくと風さんの"温暖化"を学ぶ旅／未来恵著／文芸社／2014年10月

僕とベンとゆかいな仲間たち：アマゾン森林破壊と温暖化を学ぶ旅／未来恵著／文芸社／2016年6月

動物たちを救うアニマルパスウェイ—文研じゅべにーる. ノンフィクション／湊秋作著／文研出版／2017
年6月

スカートはかなきゃダメですか?：ジャージで学校—世界をカエル 10代からの羅針盤／名取寛人著／理論
社／2017年8月

国際情勢に強くなる英語キーワード／明石和康著／岩波書店（岩波ジュニア新書）／2016年3月

まるごと日本の道具—学研もちあるき図鑑／面矢慎介監修／学研教育出版／2012年11月

51

今日よりは明日はきっと良くなると：愛犬・太刀と暮らした16年／茂市久美子著／講談社（世の中への扉）／2018年2月

明日、学校へ行きたくない：言葉にならない思いを抱える君へ／茂木健一郎著;信田さよ子著;山崎聡一郎著／KADOKAWA／2021年2月

人口激減：移民は日本に必要である／毛受敏浩著／新潮社（新潮新書）／2011年9月

もしも高校生のわたしに「法律用語」が使えたら?：読むだけで法律に強くなる12の物語／木山泰嗣著／日本実業出版社／2023年8月

山川詳説世界史図録／木村靖二監修;岸本美緒監修;小松久男監修／山川出版社／2014年3月

山川詳説世界史図録 第2版／木村靖二監修;岸本美緒監修;小松久男監修／山川出版社／2017年1月

誰のために法は生まれた／木庭顕著／朝日出版社／2018年7月

子どもの力を伸ばす子どもの権利条約ハンドブック／木附千晶文;福田雅章文;DCI日本=子どもの権利のための国連NGO監修／自由国民社／2016年2月

地層ってなんだろう 3(歴史をしらべよう)／目代邦康編著／汐文社／2014年3月

徳川家康の江戸プロジェクト／門井慶喜著／祥伝社（祥伝社新書）／2018年12月

東京の謎(ミステリー)：この街をつくった先駆者たち／門井慶喜著／文藝春秋（文春新書）／2021年9月

原発事故に立ち向かった吉田昌郎と福島フィフティ―PHP心のノンフィクション／門田隆将著／PHP研究所／2015年3月

歴史の読みかた／野家啓一著;長谷部恭男著;金子勝著;白井聡著;田中優子著;福井憲彦著;福嶋亮大著;柄谷行人著／筑摩書房（ちくまプリマー新書. 中学生からの大学講義 ）／2018年9月

数学で未来を予測する：ギャンブルから経済まで／野崎昭弘著／PHP研究所（PHPサイエンス・ワールド新書）／2011年10月

証券会社図鑑：未来をつくる仕事がここにある／野村ホールディングス監修;青山邦彦絵;日経BPコンサルティング編集／日経BPコンサルティング／2015年2月

10代からのSDGs：輝く心と学ぶ喜びを／野田将晴著／高木書房／2022年4月

希望をつくる島・沖縄：キミたちに伝えたいこと／野本三吉著／新宿書房／2015年7月

内部被曝／矢ケ崎克馬著;守田敏也著／岩波書店（岩波ブックレット）／2012年3月

日本のすがた：表とグラフでみる：日本をもっと知るための社会科資料集 2010／矢野恒太記念会編／矢野恒太記念会／2010年3月

日本のすがた：表とグラフでみる：日本をもっと知るための社会科資料集 2011／矢野恒太記念会編／矢野恒太記念会／2011年3月

日本のすがた：表とグラフでみる：日本をもっと知るための社会科資料集 2012／矢野恒太記念会編／矢野恒太記念会／2012年3月

日本のすがた：表とグラフでみる社会科資料集 2013／矢野恒太記念会編集／矢野恒太記念会／2013年3月

日本のすがた：表とグラフでみる社会科資料集 2014／矢野恒太記念会編集／矢野恒太記念会／2014年3月

日本のすがた：日本をもっと知るための社会科資料集 2015／矢野恒太記念会編集／矢野恒太記念会／2015年3月

日本のすがた：日本をもっと知るための社会科資料集 2016／矢野恒太記念会編集／矢野恒太記念会／2016年3月

日本のすがた：日本をもっと知るための社会科資料集 2017／矢野恒太記念会編集／矢野恒太記念会／2017年3月

日本のすがた：日本をもっと知るための社会科資料集 2018／矢野恒太記念会編集／矢野恒太記念会／2018年3月

日本のすがた：日本をもっと知るための社会科資料集 2019／矢野恒太記念会編集／矢野恒太記念会／2019年3月

日本のすがた：日本をもっと知るための社会科資料集 2020／矢野恒太記念会編集／矢野恒太記念会／

2020 年 3 月

日本のすがた：日本をもっと知るための社会科資料集 2021／矢野恒太記念会編集／矢野恒太記念会／2021 年 3 月

ガラス：イチは、いのちのはじまり―イチからつくる／矢野哲司編:吉田稔美絵／農山漁村文化協会／2023 年 8 月

日本語の宿命：なぜ日本人は社会科学を理解できないのか／薬師院仁志著／光文社（光文社新書）／2012 年 12 月

いのちの学校／柳沢智子著／夏葉社／2015 年 12 月

科学の困ったウラ事情／有田正規著／岩波書店（岩波科学ライブラリー）／2016 年 2 月

47 都道府県の底力がわかる事典／葉上太郎著／文藝春秋（文春新書）／2021 年 2 月

揺らぐ世界―中学生からの大学講義；4／立花隆著:岡真理著:橋爪大三郎著:森達也著:藤原帰一著:川田順造著:伊豫谷登士翁著／筑摩書房（ちくまプリマー新書）／2015 年 4 月

私たちは政治の暴走を許すのか／立憲デモクラシーの会編／岩波書店（岩波ブックレット）／2014 年 10 月

未来に伝える沖縄戦 3／琉球新報社会部編／琉球新報社／2014 年 3 月

ヒストりゅー：琉球・沖縄の歴史／琉球新報社編:新城俊昭著:西銘章著:仲村顕著／琉球新報社／2012 年 6 月

施設から社会へ羽ばたくあなたへ：ひとり暮らしハンドブック：巣立ちのための 60 のヒント／林恵子編著／明石書店／2010 年 9 月

科学技術大国中国：有人宇宙飛行から原子力、iPS 細胞まで／林幸秀著／中央公論新社（中公新書）／2013 年 7 月

理科系冷遇社会：沈没する日本の科学技術／林幸秀著／中央公論新社（中公新書ラクレ）／2010 年 10 月

「18 歳選挙権」で社会はどう変わるか／林大介著／集英社（集英社新書）／2016 年 6 月

リンボウ先生のなるほど古典はおもしろい!―世界をカエル 10 代からの羅針盤／林望著／武田美穂絵／理論社／2023 年 1 月

18 歳からはじめる投資の学校：解きながら身につける!知っておきたい投資の基本&お金の常識／鈴木さや子著／翔永社／2023 年 11 月

ぼくらの戦略思考研究部：ストーリーで学ぶ 15 歳からの思考トレーニング／鈴木貴博著／朝日新聞出版／2015 年 9 月

フツウと違う少数派のキミへ：ニューロダイバーシティのすすめ／鈴木慶太著／合同出版／2023 年 7 月

原発と活断層：「想定外」は許されない／鈴木康弘著／岩波書店（岩波科学ライブラリー）／2013 年 9 月

日本はなぜ原発を輸出するのか／鈴木真奈美著／平凡社（平凡社新書）／2014 年 8 月

アメリカは日本の原子力政策をどうみているか／鈴木達治郎編:猿田佐世編／岩波書店（岩波ブックレット）／2016 年 10 月

やらなきゃゼロ!：財政破綻した夕張を元気にする全国最年少市長の挑戦／鈴木直道著／岩波書店（岩波ジュニア新書）／2012 年 12 月

日本語の「常識」を問う／鈴木貞美著／平凡社（平凡社新書）／2011 年 5 月

警察犬になったアンズ：命を救われたトイプードルの物語／鈴木博房著／岩崎書店／2016 年 8 月

失敗の愛国心 増補―よりみちパン!セ；P032／鈴木邦男著／イースト・プレス／2012 年 1 月

行徳塩焼の郷を訪ねて：郷土読本／鈴木和明著／文芸社／2014 年 1 月

子どもに伝えたい和の技術 1 (寿司)／和の技術を知る会著／文溪堂／2014 年 10 月

子どもに伝えたい和の技術 4 (和菓子)／和の技術を知る会著／文溪堂／2015 年 11 月

子どもに伝えたい和の技術 10／和の技術を知る会著／文溪堂／2021 年 2 月

子どもに伝えたい和の技術 11／和の技術を知る会著／文溪堂／2021 年 3 月

子どもに伝えたい和の技術 12／和の技術を知る会著／文溪堂／2021 年 3 月

悪口ってなんだろう／和泉悠著／筑摩書房（ちくまプリマー新書）／2023 年 8 月

北京＝Beijing：中軸線上につくられたまち／于大武作:文妹訳／ポプラ社／2012 年 9 月

姜尚中と読む夏目漱石／姜尚中著／岩波書店（岩波ジュニア新書）／2016 年 1 月

アザラシ流氷の海へ——つながってるよいのちの WA!／廣崎芳次文原志利写真／小峰書店／2012 年 11 月

できたての地球：生命誕生の条件／廣瀬敬著／岩波書店（岩波科学ライブラリー）／2015 年 5 月

卑弥呼は何を食べていたか／廣野卓著／新潮社（新潮新書）／2012 年 12 月

対話する社会へ／暉峻淑子著／岩波書店（岩波新書 新赤版）／2017 年 1 月

ヤングケアラーってなんだろう／澁谷智子著／筑摩書房（ちくまプリマー新書）／2022 年 5 月

情報を活かして発展する産業：社会を変えるプログラミング [2]／澤井陽介監修／汐文社／2020 年 2 月

情報を活かして発展する産業：社会を変えるプログラミング [3]／澤井陽介監修／汐文社／2020 年 3 月

日本マンガ全史：「鳥獣戯画」から「鬼滅の刃」まで／澤村修治著／平凡社（平凡社新書）／2020 年 6 月

みんなに知ってほしいヤングケアラー. 1.濱島淑恵監修／ポプラ社／2023 年 4 月

みんなに知ってほしいヤングケアラー. 2.濱島淑恵監修／ポプラ社／2023 年 4 月

みんなに知ってほしいヤングケアラー. 3.濱島淑恵監修／ポプラ社／2023 年 4 月

みんなに知ってほしいヤングケアラー. 4.濱島淑恵監修／ポプラ社／2023 年 4 月

ヤングケアラー ＝ Young carers：考えよう、だれも取りのこさない社会／濱島淑恵監修／文溪堂／2022 年 12 月

世界の国 1 位と最下位：国際情勢の基礎を知ろう／眞淳平著／岩波書店（岩波ジュニア新書）／2010 年 9 月

人類の歴史を変えた 8 つのできごと 1(言語・宗教・農耕・お金編)／眞淳平著／岩波書店（岩波ジュニア新書）／2012 年 4 月

地図で読む「国際関係」入門／眞淳平著／筑摩書房（ちくまプリマー新書）／2015 年 8 月

家族はチームだ!もっと会話しろ：日本のいいところを知っておこう／齋藤孝著／PHP 研究所（齋藤孝のガツンと一発文庫）／2010 年 1 月

お金持ちで、幸せになる人の 7 つの秘密：ミッション、パッション、ハイテンション／齋藤孝著／PHP 研究所（齋藤孝のガツンと一発文庫）／2010 年 2 月

キミたちはどう学ぶか?こどものための道徳：学び方編／齋藤孝著／ビジネス社／2018 年 3 月

キミたちはどう生きるか?こどものための道徳：生き方編／齋藤孝著／ビジネス社／2018 年 3 月

正義ってなんだろう ＝ What does justice mean?：自分の頭で考える力をつける／齋藤孝著／リベラル社／2022 年 9 月

マンガでおぼえるコミュニケーション——これでカンペキ!／齋藤孝著／岩崎書店／2017 年 7 月

友だちってなんだろう?：ひとりになる勇気、人とつながる力／齋藤孝著／誠文堂新光社／2020 年 8 月

自分で考えて行動しよう!こども論語とそろばん／齋藤孝著／筑摩書房／2019 年 3 月

新聞力：できる人はこう読んでいる／齋藤孝著／筑摩書房（ちくまプリマー新書）／2016 年 10 月

平等ってなんだろう?：あなたと考えたい身近な社会の不平等——中学生の質問箱／齋藤純一著／平凡社／2021 年 11 月

それ全部「pH」のせい：虫歯から地球温暖化、新型コロナ感染拡大まで／齋藤勝裕著／青春出版社（青春新書 INTELLIGENCE）／2023 年 9 月

くすりを使う時の 12 の約束／齋藤百枝美著;宮本法子著／政光プリプラン／2015 年 2 月

知っておきたい!働く時のルールと権利—なるには books；別巻／籏智優子著／ぺりかん社／2010 年 4 月

地震：どのように起きるのか／纐纈一起著／丸善出版（サイエンス・パレット）／2020 年 5 月

車いすで国会へ：全身マヒの ALS 議員：命あるかぎり道はひらかれる／舩後靖彦文;加藤悦子文堀切リエ文／子どもの未来社／2021 年 1 月

幸せのための経済学：効率と衡平の考え方—〈知の航海〉シリーズ／蓼沼宏一著／岩波書店（岩波ジュニア新書）／2011 年 6 月

有権者って誰?／藪野祐三著／岩波書店（岩波ジュニア新書）／2020 年 4 月

教養としてのグローバル経済 ＝ FRESH AND FRIENDLY GUIDANCE ON THE GLOBAL ECONOMY：新しい時代を生き抜く力を培うために／齊藤誠著／有斐閣／2021 年 5 月

西洋書物史への扉／髙宮利行著／岩波書店（岩波新書 新赤版）／2023 年 2 月

車いすの図鑑：バリアフリーがよくわかる／髙橋儀平監修／金の星社／2018年9月
京都〈千年の都〉の歴史／髙橋昌明著／岩波書店（岩波新書 新赤版）／2014年9月
情報活用調べて、考えて、発信する：光村の国語 2（社会や暮らしやってみよう!6テーマ）／髙木まさき監
　修；森山卓郎監修;青山由紀編集;成田真紀編集／光村教育図書／2016年2月
職場体験完全ガイド 18／ポプラ社／2010年3月
職場体験完全ガイド 70／ポプラ社／2020年4月
まんがでわかる「発明」と「発見」1000：教科書でおなじみの人物・出来事がよくわかる／世界文化社／
　2017年10月

中高生のための社会の謎を知る本
ヤングアダルトBOOKS 3

2025年2月28日　第1刷発行

発行者	道家佳織
編集・発行	株式会社ＤＢジャパン 〒151-0073 東京都渋谷区笹塚1-5-1
電話	03-6304-2431
ファクス	03-6369-3686
e-mail	books@db-japan.co.jp
装丁	ＤＢジャパン
電算漢字処理	ＤＢジャパン
印刷・製本	大日本法令印刷株式会社

不許複製・禁無断転載
〈落丁・乱丁本はお取り換えいたします〉
ISBN 978-4-86140-580-8
Printed in Japan

見ると勉強したくなる…
勉強すると実践したくなる…
そして、実践すると…
利用者が喜ぶ図書館ができる！

国内唯一！

図書館司書が現場で求められるスキル・知識をぐんと伸ばすオンライン動画サイト…

司書トレ 登場!!

司書トレにアップされた動画はレクチャーではありません。
何を読んで何を見てどうやったらスキル・知識が身につくか経験豊富な講師陣が教えてくれる動画パス・ファインダーです。

あまり参加の機会がない司書向け研修。
1回話を聞くだけではなかなか自分も職場も変わらない。

だから司書トレ

司書トレなら
「いつでも」「どこでも」
「何度でも」「どのテーマからでも」
「PCでもスマホでも」

1. 動画で学び方を知る
2. 自分のペースで学んで考える
3. 実践する
4. 振り返ってみてまた学ぶ

完璧な学びのサイクルがすぐできあがる

「司書トレ」スキル・カテゴリー図　抜粋

司書に必要なスキル・知識のカテゴリーは合計70以上
今すぐ右のQRコードからスマホでカテゴリー全体図を見てください。

大好評発売中!!

図書館司書のための
動画パス・ファインダー
司書トレ

| 1テーマ1動画
約30分¥980（税込）
有名講師多数

https://study.shisho.online/

販売元：株式会社DBジャパン